U0347213

播客时代

用声音打造影响力

艾勇 陈思维 赵寒笑 / 著

机械工业出版社
CHINA MACHINE PRESS

《播客时代：用声音打造影响力》是一本深入剖析播客及其商业潜力的指南。

本书由CPA中文播客社区（Chinese Podcast Association）发起，旨在帮助内容创作者、播客爱好者、品牌管理者以及对数字营销感兴趣的人群全面了解播客，并探索其作为影响力增长工具的潜力。本书首先通过回顾播客的发展历史、展望播客的发展趋势，为你呈现播客的特性和播客听众的画像，让你走进播客的旷野；接着通过丰富的案例介绍了创作者和品牌如何利用播客打造影响力；同时，书中也提供了具体的实操方法。

本书不仅是一本操作指南，更是激励创作者和品牌拥抱新兴媒体的智慧宝典，助力创作者和品牌在播客时代实现影响力和商业价值的最大化。

图书在版编目（CIP）数据

播客时代：用声音打造影响力 / 艾勇，陈思维，赵寒笑著. -- 北京：机械工业出版社，2024. 10.
ISBN 978-7-111-76930-9

Ⅰ. F713. 365. 2

中国国家版本馆CIP数据核字第20244MG619号

机械工业出版社（北京市百万庄大街22号　邮政编码100037）
策划编辑：解文涛　　　　　　责任编辑：解文涛
责任校对：张　薇　薄萌钰　　责任印制：张　博
北京联兴盛业印刷股份有限公司印刷
2025年1月第1版第1次印刷
170mm×242mm·19.75印张·1插页·278千字
标准书号：ISBN 978-7-111-76930-9
定价：88.00元

电话服务　　　　　　　　　　网络服务
客服电话：010-88361066　　　机 工 官 网：www.cmpbook.com
　　　　　010-88379833　　　机 工 官 博：weibo.com/cmp1952
　　　　　010-68326294　　　金 书 网：www.golden-book.com
封底无防伪标均为盗版　　机工教育服务网：www.cmpedu.com

推荐序一

五年前，我以对重新认识声音以及对播客的好奇，创办了播客《贝望录》。如今，《贝望录》已走过五年，制作了超过 150 期节目，出版了一本和《贝望录》内容相关的英文书。作为一名主播，透过播客，我见识到了声音的力量。

中文播客虽然起步晚于欧美，但在形式创新、线上线下互动以及听友社群的运营等方面，走出了一条独具特色的发展道路。《播客时代：用声音打造影响力》一书详细梳理了中文播客的前世今生、播客的形式与种类，介绍了各类品牌如何利用播客进行营销的精彩案例，并对播客的未来进行了展望。对于有兴趣进入播客领域的未来主播来说，这本书是一本极具参考价值的指南；对于已经开设了播客节目的主播来说，这本书也提供了许多提升播客节目内容的建议和策略。

在智能音箱、蓝牙耳机和人工智能技术的推动下，声音媒介重新焕发了生机。智能音箱的普及使得用声音作为交付的介质进入了更多人的日常生活中，从语言搜索到语音指令，最新的生成式人工智能甚至已经可以开始与用户自由交谈。声音不仅仅是传递信息或指令的工具，在播客中，更是情感交流的纽带。声音的温度、质感和情绪传递，使得发声者能够通过声音与受众建立有别于其他载体的、深层次的情感链接。

在《贝望录》的制作过程中，我亲身体验到了声音在品牌和营销中的独特魅力。播客的长内容特性，使品牌能够充满情感地、清晰地呈现品牌故事，与听众建立一种别具一格的亲密关系。无论是分享品牌故事，还是传授专业知识，播客凭借具有生命力的声音，提供了一个极佳的平台。

　　身为一个全身心投入播客行业的主播，我深切感受到了这个行业所独有的温暖与支持。在播客圈中，尽管我们都是竞争者，但更是彼此的坚强后盾。这种相互扶持的精神在播客领域尤为珍贵。无论是技术层面的指导，还是创意灵感的交流，我们总是毫无保留地分享。这种互助互爱的文化让每位新加入的朋友都能感受到温馨与力量。我自己也深受许多同行的帮助与支持，这让我拥有了更多勇气去尝试和创新。我相信在这个行业中，每一个成功的节目背后，都是创作者无数个夜晚辛勤劳作和不懈创新的结果。

　　正是有了这种相互扶持、彼此激励、不断创新的氛围，我和映天下的创始人艾勇以及播客界元老级的指路人老袁一起发起了 CPA 中文播客奖，这是国内首个专注于播客商业化营销的奖项。我们设立这个奖项的初衷，一方面希望让更多好的播客内容以及非常努力做好内容的主播被听到、被看到；另一方面，我们也希望打造一个平台，让播客商业化的案例有地方呈现，为更多主播以及希望与播客内容结合的品牌提供参考。2024 年，CPA 中文播客社区迎来了第三个年头，希望这个属于播客人的平台和奖项能够永续发展下去，成为播客界的"戛纳创意节"。

　　我希望《播客时代：用声音打造影响力》这本书能够激励更多的人投身于播客行业。无论你是初次尝试的新人，还是已经有一定经验的老手，这本书都能为你提供有价值的参考和指导。播客行业需要更多的声音加入进来，需要更多的创意和热情。

　　也感谢所有支持《贝望录》的听众，感谢所有给予我帮助和鼓励的同行。希望在未来的日子里，我们能够继续用声音记录美好、传递温暖，创造属于我们的声音时代，用声音创造更多的可能性。

　　——CPA 中文播客社区联合发起人、《贝望录》主理人　Bessie（李倩玲）

推荐序二

　　"播客"这一概念诞生于 2004 年，至今已整整过去了二十年。如今，播客创作者的作品正在伴随与记录当下这代年轻人的成长，听播客正逐渐成为越来越多人的生活方式。如果你恰好也接触过播客，又希望深入了解播客的独特价值和魅力，那《播客时代：用声音打造影响力》这本书将会是你认识播客和播客创作者的一把钥匙。

　　我常说，播客不完全依托和依赖于互联网。在互联网行业热闹喧嚣的三十年中，我们早已习惯了浏览量、互动量等数据指标，我们也看到了广告营销玩法和监测手段的快速迭代和更新。在这种互联网环境中，播客似乎不曾真正入局，但在过去的几年，在被开了倍速的生活中，逐渐有越来越多的人发现了播客这个看似复古但最接近我们真实生活中交流对话节奏的媒介，这算是一种"返璞归真"吧。随之而来的就是播客创作者和爱好者开始不遗余力地拓展听众，推广播客文化，共同探讨播客商业化的命题，让播客在我们的日常生活中逐渐成为一种长期陪伴。

　　2019 年元旦前夕，我发起了"播客公社"。这是一个基于线下录音与聚会，播客创作者群策群力共同维护的社区，真实、平等、互助的特质促使这个社区成了我持续投入至今的创业项目。而后，我更是很幸运地因为播客结识了《贝望录》的主理人 Bessie 和 *BeyondPod* 的主理人艾勇，与他们共同发起了 CPA 中文播客社区。我们认为，播客应该平等地属于每一个人，无论是"做"或"听"或"看"，播客未来必将成为更多人生活的一部分，并由此产生更多的可能性。

　　我最近时常感慨，从早些年几乎要向每个合作伙伴科普什么是"播客"，到现如今朋友间谈论最近收听的播客已显得稀松平常。这个过程其实有点缓慢，以至于播客圈总有人说"中文播客元年"这种梗，其实这背后除了社交媒体需要起一些标题吸引眼球之外，我认为似乎还有一种画面感：播客是在互联网时代诞生的，但似乎总是和时代错开一拍，使得偶尔驻足的人一回头就能看到侃侃而谈、踱步而来的播客创作者，举着麦克风记录着他们眼前和周围的一切。不了解的人会以为，播客及其创作者会大步赶超，而实际上大家从未想过领跑。

　　播客创作者是这个时代最为敏锐的议题挖掘者和生活方式倡导者，同时又是最乐于分享，与受众关系最为平等的内容创作者。播客在记录着这个时代，但绝不是宏观、空泛地记录，播客记录了每一个细小、鲜活、真实的生命个体与最真实的社会脉动。我有幸参与了这场记录，逐渐更新着我对于世界的认知。《播客时代：用声音打造影响力》正是在记录播客发展中的每一个细小瞬间，记录参与其中的人，这本书就是在这个过程中不断梳理、调研、摸索和归结而来的一份成果。我们也期待着每一位听众和读者都作为记录者、传播者参与到播客时代中，播客的开放与包容使你无论何时进入这个新世界都不晚。

——CPA 中文播客社区联合发起人、"播客公社"负责人　老袁

推荐序三

"播客"对于大多数人来说，可能还是一个相对陌生的词。2005 年前后，借助苹果 iTunes 里的功能，一种能在 iPod 里收听的自制网络电台节目开始在美国流行，Podcast（音译为播客）这个合成词成了这种新内容形态的名字。此后的十多年里，更多爱好播客的人开始制作自己的节目，听众也形成了更大的圈子。

同时，中文播客也在生根发芽。最早的中文播客之一《反波》出现在 2006 年前后，而 2012 年左右涌现出《大内密谈》等热门节目，培养起了一代新的播客爱好者和后来的创作者。AirPods 的推出掀起了无线耳机的潮流，设备的迭代让音频内容消费的门槛进一步降低。2019 年前后，随着中文播客创作者和听众规模的持续扩大，各类播客机构开始陆续出现了。

小宇宙就诞生在这样的背景下。2019 年下半年，即刻 app 团队在即刻社区的"一起听播客"圈子里，感受到了日益壮大的中文播客听众与中文播客创作者的热情、渴望与需求，一个符合中文播客听众偏好的播客产品的点子应运而生。2020 年 3 月，小宇宙 app 正式上线，至今已经接近五年。几年来，小宇宙见证了越来越多的人开始听播客、录播客、推荐播客，也惊喜地看到播客的外延和价值在不断地被拓展，播客正走进越来越多的人的视野。今天，小宇宙 app 和播客已经成了许多年轻人生活中离不开的一部分。

播客是陪伴型的内容，它不需要长时间占用你的视觉注意力。通勤、睡前、运动、做家务……在所有这些不方便用眼睛但又希望听点什么的场景，播客都是良好的伴侣。沉浸式、真实感这些特点赋予了播客特别的亲切感和信任感：

听众收听播客主播声音的时间动辄以数百小时计，可能远远超过听身边任何一个朋友讲话的时长。在注意力的争夺渐趋白热化的时代，越来越多的人为播客独特的魅力所吸引。

《播客时代：用声音打造影响力》这本书总结和梳理了以上这些播客的发展脉络和特点，是近年来第一本比较完整地介绍中文播客生态的作品。其中，这本书对于最近几年中文播客生态茁壮成长的新时期做了全面、详细的介绍：从播客内容品类的逐渐丰富、播客听众的拓展，到播客平台和机构的出现与壮大、播客品牌价值和播客商业化的探索与建立，从概述、调研到案例解读，均有涉猎。无论是对已经熟悉播客的创作者和听众，还是对播客感兴趣的营销人、品牌人和各类内容创作者，这本书都是了解播客生态的一扇窗。

如果用一句话来概括播客是什么，我听过很多不同的说法：播客是汇聚共鸣的空间，是提供慰藉的良药，是发现新知的窗口，是逃离烦恼的避难所，是记录生活的时间胶囊……播客可以是很多很多东西。今天的播客与十年前的播客已经很不一样，十年后的播客也许也会和今天的播客很不一样。无论如何，都希望播客的陪伴能够给你带来难忘的回忆。

——小宇宙 CEO Kyth

序
播客时代已来

如果提到声音，你会想到什么？

是一首歌？是一档经典的广播节目？是一堂付费的音频课程？抑或是诸如英特尔"噔，噔噔噔噔"这样富有代表性的声音符号？

你可能都会提到，因为以声音为代表的内容形式一直存在于我们的日常生活之中，只是我们可能还没意识到声音在这个信息爆炸的时代所拥有的魅力和价值。如今，在互联网世界中，声音又以一种新的形态——**播客**，走入了你我的日常生活。

播客不仅融入了我们的生活场景，还在最近几年呈现出愈发上升的趋势，并产生了质的飞跃。2020 年被业内认为是"中文播客元年"，而 2022 年被视为"播客商业化元年"，听众规模破亿，创作者持续探索，品牌积极下场，播客生态呈现出了愈发繁荣的景象。和图文、短视频、直播等媒介形态一样，播客正影响着我们获取内容、传播观点、扩大影响力的方式，个体和品牌也通过多元的表达和广泛的链接，建立起了属于自己的"声入人心"之魅力。可以说，我们已经进入了播客时代。

在播客的世界里，每个人都是消费者，同时也可以成为创作者，更有机会成为影响者。无论是个人还是品牌，播客都为其提供了一种独特的影响力可能。随着使用终端的扩展，适用场景的覆盖，中文播客的生态持续壮大，不仅呈现出"供需两旺"的态势，播客更凭借其养成式的高黏性、沉浸式等特征，唤醒了听众对内容信息的渴求，满足了用户对陪伴和情感的需求，和消费者构建起更为亲密信任的链接关系。播客的这些特征和优势得到越来越多商业力量的青睐，也为个体、机构和品牌打造自身影响力提供了新的可能。

我于 2001 年考入武汉大学新闻与传播学院，恰逢学院提出创立网络传播系的设想。带着对互联网时代的憧憬，我选择了加入这个新的专业，和一批有志于开创新事业的老师一起学习、研讨新时代的新闻传播与营销变革。也因为这份选择，我在 2004 年去了当时全国最好的新闻网站——新浪实习，并于 2006—2015 年在新浪和微博工作十年，期间经历了门户、博客、拍客、微博的变迁，见证了创作者经济（Creator Economy）和影响者营销（Influencer Marketing）在中国的兴起。

我经常有感于"时代的电梯"这一概念，每个个体的努力相较于大时代下行业的跌宕起伏总显得微不足道。经历了从门户到社交，又在创业后亲身经历了短视频、直播的高速发展，我极为惊喜地观察到播客这一独特内容形态所蕴含的时代机会。这也是为什么，我和"播客公社"老袁、资深广告人及播客主理人李倩玲（Bessie）选择在 2022 年一起发起 CPA 中文播客社区，共同观察播客行业的趋势变化，挖掘宝藏中文播客节目，赋能播客生态商业化。简单来说，我们希望有更多的人能够尽早发掘、共同参与到"播客时代"中来。

过去两年里，CPA 通过调研、访谈听众和创作者，连续发布《播客营销白皮书》，颁发 CPA 中文播客奖，评选 CPA 超频奖，建立 CCPA 中文播客艺术

中心（Center for Chinese Podcast Art）等多种方式，发现和鼓励更多创作者和品牌持续深入参与到播客生态建设中，用播客来打造属于自己的影响力。

现在，我和思维、寒笑一起为大家带来这本书，为广大内容创作者、播客爱好者、品牌管理者以及对数字营销感兴趣的人群了解播客、参与播客提供一条途径，通过系统化的梳理和实战案例的分享，探索播客如何成为创作者和品牌影响力增长的重要工具，以及如何帮助创作者和品牌在这片充满可能性的旷野上播种、耕耘、收获。

在第 1 部分的认知篇中，我们首先为你揭开播客的面纱，让你深入认知这一新兴媒介的发展历程，并通过对比来呈现中外播客发展的趋势。其次，我们通过对播客听众的观察，看到越来越多有态度的年轻人正在进入播客领域，他们有高学历、有高消费潜力，对内容有着高要求，在全天候的各类场景中消费着形式多样的播客节目，沉浸式体验，形成黏性，具有很高的忠诚度。

在第 2 部分的创作者篇中，我们通过丰富的调研和访谈，能够感知到如今的播客创作者已从为"爱"发电进阶到为"I"（此处的"I"表示 I、IP 和 Influence，即个体、IP 和影响力）发电。越来越多的内容创作者，包括品牌和机构开始认识到播客的独特价值，通过播客链接听众，产生良好的互动，又从互动中汲取灵感，形成循环往复的创作生态。播客创作者是一群乐于分享的"生活实验家"，其中一部分创作者正在通过这个新兴媒介积极探索商业化的可能。

在第 3 部分的品牌篇中，我们从品牌营销案例中看到不同领域的品牌开始积极共建播客生态，尤其是在以 ITC（Influence to Consumer）和 DTC（Direct to Consumer）模式为代表的新型商业形态的当下，播客能让创作者或品牌直接与受众建立联系，能够以更为人性化和互动性更强的方式与潜在客户建立情感链接，打造属于自己的"内容抽屉"，并与多种媒介融合，用声音唤醒了新的营销范式。而听众对播客的商业化也有着较高的包容度，对友好的广告植入和品牌定制会产生较为良好和深刻的印象，甚至成为种草的决策因素，成就了品牌"声入人心"的效果。

此外，在第 4 部分的未来篇中，我们就播客的最新趋势和你一同展望中文播客未来的发展，从中你可以窥探出利用趋势扩大自己影响力的潜在机会，如视频化、AI 赋能、线上线下融合等。当然，这些的前提都是当下迈出第一步的实践。

所以，我们在本书最后的实战篇中，邀请业内有着丰富实操经验的大咖分享如何做一档高质量的播客，我们由浅入深，从策划到制作，再进阶到高效运营，把活动、社群也一网打尽，帮助你尽快上手并努力实现影响力的最大化。

尽管有很多案例和实操，但我们相信这本书不仅仅是一本操作指南，更是一部激励创作者和品牌积极拥抱新兴媒体趋势，用声音力量撬动商业力量的智慧宝典。面对瞬息万变的市场，无论你是创作者，还是寻求品牌营销的企业，都可以借助播客的力量，结合自身的独特资源与优势，精心设计内容，真诚讲述故事，最终赢得听众的心，成就非凡的影响力。

现在，就让我们一起开启这场声音的旅程，一起探索播客的无限可能吧！让我们助你在播客时代拥有"声入人心"的影响力！

艾勇

2024 年 9 月

目　录

第 3 部分
品牌篇

第 4 部分
未来篇

第 5 部分
实战篇

播客时代
用声音打造影响力

- 一句"hello，world！"（你好，世界！）为我们开启了互联网世界的大门。而如今，在这个信息爆炸的互联网时代，图文、音频、视频等媒介形态都在以不同的方式被重新定义，并深深融入了我们的日常生活，或加速传播，或扩大影响，或衍生出新的商业模式，这也对个人、机构、品牌的影响力传播和营销产生了深远的影响。

- 本书正是在互联网媒介不断演进的背景下，想与你一同探讨在播客时代"如何利用声音来打造影响力"。你或许对这个主题有诸多困惑，你会问：什么是播客？播客有什么特点？谁在听播客？听众有什么特征？这些问题正是我们在第 1 部分想与你交流的，我们通过中外的不同沿革来梳理播客的发展脉络，让你对播客有个初步认知。接下来，就让我们一同走进播客时代，探寻播客的独特魅力。

第 1 部分
认知篇

第 1 章
带你走进播客的旷野

1.1 播客是什么

1.1.1 从音频来聊聊播客的定义

音频世界的"新生代"

你对"播客"这个专有名词或许还不熟悉，但你对音频一定不会陌生。古往今来，用声音进行信息交换和情感交流的诉求和场景是一直存在的，我们从大喇叭、收音机里接触过广播，我们习惯在广播中听新闻、听音乐、听访谈、听相声、听比赛……当然也听了不少广告。广播电台的各种音频节目陪伴我们度过了无数的美好时光。

在互联网时代，音频节目又以新的形式出现在我们的生活中。在通勤、做家务、办公、休息等诸多场景中，你只需要戴上耳机，或者打开音响设备，就可以解放双手和眼睛，沉浸在声音的世界中，这就是播客的典型场景。简单来说，我们认为**播客就是互联网中的音频节目**。

如果把播客和音频节目做个对比，你会发现两者虽然颇为相似，但在互联网的环境下，还是有着天然的区分的，即**播客具有跨平台、跨渠道、覆盖多场景等去中心化特征**，播客改变了过往广播单一的、被动收听的方式，成为随时随地能够被消费和深度参与的新业态，成了深度链接听众的纽带。在一个社会关系着重依赖于网络链接的时代,播客这种深度链接又使得音频媒体更具吸引力,更容易构建亲密的信任关系。

本书问世之际,播客已走过 20 多个年头,回望整个发展历程,我们可以看到播客是如何继承音频的特性,又如何拥抱互联网的,同时创作者和机构是如何深入参与并释放自己的影响力的,在媒体和品牌的加持下,播客的商业化也开始令人期待。总之,播客已经成为内容世界里的重要一员,这个"新生代"成员会在我们的生活中产生广泛的影响,并以其独特的特性和价值启发着我们,重新思考和探索声音的魅力。

关于"播客"的各家之言

"播客"是"Podcast"的音译,"Podcast"由"iPod"和"broadcast"两个单词组合而成,最早由本·汉莫斯利(Ben Hammersley)于 2004 年在《卫报》一篇题为《听觉革命:在线广播遍地开花》的文中首次提出。同年 8 月 13 日,亚当·科利(Adam Curry)开通了世界上第一个播客网站"每日源代码"(Dailysourcecode.com),这通常被认为是世界上的首档播客,科利也被称为"播客之父"。

2005 年,播客(Podcasting)一词入选《新牛津美国字典》,被定义为"广播"(Broadcasting)和"iPod"的合成词,意为"可分发的为订购用户提供的数字化音频文件"。可以说,**"播客"一词自诞生之日起就先天带有融合的色彩**。

除了音译来源和字典定义,业界也在讨论关于"播客"的定义。其中有不少代表性的版本,从不同视角为我们刻画了播客的特点和画面感。

作为全球知名的媒体机构,NPR(美国全国公共广播电台)指出,**播客是一种按需(On-demand)、便携式媒介**,极度契合现代人的生活节奏。它允许我们在做其他事情的同时用耳朵获取信息、了解观点、消磨时间。从技术层面来说,NPR 对播客的狭义定义是,一种可下载的音频文件并保存在"Podcast

Directory"（播客目录）中，人们可搜索收听，订阅用户也可通过"RSS"（简易信息聚合）定期接收节目更新。这个定义凸显了播客的**可定制、可点播、可携带**的趋势特点。

中文播客制作机构 JustPod 沿袭了这个定义，强调了播客具有"按需"的媒介特性，并结合多年的用户调研和行业洞察指出，中文播客的听众和创作者经过多年的实际体验形成了对播客的认知，即**播客是一种以"听"为优先考量创作的音频节目。**

播客平台小宇宙 app 的 CEO Kyth 也提到，**播客像网络电台，是一种可以被订阅、定期更新、有固定主持人的长音频节目**。这种表述和杂志的定义颇为相似，可以说**播客就是"声音版"的杂志**，这让人对播客产生了具象的画面感。每年推荐十佳播客的《纽约客》也曾评价道：播客是一种深度亲密媒介，能持续地构建故事，形成感性的氛围。

其他的音频平台对播客也有着各自的理解。比如，在一些音频平台上，播客通常被认为是除了音乐之外的所有音频节目，也有平台把播客定义为长音频，还有平台把有声书之外的节目称为播客……总之，这些播客定义会更加宽泛一些。然而，随着媒介融合、人群扩大、场景拓展和商业化的持续探索，播客在最近几年又有了新的变化，并拥有了不断成长的可能性。因此，我们其实没有必要再拘泥于某一种定义，而是要持续观察播客行业的发展，一起见证播客生态繁荣发展的景象。

1.1.2　从起源探寻播客和影响力的关系

从博客到播客，唤醒影响力

虽然关于播客的定义尚有不同的解读，但有一个渊源颇有意思，即"播客"一词看上去和"博客"似乎同出一门，很多时候你在读播客相关文章的时候都怀疑这两者是否写混了。事实上，播客的诞生和博客的确有一定的关联。

根据《打造火爆音频》一书作者埃里克·纽祖姆（Eric Nuzum）的说法，**播客源自音频博客**。在埃里克·纽祖姆看来，最早的播客（当时还认为是在博客里加音频文件）是 RSS 内容聚合平台的创立者戴夫·温纳（Dave Winer）在 2001 年初用"感恩而死"乐队（Grateful Dead）的歌曲所做的尝试，而戴夫这样描述"播客"：**这个世界需要一种可以根据不同收听意愿而分享的音频节目。**

同样，在 20 多年前，《纽约时报》前政治记者、波士顿公共电视台 WBUR 新闻主持人、《连接》（*The Connection*）节目的主创克里斯托弗·莱登（Christopher Lydon）在哈佛法学院伯克曼互联网与社会中心担任研究员，他录下了一系列与博客世界知名作者的深度访谈，并将可下载的音频文件发布在博客网站上，这档节目叫 *Open Source*，被认为是播客的发端之一，而且持续更新至今。

你看，播客的这两个发端都和博客联系紧密。博客是众多个体输出内容和与读者互动的阵地，成为当年个人影响力最大的网络阵地之一，其具有的去中心化、高度参与和互动等特征，让我们进入了 Web2.0 时代，激发出更多个体和品牌的影响力。

如今，在播客生态中，每个个体、品牌或机构都可以表达观点，传递品牌理念和价值，能够持续地长时间输出深度内容，并且能跨越平台、渠道、场景，更容易与听众构建起亲密、信任的关系，这也与 Web2.0 的特征和趋势不谋而合，因此播客也孕育了新的影响力形式。

由此可见，播客在诞生之初就和影响力产生了关联，只不过从以图文为主的内容形态转变成为以音频为主的内容节目，并在移动互联网浪潮的加持下，使得人们更易获得，更容易有长时间沉浸式的体验，也衍生出丰富的想象空间。播客为个人、品牌乃至机构建立影响力带来了新的机遇。我们有理由相信在未来，播客在构建影响力的方面将会扮演更加重要的角色。

基于 RSS 的跨平台传播，释放影响力

之前在狭义的播客定义中提到的"RSS"是一种网络格式规范，英文是 Really Simple Syndication，中文意思是简易信息聚合，这是播客媒介最初和长久依赖的基础技术。早期听众多用 MP3、iPod 等载体来收听播客节目，后来在一些平台上通过 RSS 来上传和下载播客，这些平台就像早期的博客网站，你只需要对自己感兴趣的内容进行订阅，就可以获得及时更新的播客节目。

RSS 看上去是个古老的技术，那为何在播客界大行其道？一方面是相对降低了技术门槛，而另一方面主要是和苹果公司有关。苹果可以说是播客的定义者和推动者，在其做播客之初，就决定不做托管，只提供目录。一个播客的地址既然放在网上了，就既可以被苹果收录，在苹果播客 app 里收听，也可以在其他任意第三方（即泛用型）播客客户端里通过 RSS 地址来收听。

如果把 RSS 看成一个网址，那泛用型客户端就像是一个网址导航，这样你就能理解为什么在很多平台上都能收听播客了，后续的一些播客平台在上线之初也沿用了这样的设计。当然，除了泛用型平台，播客还可以在一些音频平台上被找到，我们通过一个表格来简单了解下两者的区别（表 1-1）。

表 1-1　两种播客平台的区别

区别 / 平台类型	泛用型平台	音频平台
代表	苹果播客、小宇宙、喜马拉雅	网易云音乐、QQ 音乐
方式	支持托管，基于 RSS 的分发	单独上传
特点	跨平台，不用重复运营，但需要认领	需要单独运营
缺点	较难细致统计数据	不够聚焦，容易被其他音频节目分流

尽管有两种类型的平台，但使用泛用型平台上传节目仍然是当下播客创作者最常用的方式，因为这在一定程度上降低了创作者的运营成本，在多个平台同步分发可以快速让各种有音频需求的人了解和获取自己的播客节目。此外，RSS 的应用让播客天然就具有了跨平台、跨渠道的特点，这也意味着随着各种分发平台的覆盖，播客的影响力会随之扩大。

1.2 播客在全球的发展

1.2.1 平台端：绕不开的两家巨头

提及播客的发展历程，必定绕不开苹果公司，上文提到 RSS 模式就是其率先在播客界采用的，并推及整个行业。另外，单从字面上看，你也很容易把"Podcast"这个词和苹果的产品"iPod"联系起来。

事实也的确如此，2001 年苹果公司推出了便携式数字多媒体播放器 iPod，成为日后播客诞生的重要载体。2004 年 9 月，苹果公司发布了一款名为 "iPodder"的软件，创建了播客的模式。到了 2005 年，苹果公司推出内含播客功能的音乐软件 iTunes4.9，并在同期推出的播客里加入"搜索"与"订阅"功能，后续又建起了一个庞大且相对开放的播客内容目录。苹果公司将一直内置在 iTunes 中的"播客"分离出来，推出了独立的客户端。两年后，苹果公司将播客作为一个内置应用整合到 iOS8 系统中，成为系统自带的应用——Apple Podcasts（中文名"播客"，图 1-1）。正如这个简洁明了的应用名称所示，苹果公司专注于播客，并致力于建立听众对播客的认知。

图 1-1 苹果公司自带的播客 app

随后几年，播客界虽有现象级节目的诞生，但苹果公司本身并未有太多动作，反而在近几年，随着竞争对手 Spotify 在播客行业持续地大手笔投入，苹果公司才跟着"卷"了起来。我们可以通过一个时间轴（图 1-2）来看看播客的诞生和这两个竞争对手在近几年的发展脉络。

Spotify 是全球最大的在线流媒体音乐播放平台，从 2019 年起就通过买买买构建起头部播客矩阵，如收购播客制作公司 Gimlet、Parcast 和播客托管平台 Anchor 等，并通过收购现象级的播客节目而极大地提升了 Spotify 在广告上的收入。随后，Spotify 还签入了梅根等名人，通过名人效应和头部 IP 的版权采买，Spotify 在 2020 年的播客听众就超过了 1 亿人次，这个数字是 2019年的 10 倍，而在 2023 年 Spotify 的用户量突破了 5 亿大关。

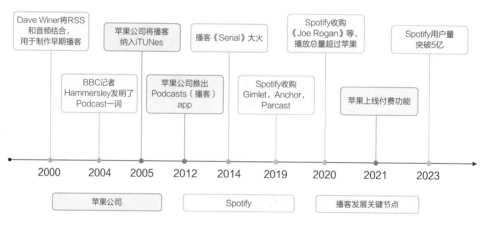

图 1-2　海外播客发展脉络

在商业化方面，Spotify 从 2020 年 1 月开始就利用一种"流媒体广告插入技术（SAI）"，实现了广告投放和监测功能，又在近几年持续收购了一些营销分发平台，从而建立起一个从内容到发行再到营销和广告支持技术的完整播客生态。

这套从买买买到全链路的策略是否奏效呢？我们现在下结论还为时过早，但在 2024 年初 Spotify 已开始调整策略，不再保留一系列节目在 Spotify 的独家播放权,而是将合作重点聚焦在独家的广告销售权上,这似乎也宣告着播客头部 IP 的版权争夺战暂告一段落。其实,Spotify 这样的操作主要是为了削减开支,这也为 Spotify 在 2024 年实现播客业务的盈利目标提供了可能。

不管如何,有一点是肯定的,苹果公司和 Spotify 这两家巨头的入局,让播客有了更高的曝光度和关注度,成就了一个新的内容战场,也拉开了“声音经济”的序幕。

1.2.2 创作端:专业入场,加速播客成熟

其实,播客圈重量级的节目还有很多,你一梳理就会发现,这些头部节目的背后大多都有着众多传统媒体机构的身影。

2004 年之后,包括 ABC、NBC、维亚康姆、BBC、ESPN 和《新闻周刊》《商业周刊》《福布斯》等杂志在内的知名媒体公司纷纷在播客领域开辟疆土,成为播客主要的内容制作方。为何会出现这样的情形呢?这其实很好理解。传统媒体之所以能够生产广受欢迎的高质量播客节目,与其高度重视听众关心的话题有着密切联系,加上传统媒体拥有精良的制作技术和广泛的发行渠道,使得这些机构对内容生产和运作机制更得心应手。高质量的播客内容会提升听众对播客这一媒介形式的认可程度,也会让播客节目更容易收获粉丝和实现商业变现,有不少传统媒体已经在播客上取得了不错的营收。

这里不得不提到现象级播客《连环》(Serial),这档罪案深度报道类播客深入探讨一个个真实犯罪案例。在 2014 年,这档播客的火爆使播客作为一种新兴内容形态在美国迅速走红,NPR 正是这档现象级播客的出品方。现象级的播客节目的出品方中除了历史悠久的媒体,还有不少专业垂类的媒体机构。

比如,总部位于好莱坞的独立播客制作工作室 Wondery 就以专门制作高质量、引人入胜的故事叙事见长。Wondery 在考虑每档播客节目改编为影视内容的可能性,也在推动品牌投放播客广告。这家播客工作室在 2021 年被亚马逊

收购，这次收购增强了亚马逊在非音乐类内容版图的实力。

其实，不仅是大型机构在下场做播客，近年来专栏作家和媒体人也开始通过播客输出自己的观点，打造自己的人设和影响力。比如，《纽约客》专栏作家马尔科姆·格拉德威尔（Malcolm Gladwell）从2016年开始主持一档名为《修正历史》（Revisionist History）的播客，到2024年已经做了八季。这档播客的每一集故事都是对过去的一次重新审视——一个事件、一个人、一个想法，甚至一首歌，为什么它们当时会被误解、被漠视，格拉德威尔会从中一一为听众解读。通过对历史的再解读，引发听众对过去事件的思考，唤起对不同观点的尊重和探索。在这个声音与情感共鸣交织的空间里，播客不仅仅是信息传达的工具，更是一种沟通的方式，让思想在互联网时代更丰富、更立体地展现。

这些媒体机构和媒体人的积极下场为播客创作带来了示范效应，也让越来越多的名人和专业人士参与到了这个媒介的发展过程中。比如，马斯克、比尔·盖茨等都是播客的常客，连政治人物如特朗普也做过播客节目，引发不小的反响。其他诸如作家、演员、艺术家、哲学家、科学家等社会各界名流也开始热情地拥抱这种新兴媒介。

根据播客搜索引擎Listen Notes的数据，受新冠疫情影响，2020年全球播客总量实现了前所未有的增长——新增100万档以上的播客节目。截至2022年底，全球至少有300万个播客频道，制作了超过1.54亿集播客内容，其中有将近200万个播客频道位于美国，这也奠定了美国在全球播客市场中的领先地位。

1.2.3 消费端：终端设备带动听众增长

在消费端，随着汽车保有量以及蓝牙耳机、智能音箱等收听终端设备的迅速增长，"耳朵经济"的场景得以扩容，全球的播客消费在最近几年也出现了明显的增长。

　　根据全球营销调研机构 eMarketer 的数据（图 1-3），北美地区作为全球
领先的播客消费市场，2023 年以 1.43 亿听众位居全球首位，拉美紧随其后，
预计在 2024 年将接近北美的规模。值得注意的是，中国的播客市场正在快速崛
起，2023 年听众规模已经破亿，预计在 2027 年将超越北美，或成为全球最大
的播客消费市场。

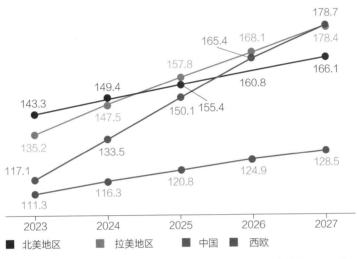

图 1-3　2023—2027 年全球播客听众各地区分布（单位：百万）

1.3　中文播客的发展

1.3.1　平台端：2020 年是中文播客元年

　　就如同全球播客的发展绕不开苹果公司，在中文播客发展的重要节点上也
一定会提到 2020 年。这一年被业内称为"中文播客元年"，因为这一年受新冠
疫情、美国播客大热、蓝牙耳机和智能音箱兴起等诸多因素的叠加影响，中文

播客迎来了爆发式的增长，不仅创作者和收听者都陡然增加，平台和大量资本也将目光投向了播客赛道。

这一年，众多平台推出了自己的播客产品，如喜马拉雅、荔枝、网易云音乐、QQ 音乐等有声内容平台、音乐平台，甚至快手这样的短视频平台也推出了播客 app——皮艇；在 2020 年 3 月，小宇宙 app 的上线（图 1-4），更是把播客作为音频中的一个单独门类让更多人了解和熟悉，此后通过多年稳健的发展，逐渐给听众留下了"听播客上小宇宙"的印象。

关于小宇宙这个名字的由来，小宇宙 CEO Kyth 做了三点阐述：一是"小"和"宇宙"是一组相对的概念，宇宙很宏大，和"小"之

图 1-4　小宇宙 app

间形成了有趣的张力；二是很多"80 后"看过《圣斗士星矢》，每个圣斗士都会有小宇宙爆发的时刻，这能量场来自自身潜力，这和播客作为个体或品牌的内容标签一脉相承，每个个体都可以打造属于自己的影响力；三是当时建立小宇宙的愿景就是希望每个创作者都是一个星球，能汇聚在一起，共建这个小小的宇宙。历经近五年，小宇宙茁壮成长，的确勾勒出了属于播客人的星辰大海。

总之，中文播客在 2020 年正式"登堂入室"，被更多人知晓，也有更多的创作者和品牌、机构开始涌入，和听众一起绘就中文播客发展的新蓝图，焕发出更多的可能性。

1.3.2 创作端：做播客是一种范儿

萌芽阶段的"弄潮儿"

从创作端来看，中文播客的始发相较于海外，其实并不算太晚，距今也有 20 多年的光景。资深播客观察者拐子狼认为 2004—2005 年是中文播客的萌芽阶段，这个阶段也是 PC 为王的时代，彼时刚开始盛行 RSS，所以在这期间做播客的都算是"弄潮儿"，这群人中有很多是热爱摇滚的年轻人，他们有天生的"反骨"，也让这个阶段的播客萌芽带有一种青涩和理想主义。

比如，何淼和陈沂这两个对摇滚乐狂热喜爱的年轻人，在摇滚乐厂牌"嚎叫唱片"工作期间录制了几期音频节目，而后他们以歌会友，逐渐聚集起一帮志同道合的朋友，在 2005 年正式上线了一档名为《糖蒜广播》的音频节目，起初以推荐音乐为主，后来逐渐发展成为一个多元化的网络电台。2013 年，《糖蒜广播》迎来了重要的发展机遇，当年节目的更新量达到了 350 多期，几乎达到了日播的节奏，节目不仅在内容上多样化，还在形式上进行了创新，与凤凰 FM 等音频平台深度合作，成功地将高质量内容推广给更广泛的听众。在《糖蒜广播》发展的过程中，团队始终坚持"玩到自嗨"的精神，他们视自己为"中国的海盗电台"，正如何淼所说："《糖蒜广播》就像现实中的音乐海盗，在风雨中传播着对音乐的爱。"

同样有这种精神气质的还有林嘉澍（Flypig，外号"飞猪"），他在论坛上结识了拥有 17 年电台主播和唱片公司工作经验的平客。两人都醉心于丰富的网络生态，又都不满传统电台的死板，于是一拍即合，决定合作制作一档聊到尽兴的播客，名为《反波》。官网标题栏上写着"All Radios Go to Hell!"（图 1-5）。

图 1-5 《反波》官网

京派海派，各领风骚

在初创萌芽之后，中文播客的发展有些缓慢，一段时间内还属于小众圈子，直到 2012 年前后进入了第二阶段，拐子狼称之为"京派海派播客"阶段。彼时，移动互联网开始兴起，这个阶段播客界的重要事件是 2012 年苹果播客应用单拆出来，2013 年喜马拉雅等多家音频平台上线，这吸引了大量用户加入收听和创作的行列。

创作者端开始逐渐规模化，有两类明显的人群值得关注，即京派和海派。其实，这两类人群都是播客的"原住民"：京派传承自萌芽时期的北方播客，海派源自于留学生的回国潮。同时，京派和海派也是两种播客内容风格的代表，京派播客擅长把控语言的叙事节奏，与听众建立陪伴感；而海派播客更注重内容的专业度和追求实用主义。

这个时期的京派代表播客是 2013 年创办的《大内密谈》，节目雏形是由相征、贺愉、李志明三个人在 2012 年一次喝酒后临时起意录制的，这档播客成为日后很多人的播客启蒙，连续 8 年被评为 Apple Podcast 年度播客及最受欢迎播客。另一个京派代表是 2016 年由李志明和冯广健一起创办的《日谈公园》，这档播客连续多年获得 Apple Podcast "年度最佳播客"的荣誉。李志明在播客界浸润多年，也深刻体会到播客的特殊性：**"如果说图文模式是最准确的，视频是最丰富的，那音频是最有温度的。"**

而海派这边，拐子狼认为这类播客的主播或嘉宾多有海外留学或工作经历，其内容也是围绕科技、社科、文学等展开，是更具信息量的深度内容。比如，以聊博物馆学为主的《博物志》，面向设计爱好者的 *Anyway.FM*、*UX Coffee*，主聊文学的《不可理论》，等等。

由此可见，所谓京海两派内容，如同我们当下提及内容的"干"和"湿"之间的区别。其实，不管是京派还是海派，我们都认为那时的播客创作者具有一种精神气质，就类似"背包客"用行走认识和探索世界，或者像"极客"一样对科技的极致追求，做播客也有一种特殊的范儿。《大内密谈》的主播相征曾经提到，**播客是一种很朋克的东西，做播客就有一种朋克范儿。**

供给翻番，形成社区

从 2020 年这个"中文播客元年"开始，中文播客的发展开始进入一个快速增长的阶段，新的创作者不断涌入，各类节目不断出新。从供给端看，截至 2024 年 9 月，小宇宙上的播客节目累计数量已超过 13 万档。这种单一平台上已有如此数量的播客规模，且仍在不断成长，还显示出播客独有的商业价值，这些都能反映出播客在供给端的强劲动力，在短视频等碎片化内容盛行的当下，播客创作成了一种另类的风景，也逐渐形成了中文播客的社区。

各大城市的播客创作者开始通过线上、线下的形式进行多层面的交流，专属于播客群体的活动也应运而生，如 PodFest、"声量"等。从 2022 年起，CPA 中文播客社区也连续发布《播客营销白皮书》，为发现宝藏播客、赋能创作者、探索播客商业化而持续发力。中文播客作为一个社区生态，越发展现出自己的独特价值和魅力，CPA 发起人之一的李倩玲（Bessie）认为，**播客是一个最具活力、最团结的社区**，在这个社区中的创作者群体更容易惺惺相惜，更愿意深度交流探讨，互通有无。

除了播客创作生态日益在壮大，创作者的画像也越来越丰富和多元，关于这个的讨论，我们会在第 2 章详细展开。

1.3.3　消费端：规模破亿，价值可期

听众破亿，持续增长

衡量一个内容生态往往会从供需两端来评估，前文聊完中文播客的供给侧，我们来看看中文播客的消费端，也就是播客听众的规模。

从最近三年的行业数据中会发现，中文播客生态呈现出了"供需两旺"的状态。市场调研机构 eMarketer 的报告预计**中文播客听众的规模在 2025 年或突破 1.5 亿人**；《2023 喜马拉雅中文播客生态报告》也披露，**2023 年在喜马拉雅上收听播客的人数已突破 2.2 亿，周活跃播客听众高达 1600 万人。**

虽然口径有所不同，但播客听众规模在 2023 年已经稳定地维持在破亿的水平，eMarketer 预计近几年播客听众会以年均 15% 以上的速度增长，这对于一个新兴的内容形态来说，无疑具有里程碑的意义。

高黏性，养成系，成就独特价值

除了基数的庞大，播客听众的黏性也相当高。从 CPA 调研中的用户群体看（图 1-6），老用户群体占比 38.5%，重度用户占比 40.5%，这与 JustPod 发布的数据（2020 年重度用户占比 21.6%，2022 年重度用户占比 35.6%）相比，亦有不小的提升，且这两个群体的消费能力均高于大盘。所以，我们可以预见，随着时间推移，播客整体的经济规模或将进一步提升，有较高的商业价值。

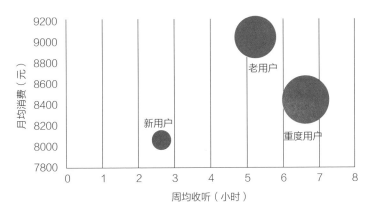

注：新用户指收听播客6个月以下的听众；老用户指收听播客3年以上的听众；重度
用户指周均收听5小时以上的听众。

图 1-6　播客用户时长和消费的分布

除了高黏性，相关调研还发现，从收听年限和收听时长的关系看
（图 1-7），播客呈现出养成系的特点，即听的年限越久，听的时长越长。

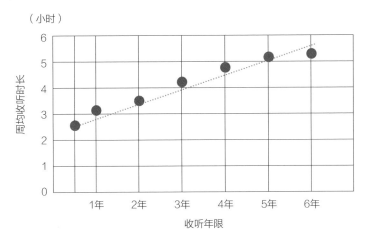

图 1-7　播客听众收听年限和收听时长的关系

如果说一个国家的经济规模是用 GDP 来衡量的，那么**"声音经济"的规模
就是用人群数量 × 人均时长来估算的**。用这个指标来看，"播客 GDP"已十分
可观，如果加上经由互动产生的额外时长，这个"播客 GDP"可能会更高。

　　小宇宙 CEO Kyth 在采访中袒露，小宇宙也看重收听时长，并给出一组数据：截至 2024 年 9 月底，小宇宙用户累计收听总时长超过 15 亿小时，人均每日收听时长超过 78 分钟。Kyth 说："你听一个人讲 1 小时和 100 小时，是完全不同级别的信任指数。在内容媒介里，信任指数和商业价值是挂钩的。"2024 年初，小宇宙 app 上线了贴纸功能，其中就有"听某档节目 100 小时"的贴纸，众多听众以此为荣，竞相在社交媒体晒出这枚贴纸。

　　《井户端会议》和《东亚观察局》的主理人梵一如也给我们算了一笔账：比如《东亚观察局》现在每期的点击最终是 2 万，有 70% 的完播率，相当于有 2 万人每周会听我的节目 40 分钟（整体时长 60 分钟），相较于抖音的几十秒，播客是听几个人或者一个人讲 40 分钟，甚至每周都听，这就是对一个人的心智占领，这样的商业价值不可能低。

　　所以，从时长和规模上来说，播客已经不再是一个小众媒介，而是一个能适用于众多场景，具有高黏性和成长潜力的新媒介，其商业价值的确不容小觑。

1.4 走近中文播客听众

1.4.1 听众画像："态度青年"的生活方式

　　如今，听播客已然成为一种生活方式，那这些基数庞大的听众到底是哪些人？他们有什么特征？为什么这么多品牌愿意与这些受众建立链接呢？CPA 通过 2000 多份用户调研和对 50 多人的访谈，刻画出一个播客听众的群像——有态度的年轻人，或者叫"态度青年"（图 1-8）。

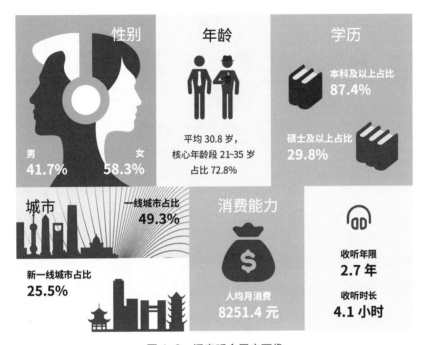

图 1-8　播客听众用户画像

我们可以先从一些客观指标上大致了解播客听众的用户画像。

女性占比逐年增长，姐妹们都来听播客了

CPA《2024 播客营销白皮书》披露，在播客听众中，女性用户接近 6 成（图 1-9），与 2020 年其他播客机构的数据相比提升了 30%；在老用户（收听时间 3 年以上）中女性占比不足 45%，而在新用户（收听时间半年以内）中女性占比高达 73.5%，这说明不断有女性用户在进入播客听众的行列，也扭转了早期收听长音频以男性为主的用户格局。另外，在 30 岁以下的听众中，女性占比比男性高出近 30 个百分点，女性听众显示出更年轻的特征。女性用户的快速上升，也催生了众多关于女性或成长类话题的播客节目，这类节目往往能在一些以女性听众为主的平台上"霸屏"排行榜。

图 1-9 中文播客听众的女性用户变化

一线城市占半壁江山，下沉市场开始增长

根据 PodFest China 的数据，2020 年一线城市播客听众占比 41.7%，这一数据在 2023 年 CPA 的播客听众调研中已接近 50%，北上广的领先地位得到进一步巩固。播客听众数量排名前十的城市与一线、新一线城市基本吻合（图 1-10）；同时，二线及以下城市的市场份额也开始提升，已接近新一线城市的份额，即使较为下沉的地区（如四川阿坝州、内蒙古巴彦淖尔市等）也有了播客听众。另外，海外市场的用户基本上都是留学生或在海外工作和生活的华人。

图 1-10 播客听众前十的城市

一群生活实验家，徜徉在播客旷野中

CPA《2024 播客营销白皮书》的数据显示，**播客听众中本科及以上学历的听众占比 87.4%**，播客可能拥有任一媒介用户中最高知的群体，他们对节目信息密度、制作、氛围等要求颇高，对场景匹配度也有自己的认知，其中不少听众也有一定的社会身份，有媒体人、教授、市场人等专业人士，他们在各自的行业和社交领域里掌握着话语权。

小宇宙 app 将播客听众描述为"**热衷探索新物新知，拥有包容多元的思想**

生活方式"。小宇宙 app 的核心听众中 63% 集中在 23~35 岁，这些用户关注商业前沿、文化洞察、艺术解读、潮流趋势、自我探索等热门话题，同时对户外运动、展览演出、文学、电影、探店、烘焙等生活方式充满兴趣。

播客听众在收入和消费上也可谓一骑绝尘，《2022 年 JustPod 中文播客新观察》数据显示，2022 年播客听众月均收入 14808 元；CPA2023 年的用户调研显示，**一线城市播客听众月均消费高达 9757.1 元，具有较高的消费潜力**。小宇宙 app 则在 2023 年披露，有 46% 的小宇宙用户年平均收入超过 25 万元，78% 的听众有过个人理财投资，75% 的用户过去一年更新过电子产品，足以说明播客听众的消费偏好和消费能力，他们有独具品味的消费主张。

毫不夸张地说，播客听众是一群走在潮流前沿的"生活实验家"。这类用户代表着**消费群体中极具购买力，同时又具有判断力和影响力的优质人群**。可以说，播客从一开始即有了"圈层"概念，触达、影响以及放大这些优质人群的价值，是品牌基于播客进行营销最重要的目标。

1.4.2 听众动机：追求信息丰富的陪伴与链接

信息丰富和高质量陪伴

哲学家罗素在其自传的序《我为什么而活着》中说：对爱情的渴望，对知识的追求，对人类苦难不可遏制的同情，这三种纯洁但无比强烈的感情支配着我的一生。

其实，对这三种需求的满足在播客里都可以实现，播客听众们在这里听各种亲密关系的发展、了解生活中各种信息知识，也会因为真实的故事及其背后的细节产生各种情感涟漪。荔枝 app 的小红书账号也写道：听播客能提升幸福感。哪怕什么都不做，就戴上耳机听 20 分钟播客，人的精神状态都会变得更好。

PodFest China 2022 年的数据显示（图 1-11），**在听播客的动机中，陪伴**

需求凸显，而听众同时又强调了内容的高质量，所谓"既要快乐也要知识"，这和刷短视频、消费短平快的碎片化内容需求形成鲜明对比。

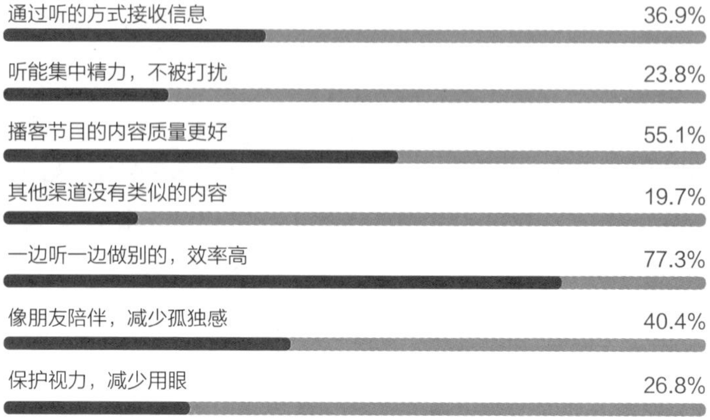

通过听的方式接收信息	36.9%
听能集中精力，不被打扰	23.8%
播客节目的内容质量更好	55.1%
其他渠道没有类似的内容	19.7%
一边听一边做别的，效率高	77.3%
像朋友陪伴，减少孤独感	40.4%
保护视力，减少用眼	26.8%

图 1-11 听播客的动机分布

在腾讯新闻旗下《谷雨数据》栏目的一项统计中我们也可以看到，听众对播客的期待聚焦在打破信息差、通过高质量对话获得新的启发、获得更多陪伴和收获生活气息等方面（图 1-12）。

我从日本了解到播客这一新兴媒体形式，并逐渐成为其忠实粉丝。最初是因为喜欢日本的文化氛围和艺术表现，随着小宇宙等平台的兴起，我也尝试使用了它们来进行语言学习和娱乐。总的来说，我认为播客是一种很好的信息获取渠道，因为它可以提供丰富多样的信息和知识。

——前夕，上海，出版行业

我从 2018 年和 2019 年开始听《无聊斋》，后来"教主"推荐了小宇宙，我开始接触并喜欢上了。现在我在学习和工作中都需要长时间沉浸于音频中，因此播客成了学习的工具。总之，我认为播客具有丰富的内容和形式多样的主题，能帮助我拓展知识和开阔视野，了解之前不曾涉及的领域。

——瑾祭，上海，项目管理

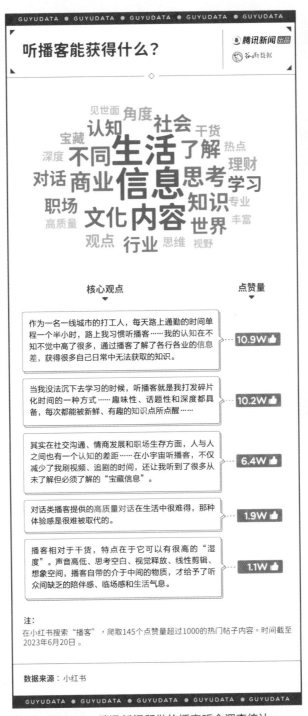

图 1-12　腾讯新闻所做的播客听众调查统计

我认为播客具有以下优点：第一，可以用来消磨闲暇时光；第二，播放的内容较为有趣，适合放松心情；第三，不受时间和地点限制，可以在各种情况下随时听。我在不同阶段对播客的需求会有所变化，如在学校时主要以休闲为主，而在上班时则更关注职场经验和知识。总之，我对播客有着很高的期望值，愿意为它们付出更多的时间和精力。

——无声，成都，研究生

链接社交的"内容货币"

众所周知，社交需要有谈资，内容信息便是最好的"社交货币"，播客在我们的日常社交中也扮演着这样的角色。

一方面，我们可以看到播客的上游来源很多都是社交平台或社交圈子。在CPA 2023 年的用户访谈中，不少播客听众反馈初次接触播客来自社交平台的推荐，尤其是微博和小红书，也会经由朋友和社群的推荐。如今，年轻人在小红书平台上喜欢找寻生活经验和知识资讯，播客也成为他们青睐的对象，会做播客笔记，也会互相交流，2023 年关键词"播客"的搜索次数同比上涨超过40%。

另一方面，播客也会作为内容输出的一环在不同社交媒体上传播，比如，在即刻、豆瓣都有推荐播客的主题或者圈子，也有人在社群和评论区里分享最近听到的节目。平台和品牌也在鼓励用户分享播客，小宇宙 app 为播客听众提供了收听时长的统计，2023 年末的用户个人年终总结曾刷屏朋友圈。

我最早是在微博上有关注的博主，他经常听播客，推荐过节目，也推荐了小宇宙，我就去下载了尝试听一下，后来就喜欢上播客了。

——菠萝，宁波，金融行业

此外，在现实的社交场景中，我们也看到有人已经在**以是否听播客来**
判断对方是否和自己属于同一圈层，更有专注播客收听体验的 TEZO 耳机
在打一个新的品牌认知（图 1-13），当你看到这款耳机就知道对方也会听
播客。

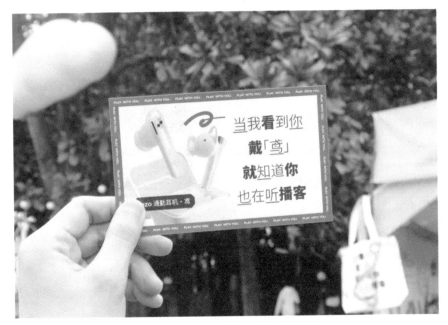

图 1-13　TEZO 耳机主打的品牌认知

网易云音乐《00 后长音频消费趋势报告》也显示，不论 "I" 人（内向）
或 "E" 人（外向），都曾向身边人推荐长音频内容（73.3% 和 82.3%）。看来，
为优质内容宣传推广的 "自来水" 行为在播客圈普遍存在，这也显示了播客具
有的社交魅力。

1.4.3　听众场景：全天候多终端覆盖，各取所需

收听终端丰富多样

和国外类似，中文播客听众也在不同的终端上收听播客。以声湃提供的数

据为例，有将近 11% 的听众通过手机以外的终端收听节目，常见的主要有车载设备、智能音箱等，这和国外的趋势相一致，随着这些设备的普及和使用时长的增加，播客收听的覆盖面也会有所提升。

即使在手机端，各家平台也推出了很多 app 之外的产品，比如，小宇宙推出的多种"小组件"（图 1-14），除了显示正在收听的节目，还可以用来展示收听时长、最爱节目等，更方便查看和收听。对于喜欢用喜马拉雅听播客的听友来说，喜马拉雅的小程序也是一个很不错的选择，没有广告、界面更简洁，查看详情和评论更方便一些。

此外，我们在访谈中也了解到，不同终端设备适配的场景和人群也有一

图 1-14　小宇宙推出的氛围播放器组件

定的倾向性。比如，有人会使用 PC 软件来收听，这就适合工作场景，很多从事设计工作的听众习惯这种模式；再比如，部分智能手表也支持听播客，这更适合喜欢户外运动的人士。

当然，收听终端还有很多，现在只要智能视听产品能装载播客 app，就可以在不同场景下体验收听，如智能电视、智能家电（如冰箱、空调）等，这些终端设备在未来可能成为新的收听场景。

收听场景偏好各异

从起床洗漱开始，播客就走入了听众的一天，直到睡前（图 1-15）。在一

天中，主要收听的场景仍是通勤和做家务时，这两个时间段正是解放双眼的好
时机，与此类似的还有睡前和诸如洗澡的放空时段。比如，在通勤路上，有人
会戴着耳机会心一笑，很可能是因为听到了播客里的段子；在做家务时，有人
会放着播客节目做背景声，时不时还停顿一下，似乎在做思考状，那或许是听
到了播客里让人产生共鸣或发人深省的片段……

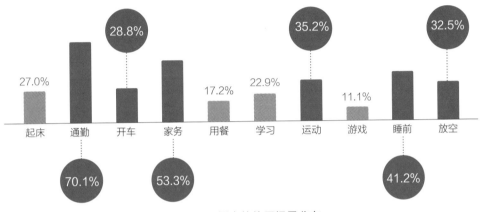

图 1-15　播客的使用场景分布

　　虽然播客收听的场景覆盖很广，但不同场景下收听的内容可能有一定的偏
好，让我们看看听众的一些具体反馈（表 1-2）。

表 1-2　不同场景下听播客的列举

场景	在什么具体场景听播客	听什么类型的播客
出门前	女性多半会在洗漱、化妆、早餐时收听；也有人在卫生间听	和情绪有关的，轻松的
通勤	走路、骑行时不会听播客（为了安全）；开车或在封闭空间里会听（如地铁）	人文社科类的，如《忽左忽右》，但不太会听完，上下班两次可能听完
运动	主要是听音乐，偶尔散步、慢跑会听	轻松的
工作	工作间隙休息时会听	轻松的
做家务	做饭时会听；周末做家务时会听	陪伴型内容，当背景音；喜欢的播客集中在周末听
睡前	可能是打游戏、聊天时听	音质好的
放空	在泡澡时听（以女性为主）	娱乐类的、脱口秀

我们也从听众的一些具体反馈中知道了部分场景的具象形式或需求（表1-3），如果你是创作者或品牌方，也可以借此想象出能够植入品牌的结合点有哪些。

表1-3 播客在不同收听场景中的需求细分

场景	具体场景下的需求细分
运动	散步、慢跑、瑜伽、滑雪
餐饮	咖啡、快餐、外卖、聚餐、约会
出行	旅游（近郊：爬山；远行：自驾游）、通勤（开车、骑行）、探店逛街、看电影、看展、线下演出
宅家	做饭、陪家人、看书、看视频、打游戏

在CPA的用户调研中，也有类似的结论（表1-4）：比如，在男性听众占多数的开车场景，科技/数码类的收听占比位居第一，这在情理之中；在运动健身场景下，城市/旅行类的内容与之契合，排名第一；在睡前场景中，以放松娱乐为主的内容（如影视综艺、音乐、情感等）排名靠前。

表1-4 不同场景下播客内容的偏好

场景	TOP1	TOP2	TOP3	TOP4	TOP5
通勤	品牌播客	科技/数码	城市/旅行	声音日志	生活方式
开车	科技/数码	影视/娱乐	故事/奇谈	城市/旅行	喜剧幽默
家务	声音日志	城市/旅行	生活方式	情感/关系	故事/奇谈
运动	城市/旅行	生活方式	情感/关系	声音日志	历史/人文
放空（如洗澡）	音乐	情感/关系	声音日志	城市/旅行	个人成长
睡前	影视/娱乐	故事/奇谈	音乐	历史/人文	情感/关系

JustPod前首席运营官杨一在2022年"品牌星球"峰会上分享时提出一个概念叫"Contextual moments（语境时刻）"。对于品牌来说，播客覆盖的场景提供一个可能性，即可以把恰到好处的信息投放到恰到好处的场景中，甚至可以形成品牌影响力对某个场景的占据。你可以想象一下这样的画面：一个人正在跑步，刚好同时在听一档播客，而这档播客中刚好插播了一段来自运动

品牌的贴片广告，又或者他正在听的就是一档由运动品牌出品的品牌播客，这样的代入感既顺滑，又能沉淀记忆。

1.4.4 听众评价：品类待扩充，带来新视角

品类丰富度仍待提升

说完播客听众的画像，我们聊聊听众对播客的看法。CPA 在 2023 年的用户调研中设计了五个方面的满意度调查，涉及节目数量、节目品类、节目质量、收听体验和平台体验（表 1-5）。其中，收听体验的满意度最高，这表明大多数节目在制作上已经符合听众期待；在平台体验的满意度方面，不少听众反馈，小宇宙 app 以简洁的界面、友好的交互获得了青睐，播客听众更倾向一些有审美的平台；目前，节目品类的满意度在五个指标中最低，这也反映出目前播客内容仍处在供给不饱和、不均匀的现状，在很多细分品类上（如历史、文化等），播客还属于一个相对蓝海的市场，找准细分定位的优质内容现在入局，仍然会有很大的机会和空间。

表 1-5 播客听众的满意度调查

类别/满意度	非常不满意	不满意	一般	满意	非常满意	总体满意度*
节目数量	1.4%	2.2%	23.0%	56.4%	17.0%	69.8%
节目品类	1.5%	4.2%	24.4%	52.4%	17.5%	64.2%
节目质量	1.6%	2.5%	24.9%	54.3%	16.7%	66.9%
收听体验	1.3%	1.3%	18.2%	61.1%	18.1%	76.6%
平台体验	1.9%	2.8%	21.3%	56.4%	17.6%	69.3%

* 总体满意度 =（满意 + 非常满意）-（不满意 + 非常不满意），参考 NPS（净推荐值）

例如，在 2023 年，一档知识科普类播客《纵横四海》横空出世，成为一匹黑马。这档以超长时间而"闻名"的播客节目以其"人类使用说明书"的内容定位，输出对个人成长、神经科学等方面的见解，获得了极高的关注，圈住了

一批粉丝，上线的一年里即在小宇宙 app 斩获了超过 30 万的订阅量，获得了包括"CPA 中文播客奖"在内等诸多行业荣誉。再如，解读《红楼梦》的播客《红楼慢炖》，每期选择一个主题，结合生活、经济、建筑、诗词等进行漫谈，让"红学"不再拒人千里之外，成为家务、散步、睡前等场景的绝佳陪伴。由此看来，不管是超长内容，还是小众内容，在播客里都能找到自己的拥趸，希望不久的将来能涌现出更多新的有趣的播客赛道和节目。

此外，我们在一些调研中发现，播客作为内容形态，听众会在意话题、嘉宾、观点、氛围等内容维度，这也反映出听众始终关心的是内容本身是否有料有趣，是否能在一些场景中占据自己的心智。而平台提供的产品功能和推荐机制反而影响力相对较弱，这显示出播客听众的独立性，他们更愿意自己来判断播客是否符合自己的兴趣，而非被算法所左右。

播客带来新的思考视角

CPA 在多年的用户访谈中发现，播客听众对于播客的评价有许多真知灼见，他们不仅能说出播客的一些特点，还会形象化地点出听播客的价值，也会和当下习惯性获取碎片化信息做比较，让我们看看他们是怎么说的。

听播客像看书

我对各种内容媒介的使用会各有侧重，小红书是很好的一个分享平台，有很多和生活方式相关的内容，空闲时我会去看这些内容。短视频可能比较偏娱乐或者就是一种工具。而听播客就像看书，我会广泛地去听，但也会更看重内容，像小宇宙上有很多精致内容的沉淀，我就会听很久。听播客不仅让自己不那么孤单，同时还能获取很多信息，了解一下不同方面的内容。

——Alert，成都，医疗行业

播客会启发思考

和其他图文、短视频相比，播客给我思考的时间会多一点。这可能也和方便程度有关，比如，跑步时可以听播客，但看不了视频。另外，我会在意播客中的观点，在意他们对于一个事情表达的清晰程度。

——白小白，长沙，美发行业

播客留有的印象更深

很多短视频刷过就忘了，但播客内容更细更深，听播客会留有印象。比如，短视频里面有很多电影拆解，但和别人聊起这些电影时完全没印象，而播客会讲电影剧情，会针对每一个人物进行分析，还会和相关案例做结合，像《黑水公园》那种，我觉得比短视频更有价值。

——洪先生，海口，金融行业

我一开始听道长的《八分》，养成了收听播客的习惯。我喜欢在通勤路上听播客，以便获取高质量的内容，当然陪伴需求也是有的。我觉得有用的东西，能够生动地表达出来的话，就会听进去，会留下印象，以后会猛然想起这些信息，声音给人的记忆是其他形式不可替代的。

——kayee，深圳，咨询公司

CPA 和 JustPod 在多次调研中都问了一个脑洞题：**你认为播客像什么（品牌）？** 我们倒不是想固化对播客的刻板印象，而是希望能从听众的反馈中抽象出一些特征，如简单、有品位、有深度链接、实用性等，这种具有画面感的概念，会让我们对播客的商业化有新的视角，你或许在其中也能看到品牌营销新的可能性。

听播客像骑车

我觉得听播客很像是在骑自行车，或者是在骑很轻便的电动车，很轻盈，不会给你很多负重。还能伴着风！仿佛耳边会有很多朋友跟你讲。你骑着车吹着风，很安静，内心很舒服。

——李先生，成都，学生

播客像精品书店

我以前听喜马拉雅主要是听书，后来小宇宙出来了，感觉它是一个精品书店，界面也简洁，我就开始听小宇宙的播客了。

——麦斯金，洛阳，广告行业

播客像三顿半

如果用一个品牌来形容播客的话，我觉得就是三顿半。第一是因为都有一种设计感，很干净，很纯粹；第二是够垂直，都相对精致；第三是创始人都很在意内容。

——Mars，上海，车企员工

播客像_____

Lululemon：DTC（Direct to Consumer）的代名词，链接用户，有调性，有保障。

戴森：设计比较简约，不能用性价比来形容。

内外：有气质。

无印良品：干净、简单。

沃尔玛：什么都有，质量不错。

苹果手机：简约极致，令人上瘾。

Allbirds：轻便，简约，高水准，不打折

宝洁：日常的快消品，有稳定的品质和良好的保障

香水：有点轻奢，但很有品位

时尚 / 都市杂志：感觉快消失的纸质杂志搬到了播客上

手表：拥有实用性、存在感和美观度

新消费品牌：每日黑巧、喜茶这类，对策划创意要求比较高

....

本章小结

从广播、音频到播客，我们发现原来这种新兴内容形态一直存在于我们的日常生活中。通过简单但全面的梳理，我们一起回顾了播客的发展简史，也对中文播客市场的发展有了初步认识，了解了播客听众的画像，以及他们对于播客的评价。经过萌芽和小众发展的阶段，从 2020 年 "中文播客元年" 开始，我们对这一具有独特魅力但不容小觑的内容生态有了新的期待，正所谓：

前世今生播客范，播客元年宏图展。

青年听播成新潮，商业价值更可盼。

播客时代

用声音打造影响力

- 播客时代已来，每个人都可以重新思考声音媒介对自身的价值。在"中文播客元年"，我们还在认为做播客是"为爱发电"，而如今越来越多的人进入了播客领域，一方面是兴趣驱动，但更多的创作者是希望通过播客来放大自身的影响力，链接更多的人和资源。由此可见，做播客已经从为"爱"发电走向为"I"发电（"I"有三层含义），这正是本书第 2 部分想跟大家分享的。

- 我们从创作者的画像、动机来探讨当下为什么适合用播客去发声，你也可以从各种实践案例中"对号入座"，找到属于自己的声音影响力，或表达自我，或链接圈层，或收获成长，或赋能商业……在播客的旷野上，每个人都可以去探寻自己的"矿山"，一切皆有可能。

第 2 部分
创作者篇

第 2 章
创作者视角下的播客价值

2.1 创作者画像：乐于表达的"生活实验家"

2.1.1 来自各行各业的播客创作者

听播客已然成为年轻人的一种生活方式，其中不少人还开始身体力行做播客了。毕竟，在一个崇尚自媒体的时代，做播客以其相对低的制作门槛，成了很多人的新选择，甚至不少视频及图文类创作者也开始选择加入播客蓝海，进行新的内容创作尝试。

在 CPA 2023 年的创作者调研中，我们发现，**播客主创绝大多数也是播客听众**，他们更早接触到播客，总体平均收听经验比听众要长 1 年以上，收听时间也比听众更长，有不少创作者拥有 2000 小时以上的收听时长，可谓是"听而久则播"。

播客行业自媒体《播客先声》在《2021 中文播客创作者报告》中指出，播客创作者的年龄集中在 26~40 岁，其中 26~30 岁的占比超过 41%，主要集中在上海、北京、杭州、深圳等一线和新一线城市，还有 13% 的创作者在海外生活。总体来说，**做播客的人和听播客的人大致一致，也是热爱生活的一群"生活实验家"**。

从职业标签来刻画播客创作者的基本画像，我们发现接近 7 成的播客创作者是兼职，他们的身份也很多样（图 2-1），从早期的媒体从业者、音乐圈内人，到如今扩散到诸多行业，如互联网从业者、教师、市场营销人员、医生、律师、演员等，甚至连日料店的老板和理发师也会去开档播客节目。

图 2-1 播客创作者的用户画像

不过，目前很多创作者仍然是在利用业余时间来完成播客创作。比如，《凌播微步》的主播小鱼儿是个互联网公司的职员，但她喜欢和人交流，做了一档自我发展的对话播客，探索个体发展的可能性，这档播客已经成为她的副业，拓展了自己的视野，也给她带来了新的可能。

这些播客创作者虽然看上去是在为"爱"发电，不追求快速变现，但这并不影响这些创作者对播客的热爱和投入。有调研数据显示，**他们每周平均会花费超过 5 小时制作播客，也会花费 4000 多元去添置设备，不少人会为做播客做大量的准备工作。**

我们可以预见，未来会有更多的专业人士加入播客创作者的行列，如程序员、企业家、运动教练、经济学家、影评人等，他们会通过展示自己在专业领域的特长来消解一些信息差，以便吸引垂类的听众，扩大自身的影响力。又如，像杨天真、王濛等这样自带流量的名人近期也加入了播客，他们在声音的世界中，更容易放下包袱、袒露心声，拉近了和粉丝听众的距离。从某种程度上来说，从媒体圈、娱乐圈到科技圈……**不同圈子的人加入会拓宽整个播客的边界，也会加速播客的破圈**。就像小宇宙 CEO Kyth 说的那样，"它不是一下去击中一个泛群体，而是在垂直群体里逐步拓圈。"

当然，除了各种身份，我们还看到不同创作者处在不同的人生阶段，有的在求学，有的初入职场，有做宝妈的，有单身母亲，也有从体制内勇敢转身的……虽然每个人背后的阅历各异，但他们都愿意通过声音表达自我，讲出自己对所在领域和人生的独到见解，让更多人体会到世间百态，这在千篇一律的模板化、批量化的短视频画风之外开拓出别样的新世界。

2.1.2 专业化创作孕育新兴职业

除了由兴趣驱动的兼职主播，播客圈还有不少人加入或自办了机构或团队，全职在做播客，可以说做播客本身也在逐渐成为一种新兴职业。

天眼查数据显示，2022 年就已有近 1300 家从事播客相关业务的企业，6 成以上成立于 5 年之内，这说明播客方兴未艾。目前，有许多机构化运作的公司在做播客，他们一般被称为"厂牌"，如出品《忽左忽右》的 JustPod、以《声动早咖啡》出圈的声动活泼等，这些厂牌大多都是由一档节目开始走向覆盖多个赛道的节目矩阵，从一个个体走向一个个"小而美"的公司。

播客制作的公司化运作，自然会催生播客制作人、出品人、发行人等细分角色，也会有剪辑师、音效师、策划师等多个专业工种，这让播客变得更加专业化和职业化。

当然，除了播客制作公司，也有不少以个体为主的小团队在茁壮成长，这些个人主播往往会被赋予播客主理人的身份，有了自己的工作室，代表他们并不是在简单地制作声音节目，而是把自己的播客打造成一个内容产品，要努力扩大影响力，甚至走向商业化。

例如，《井户端会议》主理人兼主播梵一如是上海播客界的元老级人物，从2013 年起他就因个人兴趣开始做播客，如今他根据自己兴趣的延展，已孵化或出品了一个播客节目矩阵，他自己戏称为"番薯（'梵叔'的谐音）宇宙"，这也让他从一个传统媒体人转变为播客大咖。他还成立了番薯剥壳工作室，举办各类线上线下活动，持续探索播客更多的可能性。

此外，还有不少播客媒体机构或代运营机构应运而生（如《播客志》《播客先声》等），他们往往会在小红书等社交平台上运营一些播客垂类账号，以吸引从业者和创作者，也会承接一些和播客相关的咨询、制作和宣发等工作。从这个角度上来说，播客已然形成了一个产业链，为一部分播客参与者提供了把做播客当成一种职业的可能性。

2.2 创作者价值：为 "I" 发电的绝佳阵地

2.2.1 探索自我和提升表达

近几年，我们观察到播客创作者的动机已从纯粹的为爱发电进阶到了为"I"发电，这里的"I"有三层含义，首先是代表自己的"I"。许多创作者做播客的动因是探索自我、沉淀自我和提升自我。的确，做播客是一种从输入到输出的完整闭环，也是训练表达和交流的绝佳机会，未来总会在某处"开花结果"。

从输入到输出

播客的制作门槛是较低的，但绝不代表没有门槛，至少需要有主播能持续输出或者要和嘉宾做高密度的对谈，这就要求做播客的人有较好的知识储备和良好的交流能力。

如何才能拥有较好的知识储备呢？其实，**做播客就是一种用输出倒逼输入的方式，而且输入和输出同等重要。**输入有助于丰富和拓展思维和视野，输出则有助于向更多人传达观点和想法。如果只注重输入而忽略输出，就无法实现价值转化。相反，如果只注重输出而忽略输入，就会陷入僵化的思维框架中，无法开阔思路。

因此，有人认为，做播客是对自己热爱的事物和领域进行探索。言之越多，探索越深入；探索越深入，就越能认识到对自己真正重要的事物，以及内心信念的驱动力。**做播客可以说是一个自我认识的旅程，每一句话都让你更接近真实的自我。**

当然，这里所说的输出不仅仅是语言表达，还需要输出有意义的内容，让他人理解你的语言体系，也就是叙事或叙述能力。这套体系其实是在长期实践中得出来的。我们从小就被要求朗读、背诵，或复述一件事，长大后会做汇报、做演讲，善于思考和熟能生巧，可以练就顺畅的表达；再进阶一步，就要声情并茂地讲述，讲得引人入胜，根据你的受众去调整或更有针对性地表达，这便是"讲故事"的能力，这其实也是构建领导力必备的基本技能。

通过做播客，尤其是单口类的内容输出，你可以通过事先的大纲撰写和资料整理，基于你多年积累的行业知识或阅历，就某些话题能胸有成竹地阐述自己的观点。同时在访谈类播客中，你也可以逐渐培养一种技巧，即在和其他嘉宾交流时，需要认真倾听，并抓取对方的观点，在合适的节点做出反馈，在表达—倾听—反馈的循环往复的过程中，你自然而然地会提升交流能力。

从"I"到"E"

在现在流行的 MBTI 测试中，"I"人代表了内向，许多"I"人如果怯于在镜头面前表达自己，那做播客就是一个不错的选择。《职业离想》的主理人 Will

说过**"播客是 I 人做内容的救世主"**，做播客让你屏蔽了镜头和被窥视，放下负担，在声音中逐渐找到表达和交流的自信，从某种程度上说，这也算是为"I"在做播客。

一档聚焦离职后个体发展的播客——《职业离想》通过对话来呈现人生"第二曲线"的可能，仿佛在做一场社会观察。主理人 Will 认为在播客内容创作上可以采取一种渐进式的发展策略，他从早期的个人兴趣出发，逐步强化内容规划和嘉宾质量，再到注重听众互动和社群运营，以此作为拓展个人影响力与打造第二职业曲线的重要手段。尽管 Will 目前尚未全面开启商业化运作，但他已经意识到播客可以作为一个有效的影响力获取渠道，同时也可以通过做播客让自己更充实，Will 因为读书和影视的打卡开启了个人第二档播客《Will 有源头》。此外，Will 已经通过在播客上积累的案例出版了图书《又是不想上班的一天》，在微信读书上获得极大的关注。

聚焦"良好生活"的成长类播客《慢点说》的主理人诗歌歌表示，在做播客以后，感觉自己过剩的表达欲有了安放之处。以前但凡有一件事情，总想着和其他人都说一遍，现在她可以直接在播客里表达了。诗歌歌认为做播客锻炼了她临场的表达能力，这种能力来源于一次又一次的实战积累，让她在本职工作中也开始承担活动主持人的角色，收获新的成长体验。另外，诗歌歌更感觉到做播客是给自己打造了新的"个人名片"，变成了一种向对方介绍自己的小工具，由此也获得了更多的关注。

总之，做播客能让你认识自我、提升自我，并且训练自己的表达和交流能力，努力从"I"人变为"E"人，从普通的平凡人变为有影响力的专业人。

2.2.2　内容 IP 的"源头"阵地

性价比极高的创作方式

为"I"发电第二层"I"的含义是"IP"，即你可以通过播客建立个人表达的阵地，在自媒体创业盛行的当下，如果你要为自己做一个内容 IP，那播客可能是最合适的选择。《闪光少女》的主理人斯斯在《CPA 超频对话》中说，**播客对于做内容创业的人来说是性价比极高的，可以说是最小单位的创业，也是内容创作的"第一阵地"**。斯斯是从微博里成长出来的 KOL，又做过视频系列，她深知做视频的难点和不易，如今转战到播客领域，她有种"降维打击"的感觉。她的播客《闪光少女》以一系列的访谈作为观察时代的窗口，与不同年龄、身份、行业的女性对谈，讲述女性在职业场域、社会关系与婚姻家庭中的困境与成长。如今，斯斯还开启了聚焦女性商业的母题呈现内容，推出《给女孩的轻创业指南》《给女孩的商业第一课》等播客，持续打造自己的 IP 和为别人打造 IP。

一方面，相较于写大篇幅图文稿或做视频都需要在制作层面投入更多精力，个人创作播客的门槛是相对较低的，对录制设备的要求也没有拍摄那么高，也没有烦琐、专业的后期要求。对于普通创作者来说，你用一个手机就能录制和制作播客了，甚至可以把你和朋友的聊天一刀不剪地上传到播客平台上。所以，我们看到近来有大量和斯斯一样的视频或图文创作者开始拥抱播客。同时，如果创作者选择对谈类型进行内容 IP 的打造，那做播客对于嘉宾来说也是低门槛的，嘉宾不必在意外在形象，在轻松的对谈氛围中能卸下心理包袱，从而让谈话更有质量、更有料。

另一方面，播客创作是一种过程的记录，可以衍生出诸多内容产品。CPA 联合发起人老袁表示，**播客可以成为其他形式内容创作的"源头"。**举个例子，你录制了一个小时的播客，就可以产生超万字的文本内容，这些内容加以编辑可以成为一篇微信公众号文章，在微信生态中传播；也可以把其中的金句或者高光时刻进行包装，在小红书等平台上推广引流；甚至你可以运用 AI 技术给播客配上适合的画面，在视频平台再次分发。总之，对于初创的内容 IP 来说，做播客衍生出的链路极长，非常友好和有性价比。

当然，我们这里所说的性价比是相对而言的，播客的入门门槛虽低，但做好播客的天花板是极高的。这背后的原因倒也简单，与其他主流的媒体形式相比，播客仅仅依靠声音就能形成一种个人风格，通过输出具有信息密度和情绪价值的内容，与听众建立起链接，要取得这种"声入人心"的效果，那就意味着创作者必须是内容强者与心理高手，用声音抓住人心，长期或者长时间输出，并能构造出多重想象力的场域。这也是播客的独特魅力。

播客是一种社交组件

播客创作的性价比不仅体现在创作上，还体现社交传播上。除了借由 RSS 的多平台分发，播客也会因为与社交平台的融合实现更大范围的传播。CPA 的用户调研发现，大多数听众会关注播客创作者在各社交平台上的账号（图 2-2），主要用来关注节目动向，当然他们也会在这些社交平台上与创作者、与其他用户进行交流互动。除了所列举的平台外，豆瓣、视频号也是提及较多的平台，即使在小宇宙 app 上，创作者的个人页也会被不少听众所关注，看别人的收听记录也是听众获取播客推荐的一种来源。

此外，我们看到最近越来越多的平台把播客作为组件纳入自身的体系中，如同几年前视频在各种社交平台里出现，如今已大放光芒。

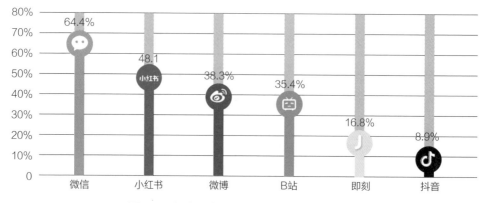

图 2-2　播客听众关注主播或节目的社交平台

o 微信视频号开始支持增加长音频内容、为音频收听推出了专属界面，微信增加了"听一听"板块；

o 小红书对部分创作者放开了视频时长限制，出现了 50~80 分钟的视频播客，鼓励播客创作者开直播；

o 微博增加了音频播客，并上新合作计划，已有不少头部播客入驻；

o 豆瓣出现播客评分条目和分类入口；

o 36 氪、虎嗅在 app 里嵌入了播客；

o 芒果 TV app 上线芒果音频播客板块；

…………

由此可见，播客这种插件属性可以很好地让自己融入各种平台中。如果你想打造内容 IP，那就可以利用播客在这些内容平台循环往复地输出个性化内容，通过流量打造属于自己的粉丝阵地。比如，小红书开始鼓励播客创作者在其平台上开账号，分享笔记和开直播，与小红书用户深入互动交流。如果用一张图表示（图 2-3），我们就可以直观地看到，**播客可以承接各个平台上的用户需求，链接和沉淀这些用户，并经由播客这一特殊的内容形态，反哺到各个生态中，如此循环往复才能释放更多的可能性和影响力。**而作为创作者，你做播客收获的不仅仅是一个个平台的能量，而是众多平台中认同你的集合，通过播客的筛选最后沉淀下来的就是你自己的资产和人脉。

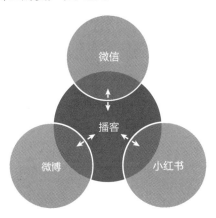

图 2-3   播客和社交平台的相互关系

总之，播客作为一种高性价比的创作方式，同时作为一种社交组件，能够在多个平台上进行低成本的内容输出和传播，值得你将其作为内容创作和打造 IP 的第一站。

2.2.3   链接和扩大影响力的新方式

为"I"发电的第三层"I"就是影响力（Influence），通过播客的阵地链接人和资源，释放自己的影响力，进而产生变现的可能。扩大影响力是大多数播客创作者想追求的。在 CPA 的创作者访谈中也有类似的印证（表 2-1），超过66% 的创作者认为做播客可以链接更多人，超过 44% 的创作者认为可以扩大影响力，甚至有超过 30% 的创作者有比较具体的商业化需求，如直接变现或接广告商单。

表 2-1   播客创作者的动机分布

链接更多人	扩大个人影响力	其他平台差异化补充	推广品牌	直接商业化	其他商业化
66.3%	44.8%	22.1%	19.3%	30.9%	22.7%

从创作的角度来说，做播客是构建影响力的过程。我们看到越来越多的创作者在主动找寻有影响力的嘉宾、行业大佬等，还可以通过串台等方式，让自己的播客成长起来。**串台文化是播客创作者的一大特色**，很多播客以对谈为主，遇到嘉宾资源瓶颈期，就会产生串台的需求。一方面这样可以串出更多的嘉宾和话题，另一方面也是互相导流的好方法。这类似图文时代的互推，但相较于微信公众号互推多数仅展示二维码，**播客串台是一种深度参与或者共创的过程**，更像一种聚会。一起共创的过程会放大议题在圈层里的影响力，也会基于串台方各自听众的差异产生"破圈"的效果，链接更多人。

从传播的角度来说，由于播客听众群体对生活保持思考，对世界保持好奇，他们往往作为有态度的带动者，在人生创新与探索的意愿和能力方面影响身边更多的人。因此，创作者借由播客这种在场景和内容链接上更为友好、更有温度的媒介，可以链接更多志同道合的、有相同爱好且有影响力的人群，由此来打造自己的影响力。

还有不少播客创作者把自己的播客身份晒到各种社交平台，把创作播客作为自己显著的社交标签。这一方面彰显出自己的内容能力、表达能力和社交能力，另一方面也说明了做播客日益成为个体影响力构建的标准动作。

同时，我们还观察到，不管是创作者还是听友，都很愿意在线下活动中相遇，不少创作者已经操办过多场听友见面会，反响不俗。CPA 在 2023 年中文播客节上为 8 组创作者搭建舞台进行分享交流，在现场可以看到创作者和创作者之间有天然的亲近感，创作者和听众之间也有友好的深入交流，甚至出现了"追星"的场面，这既是一种身份认同——大家都是"播客人"，也沉淀了一种播客社区的共识。

总之，播客在影响力的打造上有着特殊作用，从输出到传播，从线上到线下，每个环节都在构建影响力。未来，对于想表达、想链接更多人的个体来说，你值得拥有一个新的有影响力的身份标签——播客主理人。

2.3 播客创作：总有一款适合你

2.3.1 赛道多元，走进生活

内容赛道也就是内容分类，这一直是衡量一个内容生态分布的重要参考，播客也不例外。小宇宙 app 在 2023 年增加了分类的入口，这对于听众来说有了发现节目的新途径，其他平台也都有分类入口。这些赛道虽然分类不一，但总体上都是越来越细化，并各有侧重，这显示出播客越来越丰富和多元。

CPA 从问卷和访谈中看到（图 2-4），除了传统的历史人文、情感生活外，一些新的内容赛道开始出现，CPA 中文播客奖的内容赛道也从 2022 年首届的 14 个扩充至 2023 年的 19 个，部分热门赛道做了细分，使得内容变得更多元。

图 2-4　听众对内容赛道的偏好

比如，包含文学、科普的知识 / 阅读类内容近年来异军突起，体现了听众对于知识内容的渴求，于是出现了《纵横四海》这样每期时间超长（一般是 4 个小时）但完播率甚高的现象级播客。再如，城市 / 旅行类播客的出现，迎合了 City Walk[○]的热点和旅游行情的复苏，让主播用声音带你一起去探索附近和远方。

另一个不得不提的内容赛道是声音日志，CPA 原先的定义是**"以个体观察和表达为主的日志节目"**。而在访谈中，听众也帮我们更好地去阐述了这类节目的定义，如用真实的环境声音记录自己的生活日志，大到去听海，小到去买菜，都饱含生活气息，十分有趣。比如，《走录》就是这样一档日常记录自己生活的播客，内容就如播客名一样直白，边走边录，听来颇有生活的画面感。也有听众提及应该是像洪晃、姜思达、杨天真这种以个人表达为主的内容，既有个人成长范畴的记录，又有对当下生活的解构，真实又亲近，这类播客也颇受听众喜爱。

> 我听的就是这些车水马龙，（声音日志）更多就是在记录，对于剪辑的要求其实不是那么高，更多就是那种临场感，如探店或者旅行。去过的地方，你听着就知道有一些会和你的记忆对得上。
>
> ——Raven，成都，互联网运营

用声音记录生活，让播客走进生活，这是播客内容创作的一个趋势。CPA 联合发起人艾勇有个形象的描述：未来可能在诸如上海的安福路、武康路这种网红街区，你会看到一边有人在采集声音录制播客，一边有人戴着耳机收听播客。这种画面感很可能会在不久的将来成为新的潮流。

播客时代预示着个人广播（Egocasting，相对于大众广播，Broadcasting）时代的到来，播客因个人而生，因兴趣爱好而迸发，同时也会以更多元的形式走入我们的生活。未来，播客的内容赛道会更加丰富和细分，衍生出更多主题型的内容，你在这里总能找到一个适合自己的赛道，同时也能找到志趣相投的听众。

○ 又被称为城市漫步或城市漫游，是集旅游、文化和社交特性为一体的休闲方式。

2.3.2 对谈还是单口，形式丰俭由人

从播客的制作形式上来看，CPA 在创作者调研中发现，至少有三种模式（图 2-5）。其中最为主流的还是和朋友一起录制，也就是对谈或群聊的形式。当然，也有将近 1/4 的创作者是一人录制。

图 2-5 播客的制作形式

对谈的组合主要是夫妻、情侣、同事、朋友，他们在聊天氛围中分享自己的见解，对某一个话题进行交流和探讨。对谈会激发更多新的想法，并帮助你了解什么能引起共鸣，是内容创作的催化剂。对于初做播客的创作者来说，对话是灵感的丰富来源，对话就像棱镜把一道光线折射成彩虹，让你从无数的角度看到各种观点、情绪，也包括分歧。

对于听众来说，对谈也是最愿意消费的播客形式。网易云音乐的一组数据显示，2023 年 5 月，对谈类播客的收听时长同比增长 42.9%。当然，听众在听对谈类播客时，听的不仅仅是简单的聊天，也有情绪的表达、观点的碰撞，听众在轻松的氛围中获得陪伴的满足。

比如，由傅适野、张之琪、冷建国这三位女性媒体人所发起的《随机波动》就是一档聚焦女性权利和生存空间等议题的泛文化类播客，她们的探讨带来了让人思考的问题，如海淀妈妈、乘风破浪的姐姐等，她们试图用自身的经验与所学去理解身处的复杂时代，她们的声音，对很多人来说就是一种陪伴。

还有一种对谈形式是采访或连线。《姜就一下》的主理人姜旭已经通过对谈在一年的时间里制作了 100 多期节目，堪称播客界"劳模"。被访的嘉宾涉及面很广，有各行各业有趣的人，她希望让播客成为其他人渡过艰难时刻的陪伴。而圆桌对话类播客《乱翻书》也经常用视频连线的形式来沉淀播客内容，

原汁原味地为听众呈现嘉宾的观点，也让后期制作和在各类形式平台的分发降低了成本。此外，还有玩接龙的方式，这种一般出现在年末或特定节点的盘点中，围绕某一主题来让各位友台主播来录制，拼接成超长时间的播客节目。

除了对谈，就是单口聊。小宇宙 app 在"2022 小宇宙播客大赏"中总结了播客的四大趋势，其中之一是**"单口魅力"**：播客一贯是卸下防备、袒露心声的创作形式，像是随感笔记，情绪思考在此得到自在的发挥，个人魅力通过声音衔接知心听众，轻松开启，自得其乐。

根据《播·种 PodSeeding》的梳理，目前的一人播客形式还有听众连线，比如 *ULSUM RADIO* 在其迎来 100 期的节点，策划了给 100 位听众去电，聊 1000 分钟的活动，也产生了众多"化学反应"；又比如，《张春酷酷酷》就经常通过直播连线来探讨心理话题，第一期张春就邀请了一些对"自责"话题有兴趣的听众，录制直播连线的内容。此外，还有声音采集（如《Be My Ear 白噪音 | Marcast》）、音乐电台（如《卧房撸歌》）等形式。

除了对谈和单口聊，近来还有不少节目开始探索新的播客形式，比如，《来去泉州》采用的**声音导览**、日谈公园旗下《无限派对》的**声音选秀**、《我们会见面吗》的**声音恋综**都是新鲜的尝试，并且取得了不俗的效果。我们相信，未来的播客可能会衍生出更多新的玩法，总有一款适合你，值得你去探索播客的新边界。

2.3.3 "干""湿"混合，更显风味

前文提及京派和海派风格，就是这里所说的内容风格，一般有所谓"干""湿"两个维度。

从内容赛道的维度上来说，以社会、历史为代表的更偏信息和干货的"干"内容，体现了播客听众对信息知识的渴求，但同时听众也需要以生活、娱乐为代表的内容加以平衡，这类内容即为"湿"内容。CPA 调研的数据显示，在内

容赛道中，既听干货内容又听生活类内容的听众超过6成。在单品类中，社会类内容占比最高，知识类内容次之；成长、情感等生活类内容占7成，喜剧等娱乐型内容占66%。从三种内容偏好来看（图2-6），每种类型的听众都有各自的特征：**干货类听众的消费能力最高，生活类听众中女性占比近7成，而娱乐类听众的收听时长最高。**

图2-6　播客内容风格的听众偏好

另外一个维度是表达方式，"干"的表达更偏正统，可能是一个人的照本宣科，也可能是正襟危坐的采访对谈，虽然信息量很足，但确实缺少一些感性的互动和更多情绪价值的输出；而"湿"的表达则是动用各种表达方式来呈现内容的精彩，如编写段子、用现场声、添加音乐、与听众共创和互动等，这些内容表达形式往往能够让人听完或会心一笑，或产生共鸣。听众都喜欢有趣又有料的播客，所以在表达方式上也得"干湿兼容""干货湿做"。

《半拿铁》给我们提供了一种"干货湿做"的思路。这档新知类的播客节目有两位主播——刘飞和潇磊，他们曾经在校园里热衷相声，并由此找到了适合自己的表达方式，在播客中用"插科打诨"的方式来聊各种商业故事和人物传记，更是发明了令人印象深刻的段子，收获了一众粉丝的青睐，连商单的转化都变得更顺滑。正如刘飞说的："**做播客首先要聊让自己最兴奋的话题，其次一定要讲故事。**"讲故事的能力依然是做播客的基本功。

不论采取哪种方式，你都能找到自己的方向和擅长，记得发挥出来，做档属于你的播客，我们在第 5 部分的实战篇里会再具体展开。

2.4 创作者变现：放平心态，积极尝试

2.4.1 听众对商业化的支持

听众对广告的包容度甚高

这里的广告主要是指广告植入，即以贴片为主的硬广和定制化的软广内容。调研数据显示（表 2-2），**超过 7 成的听众对于播客中的广告持包容态度，不会跳过或退出**。权威平台 SOUNDS PROFITABLE 的报告 "The Ad Bargain" 也显示，**71% 的播客听众愿意了解在播客上投放广告的品牌**，这一比例高于其他任何媒介。播客听众更专注于广告内容，许多人表示会听完播客广告。

在 2023 年 CPA 的听众调研中，听完全程的已超过 35%。这背后的原因其实也挺简单，很多听众不会频繁地操作手机，而且不像视频那样容易拖动进度条，更重要的是绝大多数不是特别生硬的广告植入，而是根据内容特色、听众特征做了比较好的策划，广告投放本身就是一种筛选和创作的过程。

表 2-2 听众在播客中对广告的接受度

	听完全程	选择跳过	退出节目	根据广告内容而定
2020 年	28.7%	16.5%	0.6%	54.2%
2021 年	35.0%	28.7%	1.0%	35.3%
2022 年	34.2%	26.0%	1.5%	38.3%
2023 年	36.1%	26.3%	1.4%	36.2%

　　所以，播客对内容的高质量要求让品牌做播客投放或者做品牌播客成为一种挑战，它体现了一个品牌是否"真的有料"，是否真的懂这个时代和用户的诉求。当然，这其中挑战和机遇并存。很多听众反馈，**如果是自己熟知的品牌投放了播客广告或者自制播客，他们会对其产生更好的观感**。一方面，播客听众有足够高的广告包容度，希望创作者能获得收益；另一方面，品牌如何在播客中展示价值和理念，通过什么样的内容和表达获得好感，是对品牌和播客创作者的考验。Signal Hill Insights 的播客报告也指出，有趣和娱乐性的广告提供了一个创造性的机会：**虽然播客消费者非常容易接受广告，但他们更喜欢有趣和有料的播客广告。**

　　CPA2023 年的用户调研显示，从广告形式的偏好上来看，硬性广告（前贴片、后贴片的口播）和软性植入（策划植入片段）的差异不大（表 2-3），硬性广告更能被接受的原因是大多数听众希望广告不打断完整的收听体验。因此，对于巧妙、丝滑的广告植入，听众并不会排斥。这对主播的创作能力提出了不小的挑战，丝滑、有料的创意素材一定会给听众留下深刻印象，这在用户访谈中也有直接的体现：**28.5% 的听众能准确还原播客冠名或植入品牌**，甚至是植入的桥段。SOUNDS PROFITABLE 的报告 "The Ad Bargain" 在提及广告效果时指出，有 **65% 的播客听众表示会进一步了解播客广告中的品牌**，59% 的人会推荐这些品牌，53% 的人有购买意向。可见，播客的效果也是值得期待的。此外，提供体验、优惠等广告性质的附加服务也颇受喜爱，更是追踪营销效果的直接神器。

表 2-3　听众对广告形式的偏好

赞助	硬性广告	软性植入	提供折扣等
69.5%	49.6%	47.3%	46.9%

　　让我们再来看看听众对广告的态度还有哪些真实的反馈，你可能会有同样的经历和感触。

> 我关注到它（播客广告），主要是因为这个东西要么跟我有点联系，要么就是它们本身就比较大牌，就比如说雅诗兰黛，我会有一些好感的，然后就记住了。其他的比如说那种心理方面 app，这也是我关注的话题，相当于获得了一种新的资讯，我感兴趣的话就会去看一下，有优惠也会去试一下。
>
> ——吴小姐，深圳，销售

> 播客广告愿不愿意听下去，有几个方面：一个是品牌和产品本身，另一个是其赞助的播客主播个人的魅力，当然有硬广，也有像《谐星聊天会》那种设计的，还有《随机波动》那种围绕品牌来做一个专题，我都觉得很好，当然也要分内容，比如，历史人文的主播就不会那么跳脱，如果品牌愿意赞助，那主播也有动力持续做下去。
>
> ——Albert，成都，医疗行业

听众加入私域，赋能创作者变现

如果说播客听众对广告的包容一定程度上是对创作者的间接支持，那么以下的行为就是直接对创作者的支持。

比如，加入听友群这种操作为创作者的私域构建提供了可能。CPA 在 2023 年通过对 200 多位创作者进行调研发现，**75% 以上的创作者建立了听友群，其中 36% 的创作者有 1000 人以上的听友群。**

在这些听友群中，听友与主播和其他听众交流日常，推荐节目中涉及的书目、影视，甚至其他播客节目，也会推荐好物。由于播客听众是认可节目、认可创作者进而加入私域的，与其他同好的听众更容易建立信任和链接，形成圈层，在这种社群中推荐值得种草的商品容易产生转化。比如，《纵横四海》的听友群是按照分享书目来起群名的，已经建了几十个群，在这些群里讨论十分热烈，主理人 Melody 和小助手也时常会参与其中，群友之间还会相互推荐好书好物和分享经验，颇有生活气息。

听众多形式支持，鼓励更好的创作

除了加入听友群，CPA 用户调研显示（表 2-4），**有超过 9 成的听众在以不同的形式支持创作者。有 2 成听众愿意付费**，有些听众会认为播客是知识付费的一种形式，所以创作者如果推出优质且符合听众兴趣的内容，听众是愿意买单的。数据显示，有超过 2 成的听众给主播打过赏，打赏金额一般为 10~50 元，虽然不是很高的金额，但对创作者来说也是一种正反馈。另外，还有**超过 1/4 的听众会购买创作者们开发的周边产品**，有些周边产品还很有意思，比如，《半拿铁》用回收硅晶片做的杯垫，一发售就告罄，别出心裁的周边产品更容易引起听众的兴趣。

表 2-4　听众支持主播的方式

买节目周边产品	参加线下活动	给节目打赏	加入付费社群
25.8%	25.3%	23.4%	19.6%

CPA 在听众调研中还发现，不少一线城市的听众会积极参与播客节目发起的线下活动，这也让播客商业化不再局限于线上，有了更多场景的衍生，如观影会、见面会、艺术沙龙等，这些活动一般会收取一定的费用，听众对价格不太敏感，在合理区间即可。这种互动会形成更良好的氛围，听友之间也会产生新的链接。

> 我买过《大上海歌舞厅》的一些徽章，很多播客会推出周边产品，如 T 恤、手机壳之类的，买周边产品主要是支持下主播……我去过两次观影会，会看嘉宾，有感兴趣的就会去参加。
>
> ——瑾祭，上海，项目管理

我买了《Nice Try》的周边产品，手机支架什么的，还帮朋友代买，希望他们推出更多的产品……参加线下活动的频次不太够，一直没抢到线下观影会的票，希望有机会在线下看到主播真实的状态，在线下他们可能更敢表达。

——Jiaxin，北京，金融研究员

2.4.2 播客变现的三种模式

从播客创作者的视角来看，播客的商业化是创作者的动力之一，也是保障生态持续健康发展的必要手段。越来越多的年轻人逐渐养成对内容的消费习惯，播客付费用户数也在持续增长；同时，由于种草经济的蓬勃发展，内容也越来越成为用户消费决策的阵地，借由播客这种独特的声音媒介，耳朵也产生了"种草"心智的可能。

在 CPA 2023 年针对播客创作者的调研中，我们看到许多创作者已经通过以下形式实现了播客商业化（表 2-5）。

表 2-5　播客创作者的部分商业化手段

口播/植入	定制	赞助	带货	用户打赏	付费内容	线下活动	周边产品售卖	平台合作
50.8%	40.3%	27.1%	24.3%	57.5%	25.4%	5.5%	23.2%	23.2%

以上这些播客常见的商业化动作大致可以归纳为三大类。

○ **广告模式**：接受商业合作和付费推广，包括口播、植入、定制、赞助等，帮助品牌实现传播和转化；

○ **付费模式**：用户直接付费，如订阅付费内容、打赏、加入付费社群、参与线下活动、购买节目周边产品等；

o **带货模式**：播客主播针对自己的内容类型和用户画像，自主选品选货销售，类似于买手模式。

目前来看，第一种变现模式即广告模式，是最常见的。目前多数主播还是通过留言咨询或者朋友介绍来获取商单线索，或通过一些媒介来获取，整体效率偏低。在这种背景下，市场上出现了一些致力于商业营销的播客联盟。比如，由《日谈公园》联合行业内新生播客品牌打造出的类 MCN 的联盟"日光派对"，协调合作创新商业模式，旨在助力其他播客的发展，同时实现自我增值。也有像 CPA 这种第三方平台，在挖掘宝藏节目、服务创作者创作内容的同时，也在帮助创作者和品牌实现播客的商业化。

同时，平台方面也在积极搭建"品牌营销与播客内容"之间合作需求撮合的商业服务平台。比如，小宇宙 app 的"追光平台"已于 2024 年年初上线。播客主播开通后，可以向品牌主展现节目在小宇宙 app 上的播放数据及听众画像数据，并基于不同的合作形式填写刊例；品牌主则可以通过不同的数据项筛选，发现更多节目并了解其具体表现。喜马拉雅也推出官方主播商业合作和服务平台"蜜声"，为广大主播提供广告商单服务。

第二种变现模式是付费模式，即内容变现。这是最为直接的商业化手段，直接面向听众，直接获得回报，类似于早前的知识付费，但又有所不同。播客有课程之外的更加灵活宽泛的内容体系，涉及的内容也不单单是知识，也可以是情绪价值、陪伴功能等；创作者也未必是专业达人，而是能展现其魅力或能力的主播和嘉宾。小宇宙、喜马拉雅、网易云音乐等主流平台都开通了付费订阅的功能，听众可以根据自己的兴趣去购买相关内容，单集、专辑均可，丰俭由人。

这类播客创作者如果早期已有一些 IP 的沉淀，或在某个领域已经成为大咖，也可以直接尝试以付费专辑的形式来呈现优质内容。比如，梵一如和高蕾合作出品的《梵高 MoneyTalk》，用日常聊天的方式来和听众围绕着理财和经济展开探讨；又比如，"道长"梁文道在小宇宙和喜马拉雅上线了《八分半》，延续《八分》的魅力，聊书聊音乐聊影视，在发刊词中"道长"还调侃这档播客会成为"助眠"神器，再次获得听众的青睐。此外，网易云音乐的调研数据还显示，**近 5 成"00 后"用户曾为长音频内容付费，其中有 32% 的 00 后付费超过 100 元，这显示了年轻人对优质内容已有较好的付费意愿。**

第三种变现模式是带货模式，类似电商买手。这种模式更多的是通过播客建立链接和信任关系，在节目里推荐好物，通过卡券或在私域再进行销售转化，可以看作是时下最热的"主播带货"的音频版。

此外，也有许多的播客创作者不是靠播客来直接变现，而是通过播客的影响力触达一些资源，进而商业化，这里就不再展开叙述了。下面就播客的三种直接变现模式，结合具体的案例和实践，来和各位展开聊聊。

2.4.3　广告模式

播客广告在加速

广告是大多数媒介商业化中最常见的形式，播客也不例外。事实上，我们看到越来越多的品牌开始在播客投放广告，越来越多的创作者也在播客中接到了商单。据《天下网商》2023 年年底的报道，创立于 2016 年、累计收听量超 3.7 亿的杂谈类播客《凹凸电波》，直到第 5 年才迎来第一笔广告收入（当然现在广告档期已经很满了），而美食类闲聊播客《吃里扒外》，更新了 8 期内容就接到了两个商单。由此可见，**不管粉丝多少，不管更新多久，承载优质内容的播客都有商业化的可能，播客商业化的风口已经开启。**

广告商单主要有口播植入（前贴片、后贴片）、内容定制、节目冠名赞助等形式，在品牌营销中属于 ITC（Influence To Consumer）模式，创作者需要用自己的内容或表达来诠释品牌，帮助品牌扩大影响力。在 ITC 模式下，我们可以看到，很多品牌经由主播和嘉宾的个人视角，给消费者留下了独特的印象，对于消费者来说更有价值，这既打破了信息差，又基于对话的友好气氛给听众留下了品牌记忆。

如今，在播客商单的接洽中，创作者往往是通过朋友介绍、媒介公司或与品牌直接对接，双方根据播客节目的定位和用户构成，和品牌定位、品牌需求做匹配，再通过创作者来传递给消费者，创作者创作的广告植入若是恰到好处，会更深入人心。

与此同时，平台也在加速发展。2023 年有 64 个品牌通过喜马拉雅平台与 552 位播客主进行了商务合作。品牌对播客内容的投放增长达到 74%，合作播客数量同比 2022 年增长 172%，美妆个护、医药保健、奢侈品、互联网、汽车等行业更倾向于进行广告投放，播客广告的商业化正在加速前行。

播客商单流程

• 准备清单

不少创作者已经收获了商单，那你一定会好奇他们是如何接商单的。首先，你如果做了一档定位明确、内容不错的播客，应该值得被看见，那么一份关于你的播客的介绍和接商单的说明书就至关重要了。《半拿铁》主理人刘飞就有这样一份"合作备忘录"，放置在每期的图文内容里，我们以此为参考，看看这份说明书包含哪些部分。

节目介绍

包含节目的简介、定位、内容框架和主播的信息等。

这部分要明确节目的价值，品牌方会从中找到匹配信息，包括内容、风格和用户画像等，所以尽量给自己贴合适的标签，让对方更有感性的认知。

数据情况

包含平台、曝光、收听时长、收听黏性等指标信息，也可以列举自己被平台推荐的次数、纳入的专题等。

这部分主要是让对方能够了解播客的定量价值，可以通过放大自己被推荐的次数，表明行业或平台对自己的认可度。

合作方式

可以列举已有的一些资源和示例，如节目中的前贴片、后贴片、口播时长、评论区、图文区（小宇宙 app 上就是 Show Notes）……甚至其他平台的同名账号和社群资源等。

这部分是拆分各平台的资源，让对方了解自己所能提供的资源范围。

案例回顾

列举品牌用什么合作形式来合作，最后达到了什么效果，可以兼容理性和感性的评价（数据、用户反馈等）。

这部分是说明书的核心部分，一方面，让潜在客户看到自己已经和其他品牌主有了合作，客观上证明了自己节目的价值；另一方面，有成功案例也比较容易让品牌主获得向上汇报进行审批的理由。

当然，这些只是比较重要的部分，你可以根据品牌方的偏好和特点做调整。你也可以自行设计一个模板，总之要让别人快速了解你的播客的价值和影响力，也让更多品牌了解你已经做好了播客商业化的准备。

- **商单形式**

关于商单形式，我们可以梳理一下播客创作者接商单的几种形式和对应的小贴士，仅供参考。

硬性广告

o 精选听众画像和品牌目标用户画像相契合的播客节目，在播客单集的开头、中部或尾部插入口播音频广告，直观地展示品牌形象及相关活动信息。

o 硬性广告的形式可以是前贴片（开场，通常在开场白之前或之后，广告时长一般为 15~30 秒）、中贴片（一般时长为 30 ~ 90 秒，是最不容易跳过的广告，因为它们出现在播客内容的中间）、后贴片（结束时播放，通常在片尾曲之前或之后，通常为 15 ~ 30 秒）、品牌信息、产品信息、互动引导。

o 不同时段和不同时长的硬性广告贴片定价略有不同。

o 硬性广告口播可以由品牌提供声音贴片或由创作者专门录制。

软性植入

o 软性植入的广告是围绕播客的选题进行内容植入，在开头、中间、结尾处带出品牌信息，如小剧场等。

o 与定制内容相比，植入软性广告的节目选题仍然是主播的常规选题，品牌只是在常规选题中植入自己的品牌信息，可以巧妙植入，在不打断听众收听的同时，不突兀地展示产品或品牌的信息，以此让听众产生对品牌的记忆或认可。

定制内容

o 与软性广告相比，定制内容最主要的特征是由品牌发起或者设计相关议题，主播围绕这个选题进行内容创作。

o 值得注意的是，即便是围绕品牌主的议题进行创作，但通常有关品牌的内容也不会超过15%~20%，也不能频繁、过多地植入，否则会容易引发听众的不快，产生反噬的效果。

o 通常还有一个方法就是品牌方提供高质量的嘉宾作为代言人一同参与对话，在保证嘉宾整体输出质量的情况下，听众通常不会对品牌信息有抵触，更容易让听众了解品牌背后的故事或者价值。

o "品牌信息"成为内容的一部分，听众在沉浸式的收听场景中接收品牌信息，属于原生广告的形式，整期内容都可以视为品牌内容。

冠名赞助

o 品牌按照一季（通常为6~10期）或者更长周期对播客进行冠名赞助，与节目建立深度的合作关系。

○ 类综艺冠名，品牌冠名播客整季节目，可在播客音频内容和播客节目的标题、封面、节目简介等位置以不同形式的创意广告进行露出。

但有一点需要提醒的是，无论采取以上哪种方式，**直白、真诚是不二法宝**。对于创作者来说，**播客首先是自己的内容资产，是自己对外口碑传播的阵地**，所以尽可能地做匹配的商业化动作，不至于有损形象和信誉；对于播客听众来说，他们绝大多数希望创作者能"恰饭"，也乐见品牌的"投资"，同时也希望播客的商业化良性发展。

- **商单效果评估**

一般来说，创作者可以从以下几个维度给出数据和反馈，包括节目效果（整体、单集）、用户反馈（整体、单集），站内传播（资源位、落地页等）和站外传播（平台社媒、主播社媒）等。具体来说，可以用一张图来完成效果评估（图2-7）。

图2-7 播客效果评估（小宇宙提供）

但在这里需要指出的是，不是所有的指标都需要呈现，也不能唯指标论，内容和观点的传达和沉淀可能更重要。CPA 在过往的案例中也发现，大多数客户是了解和使用过播客的，不少老板是听了播客或对播客已有一定的认知度才去合作的。音频商业数据服务商 AdLarge 发布的《2022 年播客购买指南》中也给出了明确的建议：**如果品牌方希望投放播客广告，首先应该收听播客，找到适合自己的节目。**

此外，我们还得强调，播客的广告变现不是一蹴而就的，也并非多多益善的，需要照顾到听众、品牌和自己多方感受，从长远计才能促进播客商业化的健康和良性发展。

2.4.4 付费模式

在付费模式中，最常见的是付费订阅，也就是类似国外"付费墙"的建立，内容消费者只有通过付费订阅才能浏览媒体"付费墙"区域的信息。在美国，有 13% 的播客听众付费订阅过播客，约有一半的头部播客（47%）通过付费、打赏或出售商品等方式来变现，这种形式在中文播客世界中也越来越多。

与音乐中的专辑和 EP 类似，播客付费节目主要分为单集和专题。一般来说，单集节目的内容较为分散，方便听众按需购买；而专题节目会有明确的主题，内容也会有一定联系，更像一种课程体系，但又与知识付费中的课程不太相同，现在的年轻人不喜欢以"课"之名买内容，那样过于有负担，而播客是在一种聊天氛围中输出观点或者干货，可以视为一种比较"湿"的知识，这样的付费内容更受青睐。比如，《大内密谈》推出的《中国摇滚小史》《中国民谣小史》，就是一种专题的盘点，有信息量但也更松弛。

精品的付费专辑更受青睐

我们看到，在付费模式中，精品内容的系列化、专辑化是常见的方式，很受听众青睐，成为内容付费的主流趋势。

诞生于 2018 年的《忽左忽右》是一档聚焦于历史人文的播客，全网拥有百万的听众粉丝，曾一度位列世界百大播客（来自第三方监测工具 Podtrac 提供的排行榜数据）。这档播客的主理人程衍樑曾经是媒体记者，他本人涉猎广泛，从政治、经济、艺术、历史，到学术研究、奇人异士……在《忽左忽右》中，程衍樑会邀请各行各业的大咖来聊这些话题，这给这档播客贴上了程衍樑个人的标签。

程衍樑同时也是《忽左忽右》出品方 JustPod 的 CEO，在他的案头经常摆满各种书籍，这其中有他自己最着迷的关于情报历史的图书，所以基于个人兴趣爱好，他在《忽左忽右》的框架下又策划了《谍海轶闻》系列（图 2-8），并基于听众的良好反馈，顺势在 2023 年推出付费节目《苏联情报史话》，首次从国别的视角审视情报历史。

图 2-8　JustPod 出品的付费节目《谍海轶闻 | 苏联情报史话》

在节目里，程衍樑和老搭档沙青青老师一起探讨苏联情报机构如何在战争和革命中浴血成长，在历史中跟随政治而历经动荡，以及这个庞然大物给今日的俄罗斯注入的历史惯性。通过这个系列，他们和听众在情报世界的资料档案中徜徉，透过这些档案，那些穿行于地下世界的神秘身影，逐一浮现，让听众听得如痴如醉，获得了很好的反馈。《忽左忽右》还在持续推出不同主题的付费精品专辑，如《犯罪的世界史》《十九世纪就在你家隔壁》等，同样获得了不错的反响。

除了知识类的内容付费，经验类的分享也是一种新的尝试。

比如，《Coffeeplus 播客》是一档专注咖啡的播客节目，他们在 2023 年推出了《冠军的手冲咖啡课》，由 2020 世界咖啡冲煮大赛中国区冠军亲自讲授。主理人 Yujia 在这档咖啡课的预告中说："我们播客花了 40 集内容采访了很多了不起的咖啡人，累计了上千小时的剪辑和编辑，有时候还是会觉得这些信息是碎片化的，即使是超时长的单集，也只够让我们对某一个话题匆匆一瞥！"加上他们看到关于手冲咖啡的节目之前收听效果最好，但即使有如此的积累，他们还是愿意为爱好者们做一套系统性手冲咖啡课，让听众更有身临其境之感。

有人会好奇为什么靠听播客就能做咖啡，对此，Yujia 这样解释："授课更多的是靠'讲话和语言'交换大量信息，其次才是五感实操。"而最后的效果也是出乎团队的意料，在小宇宙 app 上已经售卖出超过 700 份。一方面有主讲人 2020 年世界咖啡冲煮大赛中国区总冠军身份的加持，另一方面是前期准备的精细化，以表达的"删繁就简"和幽默感成就了一档"能靠声音就把冲咖啡这件事讲清楚"的播客付费专栏。很多听众反馈有"打破认知，咖啡真的有变好喝了"的获得感。

还有些头部播客或者 IP 也在积极尝试内容变现。比如，播客《史蒂夫说》的主播心理咨询师史秀雄与华东政法大学教授杜素娟合作的《文学中的人生进化课》售价 99 元，在小宇宙上卖出了超过 3000 份。

由此可见，不管是知识类、经验类还是课程类的分享，都可以经由用户洞

察，发挥自己的擅长，用精准定位、精心策划和制作来满足不同听众的需求，这样的精品内容会更受欢迎，会有更多用户会为此买单。

聊天也能卖出几百万

2023年8月，《新周刊》的一篇报道《一档没什么深度的播客，卖出了300万》成了当时播客圈内讨论的热点。截至2024年4月，喜剧聊天类播客《谐星聊天会》（以下简称《谐聊》）推出的特别季（图2-9）在小宇宙平台上显示购买量超过4万份，售价99元（更新完成后恢复原价129元），营收已超400万元（这个数字因为后续的长尾效应还在增长），单期正片平均播放量10万+，取得了不俗的效果，大家惊呼"聊天也能卖几百万"。

其实，《谐聊》也不是真的随便聊天，这是一档由单立人喜剧出品的播客节目，聊的话题虽然是"家长里短"，但也创新了形式，通过一群脱口秀演员和现场观众一同录制的方式，围绕着不同主题展开，既有一定的范围，又有一种随机性，形成"别开生面"的场面。就像他们的海报中写的，《谐聊》在用幽默化解生活中的琐事，发现荒谬与美好。

《谐聊》区别于其他谈话类

图2-9 《谐星聊天会》特别季（付费节目）

播客节目的正是这种氛围感，主播与普通观众能直接对话，让他们来分享自己的故事，让话筒在人群中传递，故事被讲述出来，意义没有被笑声消解，而是被传递到更远的地方。这便是这档节目能火的核心，即便是特别季上线后，有人反馈"不好笑"，但听众仍然愿意付费，他们中的很多人反馈说这是给这种创作模式的打赏，为能让自己放松和获得治愈的可能性而付费。

看似简单的聊天就能获得如此的关注和拥趸，JustPod 前首席运营官杨一对此这样解释："中文播客的受众很多都是算法平台的逃离者，他们受够了短视频、受够了算法推荐的内容，主动选择来听播客。所以，那些内容创作模式完全站在短视频对立面的播客节目，就可能更受欢迎。而这个对立面，恰恰就是长时间的、亲密的、真诚的谈话。"

你看，聊天能构建一个广场，在这里，听众不只被带入，更能深度参与，构建亲密真诚的内容，如此能疗愈心灵的内容会更容易变现。

成为社群和服务的一部分

如果说以上都是通过内容来直接让听众付费，那么通过播客来汇集的付费社群或者服务就是升级版，并且这种内容 + 服务的组合，成了播客商业化新的增长点。许多听众会因听播客而信任主播或主理人，但同时听众因为各自背景、职业、经历的不同，需要更有针对性的内容和服务，这时付费社群就诞生了。

比如，《闪光少女》的主理人斯斯长期关注女性和商业两个话题，她在《闪光少女》之外做了档聚焦女性商业的《给女生的商业第一课》，取得了不俗的成绩。如今，有着丰富内容商业化经验的斯斯又在私域开启了"闪光星球"，2024 年的第三期把主题聚焦到了"女性 IP"，帮助想要从 0 到 1 做自己 IP 的女孩，也可以帮助有影响力的女性 IP 放大自己的变现能力，在这个社群中还叠加了六大权益，让加入其中的人拥有了十足的获得感。虽然这种付费社群提高了人群门槛，但高净值社群和个性化咨询服务反而提升了目标用户的效率，所以成了一种趋势。

同样，《纵横四海》的主理人 Melody 也通过知识星球沉淀播客的优质内容，呈现所有书的读书笔记（知识卡片），还会定期做书单和其他知识的分享，Melody 希望帮助听众打造属于自己的 PKM（Personal Knowledge Managerment，个人知识管理）。这个付费社群是播客听众的进阶版阵地，也是有知识需求的听众高频交流的共同家园。截至 2024 年 4 月，已有 3100 多位听众进入了社群，他们可以在这里共建共创出更多的知识火花，收获更多的成长。

此外，还有播客在积极尝试**课程＋服务型**的付费模式。比如，《美妆内行人》一直坚持专业、高质、深度的制作标准，精心打造出了属于美妆人的 MBA 课，被听友称为把"播客"做成了"播课"。在观察了业内从业者的需求后，《美妆内行人》在 2024 年推出了更深度的播客付费体系，第一部分是《简单务实战略 10 讲》，后续会持续邀请更专业的老师输出更体系化的内容，涵盖美妆行业的全产业链从业者的需求，包括企业战略、品牌管理、市场营销、媒介公关、职场成长、产品知识、行业通识等内容板块，以满足不同身份、岗位、职级的听众对专业内容的需求，让听众无论是从体验感还是在内容质量方面都有更进阶的交付感受。在输出内容的同时，播客主理人还会定期组织线下活动，帮助付费听众拓展合作网络，为他们开设专业的线下战略沙盘课程，还带付费听众去工厂、企业和产业带探访，并提供海外游学等增值服务，形成一整套完整的内容＋服务的闭环。

电影人关雅荻也是这方面的好手，他在 2024 年开启了一档播客专辑《中国电影 2020-29》，加入专辑的听众不仅可以用听或看的方式来了解跨度十年之久的中国电影解读、讨论和一系列的专业内容课程，还可以在北京、上海等城市兑换若干场播客观影＋映后交流活动，其中的嘉宾不乏业内大咖，还能收获额外福利，这种模式也吸引了一众粉丝。

还有一些别样的新玩法

关于付费模式，除了直接的内容付费，近来又有不少创作者和平台开始探索一些新的动作和玩法。

对于粉丝黏性较强、内容生产能力较强的创作团队，通过平台发布节目，可以为 app 导流，创造更多的商业化机会，也能省掉平台抽成的费用，但需要自己承担开发与维护成本。我们也做了一些梳理（表 2-6）。例如，《凹凸电波》的听众在其自有 app——凹凸宇宙上购买会员，即可收听所有会员专属节目。再如，专注于游戏文化的《机核》也为机核 app 导流了不少付费用户。这些付费会员节目除了更新常规内容外，还会附赠一些额外权益，如线下活动的优先权或者在节目中安排提问等。

表 2-6　部分播客节目的会员付费模式（截至 2023 年 12 月）

播客名称 / 机构	付费节目	付费形式	平台	单价（元）
凹凸电波	凹凸 plus	会员	凹凸宇宙	12 元 / 月，30 元 /3 月，98 元 / 年
超级游文化	游攻队	会员	喜马拉雅	30 元 /3 月
跟宇宙结婚	跟宇宙结婚悄悄话	会员	爱发电平台	20 元 / 月
机核	Gadio SPEC(GPASS)	会员	机核	188 元 / 半年，298 元 / 年

小宇宙 CEO Kyth 在《CPA 超频对话》中表示，小宇宙一直关注对创作者的回报，未来在付费内容的分发和玩法上也会有相应的动作。对内容和主播的直接回报是对创作者最好的鼓励，也是内容生态持续健康发展的直接源泉。小宇宙 app 在 2023 年开启了"赞赏"功能，让创作者有了新的获取正反馈的渠道。

还有不少创作者会使用"爱发电"这样的粉丝平台让听众支持自己的播客，也有一些播客创作者选择使用 Kickstarter、Indiegogo、Patreon 等众筹平台来筹集资金。当然，每个平台的玩法都不一样，创作者需要根据实际情况来选择适合自己的方式。

除了这些较为常规的形式，近年也有播客做了更有意思的尝试。比如，《迟早更新》与小宇宙 app 联合推出了"迟早公开计划"（图 2-10），节目购买人数超过 50 会解锁小宇宙彩蛋，超过 500 解锁节目彩蛋，超过 1000 节目由付费转为免费。比起商业化探索，这更像是一次社会实验。

图 2-10 《迟早更新》推出的付费模式

再如，《别来年鉴》每一集都采取"按意愿支付"的收费方式，听众可以选择任意一档价格，支付后都可以解锁完整节目内容，你可以理解为是一种另类的打赏方式。

同时，平台方也在推出积极的举措，帮助创作者通过付费模式变现。喜马拉雅发布的《2023 播客生态报告》显示，2023 年共有 22000 多位创作者在喜马通过付费内容及 XiMi 主播会员的形式获得收益。其中单集付费的模式，2023 年新增 3000 多位创作者，年收益总额达到 4200 余万元；XiMi 主播会员在 2023 年新开通 1.9 万创作者，年收益总额达到 2800 余万元。

网易云音乐 2023 年上线了内容付费功能，为创作者提供付费单期和付费播客两种付费方式，来帮助主播实现更好的商业变现。网易云音乐还推出了"声音现金激励计划"，对创作者提供直接的现金奖励，加入该计划的主播可通过发布播客节目，产生播放时长和播放量，从而获取来自平台的现金收益补贴。这些举措吸引了优质的播客内容与平台进行更深入的合作。比如，《日谈公园》出品的罪案讲述类节目《尼崎连环杀人案》，就在网易云音乐付费首发。《坏蛋调频》《机核网》《半拿铁》等播客，也都在网易云上进行了首发或者独家合作内容。

你看，看似单一的播客内容付费模式都能玩出花来，果然播客的创作者和平台都是乐于探索的实验家。更多付费播客盘点可关注微信公众号"播客志"，回复"付费播客"获取。

2.4.5　带货模式

事实证明，播客可以种草带货，与听众建立长期的信任关系，再通过私域来实现转化。聚焦日本消费和生活的播客 *Top of Japan* 便是一个生动的案例。他们通过分享不同日本品牌的故事和主播在日本生活的故事，来和听众一起探索别样的和风文化，搭建起近 10 个听友群，经常分享和日本相关的热门话题，也会推荐一些日本好物，搭建售卖日本直邮的商品小程序"TOJ 小卖部"，为听众海淘提供便捷服务，赢得听众的信任，许多听众会多次复购。

除了日常带货，如今的大促节点也有了播客的身影。比如，2023 年，喜马拉雅和京东联合发起"夏日好物节"话题活动（图 2-11）和"双 11"声动好物活动。尤其是在"双 11"声动好物活动中，喜马拉雅联合平台近 5500 个播客参与好物种草，活动全网声量超 9 亿，种草声音高达 17000 多条，较 2022 年增长 48.96%。不论是"618 夏日好物节"话题活动还是"双 11"声动好物活动，喜马拉雅让外界看到播客展现出和图文、短视频一样的"种草"能力，同时也有着后者不具备而自身独有的"种树"能力：助力品牌心智的长期建设。

此外，也有播客在创新"买手模式"。比如，《美妆内行人》与闻献品牌创始人孟昭然做了一期播客对谈，在节目中孟昭然用 1 个小时详细介绍了闻献品牌的理念、创始人的背景、产品的定位、调香的设计、空间的布局、对香水行业的思考等。节目上线后，迅速获得了听友们对品牌的好感，也激发了消费者对产品的好奇心。随即《美妆内行人》联合闻献在上海组织了一场活动，邀请听友（部分也是 KOL）一起探访线下门店（图 2-12），听友在探访中亲身体验门店设计和产品美学，了解每一季每一款产品的调香背后的意境。参加完活动后，听友可以免费领取 5 片闻献香露试用装，也可以用特别折扣现场购买。《美妆内行人》后续也在北京、上海、杭州等多地举办过类似活动，参

图 2-11 喜马拉雅 618 "夏日好物节"　　　图 2-12 《美妆内行人》组织听友在闻献探店体验

与探店的听友在小红书等社交平台分享体验，进行了二次品牌传播。播客笼络起了人气，升级了听友的消费体验，同时也让品牌获得了对品牌有深度理解的专业消费者，还获得了不错的销售转化，形成了真正的"种草"，实现了"双赢"。

本章小结

经历了"中文播客元年"和"播客商业化元年"，越来越多的创作者已经从为"爱"发电进阶到为"I"发电，播客创作者群体多样，包括热爱生活的一群乐于表达的生活实验家。他们中有来自各行各业的创作者，也有机构化创作产生的新兴职业。播客创作者的动机不仅仅是兴趣驱动，更多的是希望通过播客扩大影响力和链接更多人，进而在播客的旷野上找到适合的商业机遇，同时也产生了很多新玩法，正所谓：

> 播客发声涌新潮，生活表达共情好。
> 赛道多元变现广，品牌刷耳营销妙。

第 3 章
创作者的播客实践

我们在梳理播客创作者的一些实践案例时,发现不同身份、不同个性的创作者在做播客的动机上各有差异,也会对内容赛道的选择有自己的判断和定位,风格也多种多样。《晚点聊 LateTalk》的主播汉洋说:"**播客创作是一个自己和自己捉迷藏的过程。那个好奇的、渴望表达的东西在那里,但你还不知道它到底长啥样。**"

我们在本章给各位分享具有代表性的案例,你除了能了解他们从哪里起步、走向哪里,也会意识到创作者在播客创作的过程中收获的不仅是粉丝量和收听量,更多的是一种影响力和成就感。就像我们在之前的调研中看到的一样,大多数创作者在追求链接更多人,也在"向内关照"和"向外探索"中逐渐找到如何实现影响力。

3.1 专业派:发挥专业禀赋,提升影响力

一个值得尝试的选择

《面基》的主理人老钱是一名对理财颇有研究的 90 后,他原本在门户网站的财经频道工作,积累了丰富的财经知识和媒体经验。随着互联网行业的变迁,

■《面基》：情感与智慧的交响，构建播客的三重价值 ——))

虽然作为一档财经类播客，《面基》还是在简介里说了自己的愿景："不当聪明投资者，只做合格持有人，把时间花在自己的高 ROE 事情上，多陪伴家人。祝听友们更幸福、更富有、更睿智（顺序分先后）。"

我们常说在追求经济效益的同时也要照顾精神层面，如果你也认同这样的观点，就很适合来听听这档播客。这档有专业性内容的干货播客走出了一条独特的道路，让我们来揭开它的面纱，了解《面基》和他的主理人老钱。

老钱选择转战微信公众号领域。而后视频流量崛起，但老钱发现自己并不擅长在镜头前讲述，而且视频制作成本较高，需要有团队去完成作品；同时他又感觉到微信公众号的红利在式微，于是开始考虑尝试播客这个形式。

一方面是因为自己串过几次台，感觉播客在表达上很契合自己；另一方面也是因为播客相对较低的成本，仅需要找个人做剪辑即可。尽管一开始老钱不确定走播客这条路能否成功，但他认为这是一个值得尝试的选择。

自成体系的循环输出

在决定做播客之前，老钱其实有着明确的规划。他意识到，尽管市场上已经有许多泛财经类播客，但新的声音仍然有机会。他的目标受众是那些对理财感兴趣的中产阶级，他希望通过提供高质量的内容来吸引这部分听众。

对于自身而言，老钱构建了一个"公众号—播客—知识星球"的完整内容体系，他每天会在知识星球发 5~8 条帖子，用来积累选题和想法，再用 3~5 条去组成一篇微信公众号文章，而播客也是根据这些选题来进行规划，相当于做了一本"声音杂志"。这样循环往复的输出，让他经常在做播客时能在脑海里快速调用曾经某条帖子的内容，这是持续的训练带给他的回报。

当然，老钱的播客节目不仅会从专业的角度和深度上去挖掘，尽可能呈现出对听众最有价值的信息，而非泛泛之谈或被带节奏，同时他还强调了要注重与嘉宾的交流和与听众的互动，这种情绪和情感上的交流也是老钱最看重的地方。

好的播客要有三种价值

聊到什么是一档好播客，老钱给我们分享了一套评估播客内容的体系，**即信息价值、情绪价值和传播价值。**

在内容信息上，老钱认为自己是第一作者，所以要关注自身的感受，要根据自己的规划和节奏去选择合适的选题。同时，老钱认为创作者要充分利用资源，对嘉宾进行有针对性的筛选，对嘉宾的过往经历和公开的发言进行梳理，以了解其风格偏好。在风格定位上，由于《面基》是一档投资理财的播客节目，老钱为了中立性，需要在交流中保持一定的独立性，避免陷入对方的话语体系中，这种客观和理性也让听众更愿意听他的内容和推荐。

在播客制作过程中，老钱对情绪输出有着很高的要求。他在选题上会有很生活化的视角，在制作上也会避免形式过于单调的采访感，同时会在意诸如口音、语调、声音等细节，还要对节奏和配乐进行优化调整……老钱认为这些都是能够传递情绪的重要手段，所以他自己戏称《面基》是档情感类播客节目，毕竟播客听众女性占比较高，情感能量高的内容很容易让人听进去。

最后，老钱也强调了要重视听众反馈，当然前提是自己评估自己的内容"过关"了。在此基础上，老钱非常期待未来可以通过线下沙龙等方式来进一步链接听众，让自己的内容产生更多的影响力。

热爱和投入是最好的杠杆

对于未来，老钱说会持续投入到播客的创作中去。现在播客还处于扩供给的状态，好节目还不够多，老钱希望自己能够给听众带来更多有价值的内容。

谈到做播客的获得感时，老钱说自己通过播客得到的反馈远超预期，让他这个"I"人逐渐"E"化，也通过播客的人际网络效应，扩大了自身的影响力。

当然，老钱也坦诚地说道，做内容的回报是不确定的，即使有爆款的产生，也可能是"老天爷赏饭吃"。比如，他聊的中产阶级的那期，真所谓占尽"天时地利人和"，才出这一个爆款。在老钱看来，唯一确定的是播客对自己的成长和对听众的帮助。

所以，老钱确信热爱和投入是做播客最好的杠杆，只要你有的放矢，持续努力，播客会给你带来一个广阔的空间，也会有人在其中赚到钱，或者通过做播客产生的影响力赚到钱，这对创作者或许是一种启发。

■《大食话》：让专业走进生活，打造声音的社交名片 ——————— 》

虽说"民以食为天"，我们在日常生活每天都会接触到食品，但食品行业仍然距离我们很远，而且讳莫如深，那在如此垂直专业的领域也能做播客吗？答案是肯定的，而且还能做得如火如荼、风生水起。

《大食话》就是这样一档热门播客，在这里，主理人月莞柔会与你一起聊聊食物的本质、安全和奥秘，以及更多的内幕故事。在这位净喜欢说"大实话"的食品行业专业人士的主理下，这档播客可能是全播客圈最"好吃"的播客了！那就让我们边吃边聊，走进关于食品的播客世界。

当一条"咸鱼"遇到活水

在做播客之前，月莞柔形容自己是条"咸鱼"。在 MBTI 测试中，她是一个典型的"I"人。起初，月莞柔所在的公司不需要做太多的营销工作。在内部人看来，她作为一个市场人，在公司无所事事，久而久之对生活和事业都没什么期待了。在外人看来，月莞柔或许是一个很冷的人，不爱说话，只有在她的小圈子里，她喜欢交流的那一面才会显现出来。

月莞柔觉得这种状态应该有所改变，而这个改变发生在 2022 年 6 月的一个下午。那天，月莞柔听到了播客《半拿铁》关于牛奶的一期节目，曾做过五年多乳制品产品经理的她，主动联系了《半拿铁》的主理人刘飞，提到了节目中表述不准确的地方。这次的主动联系让她被刘飞邀请做客《半拿铁》，专门聊了一期关于乳制品的知识。这期节目反响很好，听众们在评论区称赞她"嘉宾太棒了，说话生猛有料、不端着"，还有听众希望让她多来做几期节目。

于是，月莞柔开始思考是否自己也能做档播客，分享食品行业的内幕，唤醒听众对于食品安全、知情权的关注。按照现在流行的说法，这就代表命运的齿轮开始转动了。

业内人士 + 善于表达 + 超强执行力

"其实我一直都想做播客，因为我爱听，本身又是一个话很多的人，但我不知道我要做什么内容。从《半拿铁》的评论区里，我知道了大家关心什么，以及我能提供什么，等于是摸到了自己播客的定位。"月莞柔专门画了张表格，对比分析了当下各大内容平台的食品类内容，她发现消费者希望拥有对于食品的知情权，希望"吃得明白、买得放心"，自己的优势就在于"业内人士"的身份，能提供给大家外界不知道的信息，而目前中文播客里还没有一档这样的节目。朋友们得知她要做播客后，也都鼓励她，"口齿清晰、思考又快，可以说得很好"。这给了她很大的信心，脑袋一拍，就想出了"大食话 FoodTalk"这个谐音梗。

决心要做之后，月莞柔表现出了极强的执行力。她先是向同为食品从业者的多年好友 Hunter 发出了录制邀请，顺利找到了搭档，又立刻为第一期节目定下了大纲。《大食话》的创刊号紧贴播客定位，既讨论了雪糕刺客、预制菜、消费智商税等当时热门的食品话题，也提到了食品从业者才知道的工作内幕，还给听众提供了膳食营养方面的建议。录制当天，月莞柔和 Hunter 在大纲基础上写了逐字稿，从早上一直写到下午三点。录制时，为了避免杂音，两人特意关了空调和窗户，拉上窗帘，像秘密接头。

距离做客《半拿铁》的节目发布不到两周，《大食话》就上线了。月莞柔的想法很直接，趁着自己上《半拿铁》的热度还没下去，用超强的执行力推出自己的播客，引一波流，效果果然不错。

主打一个讲大实话

"各位听众朋友们大家好，欢迎收听只讲有趣有料大白话的《大食话》，由食品人自己发声的播客栏目。"这是播客《大食话》的固定片头，主播月莞柔的声音一如既往充满热情。节目简介里这样描述《大食话》：在这里你还可以听到从业人员的食物选购小建议，也可以听到行业发展的"野史"，好吃好玩的食品是怎么做出来的，听一群好玩的食品人唠嗑，甚至还有通过百度搜索不到的健康冷知识！

由此可见，《大食话》节目的定位十分明确，聚焦在科普食品相关知识，揭露行业内幕，引导消费者"吃得明白、买得放心"，并提供膳食营养建议。同时，经过多期节目的制作，《大食话》的创作逐渐成熟，形成了固定的制作流程，不断优化内容质量。

不过这其中也有不少困惑，第一个困扰就是月莞柔对于"要不要追热点"的思考。她在访谈中表示："我承认有几期节目吃了热点红利，如新冠、海克斯科技酱油，这种节目收听量爆发很快，但生命周期短，过段时间就没人听了。可是有些内容，如关于可乐的，当时收听量一般，但每年夏天大家喝可乐的时候都可以拿来听，永远有需求。"

另一个困扰月莞柔的是音质改善等技术挑战和商业化的变现，但她始终坚持播客的核心价值——传递真相，帮助听众做出更明智的选择，而非单纯追求商业推广。"虽然大家很希望我们给他们推荐产品，但是我觉得这个不是《大食话》的价值，我希望能够通过长内容让大家知道真相是什么，做出更适合自己的选择，毕竟授之以鱼不如授之以渔。"另外，如果和品牌捆绑太紧，节目也可能会失去客观性，毕竟《大食话》主打的就是讲大实话。

当播客成为职业的社交名片

自 2022 年上线以来，《大食话》取得了显著成果：节目在苹果播客编辑精选中被推荐，在播客大奖中荣获"年度健康播客 MVP"称号，多期节目登上小宇宙 app 首页推荐，订阅量已超过 4 万。这些成绩不仅证明了节目的成功，也为月莞柔个人带来了巨大的影响。通过运营《大食话》，月莞柔的性格变得更加开朗和外向（MBTI 从"I"变为"E"），人脉圈得到拓宽，职业发展也受益于播客的影响力。

工作和播客逐渐变成了两条交织的线，相互促进，一起进步：工作让月莞柔更容易找到业内人士做嘉宾，也能给节目内容增加专业性；播客又作为社交名片，带她认识了更多行业外的人，还成了她在工作中重要的获客渠道。月莞柔分享道："因为播客，我的工作岗位也变了，原来公司招我进去做市场，现在做 BD。有一天老板问我，你这些客户都是从哪找的？我就很骄傲地说，我的粉丝啊！"

有了《大食话》这张社交名片，月莞柔会更积极地参加各种播客活动，比如，2024 年作为唯一的播客 KOL 受邀参加了雀巢新品发布活动（图 3-1），参观雀巢咖啡庄园和体验咖啡产品，相关人士也会分享如何还原一杯好咖啡，这些涉及产品、产业链的内容也会在月莞柔的播客中陆续呈现。未来，月莞柔将抱着更加开放的态度，邀请各行各业的嘉宾分享食品的故事和知识。有机会的话，她还希望可以把《大食话》的音频素材编成一本书，"这会是一本关于食品行业全貌的珍贵记录，想想就又激动起来了。"

如今，一有机会月莞柔就会主动和其他主播、听友和行业内外的人交流：她和主播们互相分享经验，如怎么推广内容、怎么维护听友关系，有时候也会互相介绍行业资源；她和听友们讨论节目内容，还和一些听友成了好朋友。月莞柔很感激自己做了这档播客，也多次提起自己的幸运。一路以来，无论是听众、平台、友台主播，还是朋友、老板、业内嘉宾，都给了她很多支持。她形容自己是一个被表扬驱动的人，得不到认可时容易自暴自弃，但"只要你给我一点鼓励，我会还你十倍惊喜"。

图 3-1 《大食话》主播月莞柔在雀巢活动现场

■《消费新知》：用数据解读消费，
用真诚链接用户 ——————————————»)

用新鲜热辣的消费数据来解读新事件、新趋势，两位善于从数据中讲故事的主播，带听众一起观察中国消费者。

《消费新知》用真实的数据，加上感性的解读，幻化出奇特的魅力，这种魅力经由播客在生活的各个场景传播，与听众产生了亲近的链接，让你我更好更真切地感受生活和周围。

工作中衍生出的播客节目

Neo 曾在电商和在线教育领域创过业，希望从自己专长的视角给听众解读消费趋势。Renee 是这档节目的另外一位主播，也是一位资深的消费研究专家。他们俩在工作过程中会接触到大量的消费者，通过定性定量的分析，来完成咨询报告。但在这个过程中，他们发现有很多受访者喜欢聊天，会分享他们生活中的一些真实看法和片段，于是，Neo 和 Renee 觉得可以对这些内容进行拆解，用一个个有意思的小故事来解读一些消费趋势和现象。

Neo 之所以选择播客，是因为他较早就接触到播客，觉得这一媒介保留了传统电台的一种温度。到了 2020 年，Neo 和 Renee 身处异地，需要经常通过电话开会，他们意外地觉得这种形式很适合做播客，这样也可以把通话中的一些信息和看法沉淀下来。于是，从 2021 年开始，他们就开始更新《消费新知》，至今已有 150 多期，这份坚持可谓长久。

命运的齿轮开始转动

这 150 多期是如何坚持下来的？ Neo 的心得是"内容一定是长期主义，需要坦然接受这个出厂设置"。这么多期节目中，给他留下最深刻印象的是第 11 期，那一期的主题是聊日常迷信与消费文化。当时，因为话题击中了用户的心，同时被好几个平台推荐，获得了极大的正反馈，Neo 形容这种感觉就像是命运齿轮开始转动了。的确，这期的反馈让团队觉得播客值得做下去，并且日后的一些诸如完听率和听友订阅等数据上的超预期表现让他们更有信心，也坚定了自己的付出是有价值的。

Neo 说："内容要至少做到 100 期以上你才能够知道是否有更大的价值。"长期从事消费者研究的他们，对消费者的心态和洞察十分深刻，他们是在用实践来证明长期主义的价值，几乎雷打不动的周更，让他们在 2023 年 2 月突破了 100 期大关，这是一个里程碑的数字，十分不容易。如今，《消费新知》坚持

"不下牌桌"，继续在用声音传达他们对消费的观察，带领更多人走近中国消费者，陪伴大家一起探索消费世界的奥秘。

保留笑声，解读真诚

能坚持这么久，也说明《消费新知》不缺讨论话题。的确，他们的选题非常多元，因为生活中的消费现象有很多值得挖掘，也有很多有热度的话题，如临期食品，这期节目也获得了听众的强烈反响。当然，Neo 说他们不会为了蹭热度而有意为之，更多的还是看话题本身和他们的观察能否结合，如果和节目基调一致，他们愿意从自己专业的视角去扒开揉碎，形成自己播客鲜明的风格。

这种风格其实就是真诚，主播会在聊天的气氛中讨论。Neo 在制作播客的过程中刻意保留了很多笑声，这种笑声增加了节目的真诚度，他非常喜欢香港 20 世纪 80 年代的综艺节目《今夜不设防》，明星们嬉笑怒骂，聊天的氛围轻松。这种氛围也是《消费新知》在追求的。

真能种草才是好的商业

《消费新知》来源于对消费者的调研以及和消费者的互动，就天然会带有社交属性。所以在运营播客之余，他们也开启了听友群的运作，已经运营了超过 7 个群、数千名的听友。这些听友也很愿意当"自来水"，在各种社交平台上推荐《消费新知》，也给播客做了宣传。而在听友群里，因为都是对消费感兴趣，自然也会对好物推荐有一定的热情。

Neo 说："我们的听友群要不就不说话，一旦开启话题，就会产生几百条甚至上千条互动。"比如，有人问想买电视机了，有什么推荐，群里就会有一堆人推荐，并且给出理由，当然也可能互不买账，但这样真诚的推荐和讨论很容易种草。

最后，提到播客能不能带货，Neo 表示自己会打一个问号，他认为播客在带货效率方面一定不如抖音和快手这种短视频和直播平台，但播客对于品牌的塑造、对用户心智的影响是要高于碎片化媒介的。从这个层面上来说，他乐见播客能实现商业化，当然《消费新知》作为消费趋势的观察者，在选择合作伙伴时仍然非常谨慎，毕竟内容真实、有价值，听众才会持续关注，才会有更长期的收益。

3.2 兴趣党：从兴趣出发，成就新机会

■《纵横四海》：超越时长，
成就播客界的黑马 ——————— 》》

说起 2023 年播客界最大的黑马，莫过于知识阅读类播客《纵横四海》，在小宇宙 app 上，在 2024 年年初就斩获了超过 30 万的订阅数，其单集动辄三四个小时的超长时间并未吓退听众，反而还收获了 50% 左右的完播率，斩获了包括 CPA 中文播客奖在内的各类播客界重量级奖项。这到底是一档什么"神仙"播客？它的主理人又是什么来头？为何会打造出这样一档独树一帜的播客？

爱分享的"100%E 人"

Melody 生长于浙江的一个小镇，17 岁去上海读书，2008 年又从美国密歇根大学 Ross 商学院 MBA 毕业，进入华尔街的一家投行工作。在这一阶段，Melody 把自己申请 MBA 项目、在北美求学、面试投行等经验全部分享在

了 "ChaseDream" 的留学论坛上，在留学圈积累起了最早的一批读者。同时，Melody 在华尔街投行的工作经历让她深谙商业逻辑和高效沟通之道，但她并不喜欢投行界的拜金氛围，便回国 "折腾" 创业，先后创立留学咨询机构及健身工作室的经历让她对自己和他人有了更多具体的认知，也锻炼了她的教育与服务意识。Melody 还自称是 "100%E 人"，乐于分享和帮助他人正是她的显著标签。

拥有如此背景的 Melody 为何会开启播客？这源于她在国外的首次接触和回国后对中文播客的沉浸体验。Melody 听的第一档中文播客是《故事 FM》，之所以对《故事 FM》感兴趣，是因为她在留学咨询过程中也在帮助各种各样的申请人讲述自己的故事。一个偶然的机会让她感受到了播客能很有趣地习得知识，当时 Melody 在咨询工作里遇到了 Web3 领域的学员，向朋友提起有没有什么节目能帮她迅速了解 Web3，朋友推荐了张潇雨做嘉宾的一期 Web3 主题的播客。从那开始，她从头到尾听完了《得意忘形》，又从《得意忘形》中顺藤摸瓜找到了曾在节目担任嘉宾的 brofeng 的播客 *Blow Your Mind*，就这么一个个听了下去，成了一个重度播客用户。

这给了 Melody 一个启发，她觉得播客也是一个很好的载体，能分享自己的见识，帮助更多人打破自我限制，看到更广阔的世界。而且由于做播客需要深入浅出地输出高密度的内容，这恰好是 Melody 的优势，她有丰富的经历、快速学习的技能和卓越的表达能力。她渴望能在播客的世界中，分享读书心得和探索人生的故事，也串联起更多人的故事。

构建 "人类使用说明书"

在众多知识博主追求快速解读的时代，《纵横四海》反其道而行之，主张深度阅读和理解。Melody 认为哪怕是一本工具书，也需要听众投入两三个小时的时间去聆听和消化。Melody 深知不是所有人都会在听完播客后去读原著，但她相信播客能够激发听众的阅读兴趣，让他们在享受听书乐趣的同时，也能通过联结已有知识来深化学习体验。

于是，长内容的深度输出成了这档节目最显著的标志。在做播客的过程中，Melody 将个人兴趣与专业技能相结合，从个体成长、职业发展到社会关系等多元话题出发，每期节目都会围绕一本或几本书进行详尽解读，曾经被知识付费"浓缩过"的成长宝典被《纵横四海》重新铺开、揉碎，用当下的个体案例再度呈现。为此，Melody 准备的时长往往需要十几个甚至几十个小时，她把每一期节目的筹备看作是一次小型写书的过程，耗费大量的时间进行选题研究、写阅读笔记、构建思维导图，并最终流畅无剪辑地完成录制，这的确让其他播客创作者"望尘莫及"。

经过几期的内容沉淀，Melody 把播客框架搭建成"人类使用说明书"，制定出一系列的书单（图 3-2），后续会持续地体系化地解读和分享。如此宏大的框架来源于自己一步步的积累和探索，Melody 给我们展示了一种做垂直且深度内容一样会大受欢迎的可能性，《纵横四海》在小宇宙 app 上已经有单集节目播放破百万。

提及录制设备，Melody 起初并不追求完美，而是在家里用简单的设备录制，有细心的听众还能听到周围有猫扫过麦克风的声音，但就是在这种比较轻松的氛围中，Melody 宛如一位现代"说书人"，一步步地拆解书的内容，并融入了自己对内容的实践和感悟，增加对来自听众问题的解读，吸引了大量渴望深度学习和探索人生的粉丝。

现象级播客的新愿景

所谓"物以稀为贵"，在播客市场中大多数节目的平均时长在一小时左右的情况下，单集超长时间的《纵横四海》却成了现象级的播客，这也出乎 Melody 的意料，但她更在意的是自己帮助每个人的点滴和产生的涟漪。

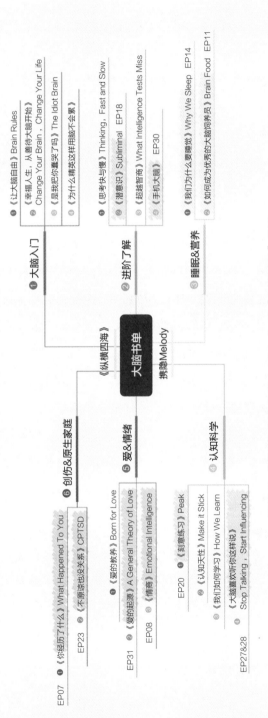

图 3-2 《纵横四海》主理人 Melody 的《大脑书单》体系

社交媒体的二次分享极大地推动了《纵横四海》的成长，不少用户在小红书、微博等平台上自发推荐播客并分享自己的心得体会，争做"自来水"，甚至有听众表示在高考前听了 Melody 关于《刻意练习》的解读提高了分数。这些涟漪效应进一步扩大了她和这档播客的影响范围，也让 Melody 得以将自己在不同领域的积累和服务精神传递给更广泛的大众。

提及播客的商业化，Melody 显得尤为谨慎且淡然，她坚持选择符合节目调性的书籍做解读，但对商业化并不排斥，也认为可以尝试更多可能性。在 2023 年的后期，Melody 开启了直播互动模式，也更多地参与线下录制和各种活动，让更多听众能近距离了解她和她这档独特的播客。

2024 年，Melody 结合自己的背景，和从事咨询项目的朋友 Mark 顺势推出商业故事类播客《纵横四海 l Ready Go》，挖掘企业和品牌背后的小故事，跟听众一起分享商业常识，培养商业嗅觉。关于未来的愿景，Melody 说她会继续致力于用播客这一载体，并配以小红书直播、知识星球、共创知识库等手段，为成人世界搭建起一座"中青年宫"，持续陪伴和引导大家探索人生旅程，培养心智，能够更从容地应对生活中的种种挑战和问题。

■《半拿铁》：轻松诙谐，商业故事入脑入心 ─))

初看这个名称以为是一档讲咖啡的播客，初听这档播客以为两个人是说相声的。这些"误会"到底是怎么来的？我们请出"斜杠青年"刘飞和潇磊，来聊聊他们这档颇为另类的商业故事类播客《半拿铁》是如何练就的，如何做到品牌植入也能"入脑入心"。我们期待从中可以探寻出播客商业化的更多可能性。

热爱相声的"斜杠青年"

刘飞和潇磊是播客《半拿铁 l 商业沉浮录》的主理人。刘飞具有多年产品经理背景，也做过一些创业项目，对很多事物都很好奇；而潇磊是刘飞大学时期就认识的好友，在杭州一家传媒集团从事财经工作，同时也是一位主持人。二人大学时期共同的爱好是说相声，如今也对播客这种媒介产生了兴趣，而且他们对此并不陌生，刘飞也在之前做过互联网行业播客《三五环》。于是二人一拍即合，基于兴趣开启了这档商业故事播客。

融入插科打诨，实现差异化

当时，商业类播客已经不少见，《半拿铁》作为一档新的播客节目，如果只是模仿他人的形式，做商业分析或者请嘉宾聊商业，能否吸引听众呢？这个疑惑也摆在了刘飞和潇磊面前。虽然有 Business Wars、Acquired 等海外商业播客的参考，但在中文播客界做类似的差异化节目并不是一蹴而就的，而是通过他们的实践摸索出来的。

喜马拉雅在对他们的访谈中提到："就像是产品经理为产品找出在市场上生存的差异化，刘飞和潇磊在商业播客的内容上另辟蹊径，从输出专业知识转向更有叙述性的商业故事。顺着这个思路，他们用产品思维将差异化分为了两步——用户和迭代。"

关于用户，就是说怎么让用户觉得这个人、这个故事和自己有关，而不是显得"他厉害"。于是在节目中，刘飞和潇磊切入的角度有所不同，不管是聊澳门赌王何鸿燊，还是世界船王包玉刚，都抛开了成果，而是着重从个人经历、生活环境寻找潜在的成事动机。这样的叙事逻辑很像你和朋友讲述另一个朋友的创业故事，人们总是希望故事并不是遥不可及。

关于迭代，就是不停地试错，好在两人凭借敏锐的眼光，在前几期就找到了一个突破，在聊中国民族饮料品牌中让听众找到了共鸣，于是根据这些反馈，他们把之前的相声经验引入播客，在讲故事时，时不时加入一些插科打诨、说学逗唱。特别是干货满满的内容，他们还会刻意增加这些"俏皮"的设计

（图 3-3）。刘飞说："这些小设计让听众在听内容时会更加松弛，在这样的氛围下，就能把这事儿给听完。"

图 3-3　刘飞和潇磊在 CPA 活动现场录制播客

不过分追求热点和流量

关于节目选题，刘飞分享了一个心得，他强调不要盲目追热点，还是要基于自己的定位做差异化。比如，在卡塔尔世界杯期间，他们做了关于卡塔尔经济的专题节目，当大家的目光都在世界杯和足球竞技的时候，肯定有很多人好奇为什么这个国家这么有钱，又为什么愿意在世界杯上投入这么多钱，在阿拉伯国家是什么样的一个地位，等等，这些疑问在中文播客中没有先例，这便是一个很好的选题，而且也能体现商业故事。

而提到节目效果，刘飞会以一个产品经理的视角去看待一些指标，比如，他关注打开率（播放数、粉丝数）和复听率（一个老用户是否每次都会收听节目）等，也会关注用户黏性和互动，但不会很刻意地去追求这些数据。刘飞说："更重要的还是要让自己的内容更好地被输出，让听众有更舒适自然的体验。"

商业效果也能入脑入心

这样的理念也贯穿于《半拿铁》在商业化上的探索。目前，他们已经接到了不少商单，有不少是成专辑的直接冠名赞助。面对商单，每次刘飞和潇磊都会用心地把产品或品牌的理念很好地与内容结合，设计桥段和包袱，在关键点位进行丝滑植入，还能引发互动。在 CPA 面向 30 位听众的 1 对 1 访谈中，有至少 1/4 的听众提及了《半拿铁》过往合作的品牌（如永璞、德国双心等），甚至有人还能还原出当时植入的段子，这种入脑入心的结果也是源于刘飞、潇磊对内容的把控、对品牌的理解和对用户的共情。

播客能成功地将品牌故事和文化价值植入听众心智，这体现了播客作为广告渠道的独特优势——构建信任关系和情绪氛围。在提升品牌价值的同时，有价值并能产生亲近感的播客节目会降低听众的选择成本和购买决策门槛，这让我们对未来播客的商业化有了更多的想象空间。

■《井户端会议》：兴趣驱动，构建"番薯宇宙" ————》)

这是一档历经十年的播客节目，主理人梵一如，被亲切地称为"梵叔"（昵称番薯），以其独特的视角和深刻的思考，成为播客界的一位先行者。

他的故事，不仅是个人成长的缩影，也是整个播客行业的缩影。

播客界的十年老兵

首先澄清一下，梵一如不是《井户端会议》主理人的本名，这个笔名源自佛教中的"凡我一如"，去掉"我"字，便成了"梵一如"，听众亲切地称他为"梵叔"，后来就谐音为"番薯"。这个名字的背后，是梵叔对个人品牌的深思熟虑，既避免了对个人生活的干扰，也是对播客这一媒介的一种尊重。

虽然名字颇有佛意，但梵叔做播客一点也不佛。早在日本留学期间梵一如就接触到了播客，并且听了一些古早的播客节目，如《大内密谈》。梵叔受到启发，觉得很有意思，加之自己对日本的政治、历史、娱乐、媒体等很熟悉，便在 2013 年就开始尝试自己做一档播客，取名《井户端会议》（标识中还有"since2013"的字样），从此这位媒体人走上了转型之路。

其实，"井户端"是一个日语词汇，是说在日本的原始社会，主妇们到村边的老井旁打水，趁着打水洗衣服的间隙唠家常、说八卦、互通消息。这个名字很符合梵叔的气质，他在节目中往往信手拈来，这是他自己的兴趣使然。梵叔也说做播客首先还得是自己喜欢，再小众的播客都会有人感兴趣的。

个人 DNA 与内容多元化

梵叔说，做播客是一种多快好省地生产内容的方式，他还曾在一次串台中戏称自己的能力是读空气。所以，播客于他而言是很自洽的媒体形态，这也让他在 2015 年从传统媒体辞职后有时间专心做播客。当然，一开始还是一种闲聊的状态，直到和杨一做了一次对话，梵叔开始转向了主持人和输出者的状态。

而在这之后，梵叔因为自己的兴趣和找到了合适的搭档，扩展出了多个播客节目，如《东亚观察局》《上海闲话》《魔都剧好看》《申展运动》等，也帮佟晨洁、范湉湉、曹启泰、阎鹤祥等策划或制作播客节目，加上独立出来的《梵高 Money talk》，逐渐形成了"番薯宇宙"。这个概念虽然宏大，但也充满个人色彩，梵叔坚持播客内容应有强烈的个人 DNA，从财经、媒体到文化、历史，梵叔的播客内容因自身兴趣而不断扩展。

深度链接与陪伴感

梵叔的播客不仅仅是一种内容的输出，更是一种情感的交流。梵叔坚持面对面录制播客，他认为聊天是有呼吸的，重剪辑的制作会破坏聊天的节奏感。这种对聊天质感的追求，使得梵叔的播客具有了一种独特的魅力。他在播客中会遇到形形色色的人，他说要让自己成为一个容器，要对这个人产生一定的好奇心，用真诚来让嘉宾卸下负担，这样对方往往就会在节目中袒露心声，让听众也能产生共鸣。在聊一期原生家庭的播客中，评论区就呈现出满满的泪点，让他记忆犹新。

在灌输一些干货的时候，尤其是自己的财经类节目中，梵叔也会时常插科打诨，这种调节其实更有助于信息的传播。所以，这也让他的节目能在众多节目中脱颖而出。

既有深度链接，又有陪伴感，这是"番薯宇宙"的魅力，这种魅力是有生命力的。正如他和我们分享的，有听众从高中时期就开始听他的节目，现在已经成了妈妈，这种持久力是播客之外的平台难以比拟的。

做播客是一种生活方式

已经做了整整十年播客的梵叔，也在积极策划线下活动，通过播客观影会、播客品艺会等让播客走入更日常的生活。同时他也认识到，播客仍处于一个发展阶段，自己也是最近几年才接到商单，虽然播客还没有快速变现的红利，但播客能够长期积累流量和小红利。这种长期的积累，对于内容创作者来说，亦是一种宝贵的资产。

梵叔是播客界的劳模，他早已把做播客当成生活的一部分，也见证了播客的不断成长。在 2023 年，"番薯宇宙"旗下出品或制作的播客节目获得了各类小宇宙的年度播客，《井户端会议》荣膺年度热门播客。

在未来，随着技术的发展和人们需求的变化，播客这一媒介必将成为链接人与信息、人与情感的重要桥梁。而梵叔这位播客界的先行者，也将继续在他的"番薯宇宙"中探索更多的可能性，为我们带来更多的惊喜和感动。

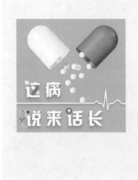

■《这病说来话长》：因兴趣开启播客，用专业消除焦虑 ————————))

在播客中聊医学是不是很小众？其实不然，医疗健康类的内容在各大平台都有不少拥趸，播客作为承载高密度深度内容的媒介，自然也会对这个赛道格外关注。已有不少医疗健康的博主开设了播客，甚至有品牌方开始做品牌播客，CPA 在首届中文播客奖的评选中就设立了健康类赛道，《这病说来话长》凭借专业的对谈斩获第二届 CPA 中文播客奖，也收获了一众粉丝。

"废物利用"的主理人

汤翰森，大家都叫他阿汤。阿汤颇符合"斜杠青年"的定义，一方面阿汤的本职工作是广播电台主持人，有 20 多年的经验，中间又去互联网行业折腾了 5 年，对传统媒体和新兴媒介都非常熟悉；另一方面，除了广播，阿汤另两大兴趣爱好是民航和医疗，他还说这和做媒体其实有异曲同工之妙，所以重启了自己的音频之旅。

阿汤戏称自己做播客是"废物利用"，因为 10 多年前和小伙伴一起组建了最早的考拉 FM，有过互联网音频节目制作和广播电台的工作经历，同时结合自己的兴趣爱好，就想以理性、中立的视角去为听众提供科普知识，这样既能发挥自己做主持人的职业特长，又能让医疗科普更生动、更形象地走进听众的心，让听众既能听得进去，又能听得下去。

初心：去除焦虑，利好医患

新冠疫情的经历让民众更加关注医疗方面的知识和信息，需要从专业视角来提供引导和解读。阿汤正是看到播客这一媒介在 2020 年的崛起，同时又发现市面上还没有很多令人信服的医疗科普内容，一些贩卖焦虑的所谓科普内容在手机上不断出现，并且"大行其道"，但其实这种表达的背后暗含着大量营销话术。

所以，阿汤和他的这帮"不正经"的医生伙伴们一拍即合，决定一起来干这件正经事。他们不仅解读各细分门类的医学常识，也会就热门的医疗健康话题和听众进行科普交流，目的就是要去除那些焦虑，让听众更好理解医学知识，这背后也是为了更好地建立良好的医患关系。如此一说，这档播客的价值就升华了，这也是阿汤做播客的初心。

兴趣爱好也可以破圈

《这病说来话长》的定位就是医疗健康类的专业内容，这是阿汤哥的兴趣所在，那阿汤是如何呈现和交付的呢？在《CPA 超频对话》中，我们就对这档播客的制作过程做了一个简单的拆解。

选题策划。阿汤会根据医生伙伴的专业背景挑选热门的医疗健康类话题，同时也会经常与粉丝互动，根据听众的反馈对节目的选题进行调整和优化，现在已经扩展到更多细分领域，如血管外科、运动医学、神经外科、睡眠障碍、药剂科、检验科等。时至今日，他们最大的优势就是可以进行 MDT（多学科诊疗模式）。

内容准备。阿汤会针对每个选题收集相关的专业知识和信息，查文献，写大纲，会花费不少精力，但这正是为了做到理性、中立、客观地科普，也力求把医疗科普"长话短说，行话简说"。

制作节目。阿汤会按照广播节目的流程进行录制，注重节目的交付质量。他会请来相关领域的专家作为嘉宾一起讨论，增加节目的权威性。但阿汤在表述过程中一般不会涉及具体的药品推荐，只会讲药品的成分而不谈产品名。在沟通中，阿汤还会非常形象地去描述或类比一个知识，让听众有一种画面感。最经典的就比如"带着电脑搬工位"的游离皮瓣和"火山休眠期"的炎症性肠病患者。

节目发布。阿汤会在各大主流播客平台上发布，编辑 Show Notes 等信息，并且有图文并茂的信息，还有很多干货内容，甚至文献有出处，医生有门牌，一丝不苟的严谨也让听众对他的播客产生了更多信任感。

推广运营。阿汤会通过不同的渠道对节目进行传播，比如，在小红书上开设视频播客《说来话长》，通过小红书账号进行播客的二次推广，或者延展出更多短内容，以扩大播客的影响力。

你看，阿汤这套流程之严谨正好适配了医疗科普所需要达到的标准。正因为阿汤在医疗领域的深度爱好和真诚有趣的表达，《这病说来话长》在多个平台上获得了良好的反馈，在小宇宙 app 上已经积累了超过 9 万的听众，获得了 CPA 中文播客奖。一些听众也表示，节目帮助他们改变了对某些医疗问题的认知和行为，这很好地还原了阿汤哥的初衷。

提到商业化，阿汤说自己在早期并没有商业化的动作，但这不代表着他没有商业化的想法。其实在播客做到 3 个月时，就已经有医疗平台和品牌来接洽他，只是阿汤仍然会本着保护内容质量的目的谨慎对待。好饭不怕晚，从 2023 年年底开始，《这病说来话长》陆续有了商务合作，在商业化的同时，阿汤会让每一个商单代表所有听友及嘉宾进行一定比例的公益捐款，并且在 Show Notes 里做出公示。阿汤表示，这些商单选品的底线是必须符合国家资质、产品一定不能是"智商税"，每一单都请了专门的律师进行合规审核。对得起自己的内容、对得起订阅的听友、对得起播出的平台、对得起合作方——这是阿汤一直坚持的原则。

3.3 记录官：把观察当使命，链接时代和你我

■《故事 FM》：用你的声音，
讲述你的故事 ————————————————»

用声音记录生活已然真实，用自己的声音讲述自己的故事更
有一种代入感。如此私人的表述方式却引发了大众的共鸣，
用主理人爱哲的话说就是"用好听的故事，理解复杂的人"。
爱哲在多个访谈中给我们呈现了《故事 FM》如何走到今
天，《故事 FM》不仅很会用声音讲故事，他们还在推陈出
新，探索叙事类播客的新路子。

热衷记录，热爱叙事

"如果你的丈夫突然告诉你，我们离婚吧，我有别人了。你会怎么反应？和
平分手还是大闹一场？"2016 年夏，伴随这样一段音频内容的播出，《爱哲电台》
首期节目上线了。第七期节目播出后，《爱哲电台》便改名为《故事 FM》，再
次出道，并一直陪伴着它的听众们走到今天。

爱哲（寇爱哲）之所以会做播客，并创立《故事 FM》，与他自身的经历有
着紧密的关系。高中时期就怀揣记者梦想的爱哲，在经历了图书馆学专业的学
习和工作后，毅然决然地投身于新闻行业，先后在《南方周末》实习并加入瑞
典国家广播电台和加拿大电视网 CTV 驻中国站，在此期间他积累了丰富的传统
媒体工作经验。受到几档美国叙事类播客的启发，加上自己掌握的采访、录音
剪辑等技能以及多年积累的故事资源和人脉网络，爱哲顺应时势，推出了中文
播客领域首档叙事类播客《故事 FM》。

打造精品"声音纪录片"

"用你的声音，讲述你的故事"是《故事FM》的口号。爱哲之所以将其定位为叙事类播客，是因为在他的眼中，声音是最适合留下时代印迹的一种媒介。它夹带了信息，还能真实传达出人们细微的反应与波动的情绪。不刻意煽情，不卖弄惊悚，每期节目就像一部"声音纪录片"，旨在记录下普通人与时代交汇的痕迹。

爱哲通常以旁白的方式出现，随后是精心剪辑过的被采访者自己的讲述，配上一些背景音效处理，很容易就将听众带进故事的环境，从矿井工人到遭遇黑暗往事的乡村支教教师，从身处利比亚的中国建筑企业工人到陪同患绝症的父亲去瑞士执行安乐死的儿子……

爱哲认为从某种程度上来说，做好叙事类播客的核心是掌握讲故事的能力。所以，与讲述者沟通、架构故事和呈现脉络的制作人堪当重任。《故事FM》的制作过程严谨且耗时，目前团队已经是公司制的运作，有10多位制作人，每人会负责一期节目，制作过程中注重讲述者的真实情绪传达，通过精心设计的故事架构、剪辑逻辑和声音设计，确保每期节目如同一部"声音纪录片"，既真实又引人入胜。比如，声音设计师在《我被传销组织囚禁的28天》这期节目中，加入大雨声和雷声的声音特效，让听众仿佛置身于那个讲述者生死一线、奋力逃生的夜晚，紧张刺激感跃然于耳。彭寒根据讲述人的不同经历，使用不同质感的乐器设计背景音乐，让听众在音乐的流动中感知故事情节从平缓发展到高潮惊险的转折变化，由此不仅提高了每期内容的辨识度，还使得听众能够快速沉浸在场景中，投入个人情感，获得了更好的互动体验。

如此"大费周章"意味着成本付出，一期半小时的节目通常需要从2~4小时的采访音频浓缩而成，整个生产周期大约为3周时间，这种精细化的制作要求使得人才短缺成为困扰《故事FM》的一大挑战，曾导致节目出现断更的情况。另外，他们还设立了一个试听制度，只要最后试听的结果不够理想的话，就可能会废稿，废稿率大概有 1/3，这样也会导致成本会变得更高。

用声音探索更多元的可能

从内容形式上来说，《故事 FM》也有所创新，在 2023 年推出了一个线下分享故事的活动形式，取名叫"故事开放麦"。这里借用了脱口秀里开放麦的概念，每场活动设置一个主题，征集 10 位左右的讲述者，来台上依次讲述自己的故事，在后半场的现场开放麦环节，现场观众还可以上台来即兴分享自己的故事（图 3-4）。

有这样优质内容和成熟的运作模式，《故事 FM》在叙事类播客中脱颖而出，成了播客界的头部，在 2019 年便获得了苹果"2019 年度最佳播客"、CPA 中文播客奖等业内荣誉。全网播放量的表现也很强劲，平均每一期节目都能吸引超过 150 万人次收听。

图 3-4 《故事 FM》主理人爱哲在"故事开放麦"现场

当然，取得这样的成绩也意味着需要较高的投入，所以《故事 FM》很早就开始了商业化的探索。当然，他们还是强调用户价值量化和品牌合作的可能性。爱哲表示他们接的广告其实是不少的，只不过会把它做得"软"一点，他们有自己的原则：第一是必须保证故事是真实的，第二是要自己也有大概的把握，能把它做成一期好听的节目才会去做。有一期《推开家门，也是推开世界的门》，讲述了三位民宿经营者选择将自己的家开放给世界，以此增进对世界与自我认知的故事。这期节目就是由《故事 FM》与爱彼迎（Airbnb）播客共同打造完成的，取得了良好的效果。诸如这类定制内容、定制广告的节目，以及品牌播客的打造，都是目前《故事 FM》的主要变现方式。

此外，《故事 FM》还尝试通过版权 IP 开发来实现商业变现。从 2021 年开始《故事 FM》就一直在做版权 IP，已经签约一部电影、两部短剧，还有一部长剧已经售出版权。另外，《故事 FM》会继续做多个付费节目，这些节目后续被开发成影视作品的可能性也很大。

爱哲在访谈中说："我总是想进行一种挑战，我不相信有什么品牌挖不出来故事，甚至是一个非常传统的工业品牌，如果挖出故事，对我们创作者来说也是非常有成就感的事情。我经常举那个例子 Container——一个关于集装箱的播客，可能离大众非常远，但是它就能做成一个很好的叙事播客，让大众产生兴趣。如果把这样的行业都变成甲方的话，我觉得我们的市场空间还是蛮大的。"看来，《故事 FM》还会持续深耕叙事型播客这个赛道，为中文播客树立创新和高品质内容的标杆，期待他们带来更多商业化的可能。

■《壮游者》：用聊天去丈量世界 —————)))

俗话说，身体和灵魂，总有一个在路上。对于旅行者来说，其实可以做到身体和灵魂都在路上，而且还可以通过播客去真实地记录。这种记录不仅开拓了他人的视野，也让自己能时刻重温人生轨迹。播客《壮游者》便是在持续实践这一理念的最好佐证。

不同于镜头记录，通过声音我们也能更为细致地观察世界和内心，让我们看看 Yang 是如何通过播客走向世界，又走进自己内心的。

"走投无路"的旅行家

《壮游者》的主理人 Yang 是一位旅行经验丰富、游历过 50 多个国家的前媒体人，他自称做播客是"走投无路"。因为当自己在寻找能长期从事且充满热情的内容创作时，Yang 发现微信公众号太多了，已经成为红海，视频的内容往往告诉你的是结果，但不会告诉你过程，但出游的过程恰恰是最有趣和最有意义的。

在摸索创作形式的过程中，Yang 受到了播客《日谈公园》的启发，发现播客这种形式更接近真实的聊天，并且声音的真实性无法被修饰，很容易产生亲近感。此外，对于播客的长度来说，可以做透内容，更易于表达深层次的内容，让大家知其然也知其所以然，有结果也有过程，是有非常完整的内容结构。这些播客的特征都与 Yang 的个人风格和追求相契合，于是《壮游者》诞生了。

观察世界是一种义务

Yang 在接受采访时表示，当初做播客的动机是源于他对表达真实自我的追求。他去过六大洲 50 多个国家，旅行经验丰富，甚至有些特别，他想把这些内容最真实地保留下来。保罗·福塞尔说的一句话特别打动他："典型的 18 世纪观点是，勤奋的观察者游遍外域，向那些不幸留在家中者报告他对人性的发现，以及对社会叙述自己的观察结果，这是一种义务。"

同时，Yang 也认为，旅行是需要工具的，这个工具会带你更深入、更有目的地打量这个世界。这档《壮游者》就成了他旅行的记录工具，"壮游"译自"Grand tour"，它盛行于 18 世纪的欧洲，他把《壮游者》定位为一档人文旅行声音游记播客，持续观察世界，认知自我。

回归最原始的"聊天"

在制作方式上，Yang 在追求营造一种在青年旅舍中与有故事的人进行深度交流的氛围，分享他们从世界各地带来的观察与体验。Yang 给我们想象了这档节目氛围："在一个青年旅舍的大厅中，我遇到了一个有故事的人，我们坐下来，请他/她聊聊对世界某一处的发现和观察，你也在听，偶尔插一句嘴。"通过发掘和联系不同身份和视角的旅行者，邀请他们在节目中进行参与式观察的分享，拓展听众的视野。

通过做播客，Yang 更好地学习了如何去"聊天"，他力求回归聊天的本源，不再纠结自己为啥说不出那些漂亮的"大词"了，不特意把节目剪的全是"干货"，也不再苦心积虑地去找背景音乐了，甚至在旅行中找嘉宾也是"随遇而安"。Yang 说："我的节目和其他节目最大的一个区别就是我的节目中找的这些人和他们的故事，做了播客后慢慢地大家都知道你在做这件事，有同样爱好的人就会慢慢向你靠近。第一个嘉宾会给我介绍第二个嘉宾，就像裂变一样……"看上去如此原始的方式恰恰是自然而然发生的，也成就了这档播客的稀缺性。

成为人文旅行类的播客标杆

如今的《壮游者》还一直在世界各地录制、剪辑和发布，已经收获了不少粉丝的认可，被认为是中文播客中最好的人文旅行播客。不仅如此，播客也为 Yang 带来了经济收入，离他实现可持续发展的职业目标更近了一步，加深了他对播客事业的热爱和投入。

除了这些回报，做播客也让 Yang 如同旅行本身一样，既锻炼了他的综合能力，帮助他突破自闭，也让他结识了更多有趣的人，开拓了眼界。Yang 非常感谢和珍惜当下在做的事情，因为每一期播客里边的故事都实现了他的小小目标。Yang 说："播客就是我在这条路上的工具，这条路，我会一直走下去，一直走到热情燃尽。"

■《城记播客》：一个人讲述城市故事 ————》》

声音不仅能记录自己，也能记录一个城市，一段空间记忆。《城记播客》就是这样一档关于城市的播客，主理人王越洲用声音去记录和探讨关于城市的一切，试图用另一个立面去呈现城市，给听众一个新的了解家乡的途径。

种下一颗播客的种子

2015 年在上海大学电气自动化专业毕业后，王越洲几乎都在企业从事人力资源管理工作。他在大三、大四的时候就对城市文化感兴趣。当时，媒体机构"澎湃"和"瑞象馆"合作发起一个城市漫步工作坊，带人们走访上海不同地区，也会请不同领域的专家，如声音艺术家、建筑师，探讨如何用艺术的方式表达城市或社区。

王越洲听了一场活动后，觉得这个方式很有趣。后来无论是上海双年展上 51 人的项目还是澎湃新闻持续在做的行走活动，都让他对城市生活充满兴趣，他意识到虽然自己从小在上海长大，几乎没有离开过这个地方，但还是有太多区域没有去过。所以，他一直在思考是不是用什么方式去记录这些地方，此时播客走入了他的视野。

王越洲对播客的兴趣，最早可以追溯到大学时代。那时，他会听《大内密谈》和李如一的播客。2019 年，国内已经有机构在做播客线下聚会，他由此了解到制作播客的过程已经比先前方便了许多，于是打算自己尝试。那年 6 月，他录了一期试播集，但是没有特别详细的计划，刚开始更新频次也不固定，但就从那时开始一直更新到现在。

把观察城市当作爱好

如名字所见，《城记播客》是一档关于城市的播客，香港、沈阳、绍兴、南京等地的内容都在节目中出现过，不过最多的还是上海，这是王越洲的家乡。你可以在这里听到很多期节目带有上海地名：吴淞老街、鞍山新村、提篮桥、文庙、武康路等，也涵盖私人回忆、社区更新、工人新村等多个具体议题。

他用不同的声音形式记录和呈现这座城市生活，比如，他和嘉宾讨论过近代上海普通人的死亡议题，也用声音纪录片的方式记录已经关停的曹杨铁路农贸市场的故事。2020年，《城记播客》在参与罗德（RΦDERΦDE）播客大赛时，王越洲选择的片段是操着一口上海话的90岁老爷爷讲述自己住了一辈子的江湾镇的故事，颇有意思，最后获得了大奖。此外，王越洲也注重将新颖、独特的选题融入节目中。例如，计划制作一期国内足球场巡礼，通过收录现场助威声和采访各地球迷来展现不同地方的球场文化和球迷情感。

正是王越州这种对城市生活深入而细致的观察力，以及坚持不懈地追求内容质量的精神，加上与时俱进的技术手段和平台资源，使得《城记播客》能够在众多播客中脱颖而出。《城记播客》不仅在2020年荣获罗德播客大赛中国赛区第一名，还在小宇宙app上收获了高播放量。播客的影响力还体现在听众的深度参与上，比如，有社区工作人员因为节目主动联系王越洲进行交流。

非经济回报也能让人愉悦

王越洲从来没有给播客制定过具体的目标，如粉丝数、更新频率等，他还是希望可以将精力聚焦在内容上。他在访谈中跟我们分享了《城记播客》在当下会关注的三个点：第一，关于上海或其他城市的私人回忆；第二，城市研究和主题的分享，如工人新村或社区更新的话题；第三，与城市在地化相关的创作。这样的经历在王越洲其他的工作中不曾出现，他觉得自己作为一个链接者可以促成这样的链接，虽然不是带来很直接的经济回报，但很有收获。

时至今日，王越洲仍然把做播客当作一种兴趣爱好，同时也是一种自我探索和对成长的有益尝试。即使没有经济回报，但播客为他带来了与听众深层次的情感链接，让他成了一种信息和情感的桥梁。这种非经济回报的影响让他深感价值所在，并鼓励他继续专注于内容创作，保持高质量的更新频率，同时也给其他潜在的播客主播提供了宝贵的建议和经验分享。

■《搞钱女孩》：不只"搞钱"的播客圈子 ——》

把"搞钱"两个字直接放入播客名称中，说明这档播客的"含金量"十足，的确，这档播客的创作者有理由跟大家分享"搞钱"秘籍，他们不仅自己有"搞钱"的丰富经历，还能链接各式各样的"搞钱女孩"，一起打造一档专注"搞钱"的播客，当然也不止于"搞钱"，这档播客更展示了一群新生代女子图鉴和"女孩帮助女孩"的精神，还不快深入了解下这档力量播客？

《搞钱女孩》主理人小辉的履历似乎有点"折腾"，从 NGO（非政府组织）到互联网企业再到创业公司，他一直和年轻人打交道，也一直在观察年轻人是如何创业、如何"搞钱"的。在经历了职业的多次转变后，他意识到自己需要一个能够带来正反馈的平台，来分享见解和经验。而他在小宇宙的工作经历，让他结识了播客，也让播客成为他实现理想的最佳选择。

因为小辉有两个姐姐，深知女性在社会中的不易，尽管社会对女性的期待和评价存在一定的限制，但他看到越来越多的女性正在努力突破束缚，追求自己的事业和财务独立。小辉想通过播客让有成功实践的女性来分享他们的经验，激励和帮助更多在追求成功道路上的年轻人，特别是女性。

小辉先前一个人做了播客《主动交代》，有一期邀请陈雪围绕着"搞钱"畅聊，这期播客的反响出乎意料，这个信号让小辉决定围绕"搞钱女性"做一个单独的播客，2023 年 3 月 7 日，《搞钱女孩》正式上线。

成就当代"搞钱女子图鉴"

当代女生有很多"搞钱"的经历和收获：有复旦毕业女生，因在大厂工作的无力感，辞职送外卖、做平台账号，换来自我成就感；有宝妈，从金钱焦虑到通过团购创业，寻找到家庭之外的个人意义；也有普通女孩做口罩流水线女工，用忙碌换来为热爱消费……这些故事，都被记录在了《搞钱女孩》里。和经济专家、企业大佬们分享的专业财富知识不同，"搞钱女孩"们更像是我们的身边人，她们的经历更容易被模仿，即使是栽跟头、吃闷亏，也能让人们冲破信息茧房，听到不同视角的经验，所以这档播客被称为当代"搞钱女子图鉴"。

虽说是"搞钱"，但这档播客还是展现了另外一层意义，这些女孩们所追求的，并不仅仅是数字意义上的钱。"搞钱"的背后，有的是为了突破迷茫，寻找人生意义感，有的是为了生活转身创业，有的是为了满足自己，用钱去做更多热爱的事。

与其说是"搞钱女子图鉴"，不如说是"当代女性赚钱成长史"。主理人不仅在继续丰富"搞钱女孩"样本，还推出不同主题的女性"搞钱"故事，如聚焦"00后"的女性创业故事、从行业专家视角出发的"搞钱"心法……这些新的尝试正是因为小辉和陈雪看到了播客听友对实用、干货、有价值信息的内容需求。

用"电子红牛"打造爱的影响力

《搞钱女孩》不仅在小宇宙上获得了一定的听众基础，还在社交媒体上引起了广泛的关注，全网粉丝超过50万，小红书和抖音上被许多博主推荐。通过播客，小辉成功地建立了超过万人的忠实听友群，他发现这些听众不单单听播客，还会写下感人肺腑的"长篇大论"，更有听众会寄来家乡特产和小礼物，让团队也收获了满满的正反馈。

小辉用"电子红牛"来形容这档播客，他说《搞钱女孩》不仅践行了"女孩帮助女孩"的精神，也让很多年轻女性的命运齿轮开始转动，在职业和创业道路上有更多勇敢的尝试，取得新的突破。

如今，他的播客节目逐渐成了他个人事业的一部分，他愿意花更多精力来成就一家小而美的公司，为"搞钱女孩"们提供更多元、深入的服务。最近，《搞钱女孩》也开启了常态化的线下沙龙，聚合了不少忠实听众，这些向往"搞钱"的女孩在线下也得到了满满的收获感。正如在采访侃侃那期有一个口号：用爱影响人，用影响力爱人。小辉也将继续这份事业，用"电子红牛"持续打造和传递爱的影响力。

本章小结

在播客创作者中，我们看到了业内人士通过发挥自己的专业所长吸引了广大听众，也有主播通过兴趣驱动做成了一档有影响力的播客节目，更有创作者把播客当成记录过程的手段，观察身边和远方，成为一种使命。不论哪种，播客都成了他们新的标签，并通过这个标签展示了自我，链接了他人，扩大了影响，正所谓：

专业所长赢听众，兴趣驱动情更浓。

记录生活观近远，播客影响韵无穷。

播客时代

用声音打造影响力

- 如果说个体做播客是为了沉淀自己、释放影响力，那么对于一个品牌或企业来说，播客也有其独特的价值。播客已经成为各大品牌除微信公众号、短视频、直播之外需要铺设的渠道之一。除了之前提及的播客听众的人群价值，第 4 章还会从三个维度来说说播客对品牌的价值逻辑。

- 播客营销分为 ITC 和 DTC 两种模式，最近几年这两种模式都有了相当多的实践，前者主要是播客投放和定制逻辑，后者主要是品牌播客。第 5 章就会选取在行业中有影响力和具有代表性的播客营销案例，希望我们可以从中得到更多的启发。

第 3 部分
品牌篇

第 4 章
品牌做播客的价值逻辑

4.1 内容价值：播客是一种特殊的"内容抽屉"

4.1.1 "内容抽屉"是什么

CPA 联合发起人艾勇所在的 DTC 品牌管理公司映天下曾提出一个"内容抽屉"理论。意思是说，相比以往，品牌目前在媒体流量环境中面临的一大挑战就是内容库存的严重不足。这是因为，过往品牌最重要的营销手段是电视 TVC 广告和平面、户外广告等，因此品牌每年最大的内容投资就是拍摄精美的 TVC，设计有冲击力的 KV 主视觉，并在相关渠道进行投放即可。但如今，随着用户触点的分散和多元，品牌需要在多个平台、多个渠道用不同形式的内容与用户进行互动，因此品牌需要进行大量的内容投资，并且将这些内容分门别类地准备好，以满足不同的投放场景，服务于不同的商业目标。

为了让这个概念更直观，我们采用了"内容抽屉"这样的类比，就好比把不同的内容放在不同的抽屉，以供不同消费者使用或满足不同需求。比如，按照渠道来分，有的内容用于抖音，有的内容用于天猫，有的内容用于微信……这些内容具有不同的格式和特征。又如，按照营销目标，有的内容用于官方账号做品牌建设，有的内容用于达人口碑种草，有的内容给直播间引流，有的内容用于承接搜索流量，等等。因此，每个品牌都应该根据自己的人群策略、渠道策略、营销目标分门别类地建立"内容抽屉"，定期审视自己在内容侧投资的效率。

按照这个理论，我们可以认为播客其实就是一种非常特殊的"内容抽屉"。这种抽屉可能承载着最大信息密度的内容，可能是最适合与其他媒介融合复用，建立起多种场景的链接可能。同时，播客也拥有较高认知和价值的用户群体，品牌可以在播客中和消费者构建亲密关系的阵地，把消费者的心智收入囊中。当然，这其中最重要的仍然是内容。

4.1.2 播客是文化沉淀的好形式

当下，就社交媒体和内容分发平台的重要性已形成共识，追求传播品质的品牌方逐渐发觉，短平快的碎片化内容更容易吸引用户，但用户的注意力和容忍度也越来越低，这使得很多所谓"黄金 5 秒法则"（意思是说，如果创作者不能在开头 5 秒预埋下伏笔或者钩子，用户大概率会不耐烦地划走去看下一个视频）大行其道。

这样的模式让很多内容变成了"压缩饼干"式的内容，如"一分钟读完×××""想理解 ××× 只需要知道这三点"的范式。诚如华东政法大学传播学院副教授王亚楠所说：在流量规则主导的各类主流内容分发平台中，形式上花样繁多、内容相似度极高的产品大行其道，内容生产陷入"繁荣式衰败"的困局，品牌遵循流量驱动的商业模式也陷入了"追逐流量型爆款产品—低质量内容生产—用户忠诚度低"的低水平循环中，难以获取可持续发展的核心竞争力。

我们认为在当下，这种快餐式的短平快内容虽然有更多曝光的可能，但很难真正让消费者对品牌有深度的了解，更谈不上引起共鸣和沉淀出品牌文化。

在全渠道、全场景的互联网时代，**我们认为每一个品牌都需要有多个"内**

容抽屉"，每一个抽屉承载的内容都针对不同的用户类型，服务于不同的平台触点、内容场景以及不同的商业目标。在这些"内容抽屉"中，播客因其长期长时间的输出，听众有更多场景的内容填充需求，让品牌能有更多机会和时间去对现象、理念、用户，甚至是社会文化有阐释、论述、深挖和辩论的可能，从而提供更加具有深度的内容，**这些优质内容本身又构成了品牌的价值观和理念，经由听众的共同参与和讨论，逐渐沉淀属于自己的优质品牌资产**，并且可以复用到其他平台和渠道。

此外，这些优质内容的价值还体现在企业内部视角方面。在为播客策划内容时，品牌还可以兼顾其他形式的输出，如文本和视频，从而实现多平台、多媒介的立体式分发，为品牌的内外部宣传提供有效工具。华泰证券的品牌播客《泰度Voice》就是一个很好的例子，他们根据自身业务的特点，聚焦二级市场，聚焦宏观经济、前沿科技、新兴产业等领域的热点话题，上线2个月就在小宇宙app单渠道获得接近1万的订阅听众（2024年9月已获得超过2万订阅量），并将播客节目的文字稿和语音切片在微信公众号平台发布，实现二次曝光。

所以，**播客作为特殊的"内容抽屉"，是建设品牌的重要一环，不管对内还是对外，都是帮助品牌进行文化沉淀的好形式。**

4.1.3　播客是垂类品牌的助燃剂

除了沉淀品牌资产，播客同样是垂类品牌所青睐的方式。在算法一统天下的大平台，小众的垂类品牌在大流量中容易"迷失"，而讲究精准触达的垂类品牌，需要一个助燃剂，为其提供强劲动力，让自己出现在目标受众面前。从这个角度来看，播客是个不错的选择。

一是播客本身就是内容，垂类品牌可以把播客作为自己的内容工具，开发出属于自己的深度内容，经由各种社会议题的讨论，向目标听众输出自己的品牌价值和理念，建立起更为立体化的品牌认知。

二是播客其实也是个兴趣圈层，播客拥有高认知高消费的潜在人群，品牌就可以持续生产垂直领域的内容，聚集起属于自己的兴趣圈层，继而发挥播客的内容工具属性，向社区或社群等渠道持续导流。最后，再通过听众反馈，优化内容或者调整品牌传播策略，扩大可以影响的群体范围，如此往复形成循环，形成有自己心智壁垒的品牌营销。

越是垂类越是小众的优质品牌，越应该在非算法为王的平台上做深度沉淀。 一方面，选择播客就是选择了目标用户，减少了触达无效用户的可能；另一方面，播客作为彰显生活方式和认知态度的传播方式，选择做品牌播客本身就是这种意志的体现。

垂类品牌可以通过自己的播客，向用户传达自己的优秀，对市场和潮流的认知，对思想的吸纳和理解， 愿意尝试，能持续输出干货，建立一个在线的威望体系，让用户和自己的品牌产生共鸣。例如，Patagonia的重点客群是攀岩爱好者，它需要的是对攀岩的"泥袋文化"满怀热情的员工，与他们一同建立一个强有力的品牌心智，这用播客来传达再合适不过了。

当然，作为营销策略的一部分，播客虽然对垂类品牌有所帮助，但本身并不是孤立存在的。为了达成营销效果，播客可以发挥其跨渠道可复用的特性，比如，与专业网站、专业论坛、专门领域的书籍和其他适宜自己的垂类平台一同共存共建，成为更有凝聚力的垂类品牌营销方式。正如声动活泼创始人徐涛在谈到飞书做品牌播客时表示，"像这种大公司，它都有自己的品牌策略，不会用单一媒介而是组合式地去打自己的品牌。比如，飞书的线下大会、线上文档，都是它打品牌的一个方式。"

所以，**品牌播客对垂类品牌来说也是一个助燃剂，越垂类越可以通过播客吸引属于自己的细分受众，和他们共创共建品牌新的影响力。**

4.2　渠道价值：播客日益成为品牌渠道的标配

在本书的第 1 部分中，我们对播客的特点已有了一些初步认识，这里就再从品牌价值的视角总结一下播客的渠道价值，这对于品牌来说十分必要。未来，我们可以预见播客会像微博、微信公众号、抖音、小红书一样成为品牌的一个有价值的渠道，成为品牌营销的标配。

4.2.1　复用特性沉淀品牌价值

在所有的媒介里，音频是独一无二的存在。播客作为音频的主要形式，可以融入各种媒介之中，既能跨渠道、跨场景，也可以延展出其他形式，这既是播客的复用特性，也是呼应了前文提及的"播客是一种组件"（图 4-1）。

图 4-1　播客的复用特性

2024 年，微信上线了"听一听"的模块，这意味着音频作为一种媒介形式，融入了庞大的微信生态中，与视频号、微信公众号打通，也可以衍生到小程序、微信社群中，成为传播物料。播客还可以借由日益增长的物联网设备和终端实现全场景的覆盖，其中有些是视频形式无法触达的领域，所以播客较强的媒介融合性带来了**跨渠道**的复用性。此外，播客还可以与视频融合，产生视频播客的形式，诸如早前《锵锵三人行》《圆桌派》等访谈节目，其实属于这类内容，这一部分我们将在第 6 章中再展开。

在第 1 章中，CPA 已经用数据统计展示了播客丰富的场景覆盖。我们很难想象除了音频，还有什么媒介能让人从早到晚做到全覆盖。在视频泛滥的当下，眼睛的疲劳导致视力下降是大多数都市人的通病，解放眼睛，张开耳朵，播客是获取知识信息、释放情绪的绝佳窗口。但这并不意味着播客只能戴耳机收听，我们发现很多听众其实在做家务时、在洗澡时都把播客当作背景音来听，这种长期习惯会使得听众有"洗耳"的现象。如果品牌利用播客**跨场景**的特性进行传播，那么这种品牌"洗耳"效果不会亚于"洗脑"，听众会在日后的消费场景中很容易联想起来。

此外，播客还因为时长的关系，相当于主播或者嘉宾在一段时间内持续输出深度内容，积累了较长时长的内容物料，比如，一小时的语音转换成文字，大约一万字，而这样体量的内容物料很容易再加工成图文、短图文（小红书式的内容或问答类内容）、短视频、长视频等各种形式广泛传播，诸多创作者已经实现了播客内容多平台的分发，带来了新的用户增长，这也是播客**可延展**特性的体现，所以前文也提出播客是适合内容创作的"第一站"。

正因为跨渠道、跨场景、可延展的特性，播客成了一种特殊的媒介。正是由于播客的这种特性，使得**很多品牌会把播客作为一个媒介渠道的"中台"**，可以经由播客生成和延展出适合多个平台渠道的内容物料。很多播客从业者认为，**播客会像"双微一抖一红"那样成为品牌的标配，未来品牌会构建自己的"双微一抖一红一播客"**。如今，越来越多的品牌也认识到了这一点，它们通过播客这一复用性极强的媒介渠道，打造适合自身场景、风格的播客阵地，沉淀长期价值。

4.2.2　对话是品牌价值的核心

现如今，很多播客都是以聊天和访谈为主要形式，这种形式具有相对较多的信息量和较为轻松、真诚的氛围感，颇受听众欢迎。虽然当下快速链接已十分普遍，但真正的沟通和理解仍然是稀缺的。因此，**对话成了与消费者建立深度联系的最佳方式**。这种对话不仅仅是简单的聊天，还涉及价值观、场景、观念等多方面的交流。

由此可见，**播客的对谈为品牌提供了对话的载体和空间，既能沉淀品牌资产，还能链接用户**。喜马拉雅为此提出，播客用声音为品牌开启了与用户沟通的平行时空，透过广度、长度、深度、态度和温度体现了自身的伴随性、场景性、持续性，在与消费者的持续对话中，造就了品牌"入耳，更入心"的效果。《光忙万账》的主理人曹启泰在一期节目中提到，做播客其实是看"含心量"（真诚用心的比例），"含心量"高的内容，自然有人来听，有人听得进去。

为什么能有这种效果？除了播客本身的特性，播客也符合时下流行的DTC营销逻辑。DTC就是"直面消费者"，这里有两层含义：第一层是指在销售层面上越过中间商，以直营为特点的模式；第二层就是直接与消费者交流，与他们共创、共建和共享品牌。按照数字商业创新增长顾问唐兴通老师的观点，现在移动互联网的"4C法则"是 Content（内容）、Context（场景）、Community（社群）、Connection（链接），播客便是这种法则的最好体现，也符合DTC的内核。

从内容方面来讲，品牌通过播客可以构建话题，让自己找到和消费者的共同倾向，并更深入地了解消费者的需求、兴趣和期望，从而更好地为他们提供服务和产品。同时，品牌在播客中通过自己理念的阐述、通过 KOL、KOC 的讲述以及对公共议题的探讨等，让消费者有了一个直观的丰满的"人"的形象。这样亲切的高密度的对话在其他媒介中比较少见，难怪有市场营销人士感叹道："现在去哪找一个长达 60 分钟的品牌沟通场景？"

《大食话》的主播月莞柔在参加雀巢品牌活动时也有类似的感受，相较于视频新闻报道或新闻稿，播客的记录会更加松弛，对于听众来说也会更近，经由她的播客，消费者对于雀巢的理解可以很具象，不会那么遥远，会知道一罐咖啡背后有很多不为人知的故事，可以了解咖农的生活状态、咖啡的生长种植和咖啡产品的开发故事。

从场景构建的角度来说，播客带有天然的氛围感，这是因为虽然无法用视觉冲击在短期内取得消费者的关注，**但播客却因天然的真情实感和真实态度触达消费者，与品牌价值建立起更有黏性、更短距离的场景链路**。在此种场景之下，品牌能够将自身最核心的内容精准且高效地传达给消费者，同时又引起消费者的情绪共鸣，与消费者同频共振，与消费者形成更亲密、更稳定、更信任的链接关系。

> 播客是一种基于内容的价值共创模式，这种模式的核心行为是品牌和消费者双方的资源互动与整合。播客营销成功的关键在于通过价值共创模式把握住了信任这一商业化的"硬通货"，立足于价值共创过程中价值观、情感、互动、激励四个基本要素，重建起产消双方的信任关系，基于此实现了双方资源充分和有效的配置，并在情感满足和利益共享的激励作用下，推动价值共创系统的有效循环，进而促进公司实现可持续的商业成功。
>
> ——华东政法大学传播学院副教授　王亚楠

从社群和链接的维度来看，品牌通过播客链接的是一群生活方式推崇者，他们年轻有活力，也热爱生活愿意分享，是天然的KOC，所以播客所属的社群圈层具有强大的影响力和传播性。当品牌透过播客与他们建立起一种亲密的信任关系，就可以逐渐孵化出一个强大的品牌文化，吸引更多的消费者和同圈层的潜在用户。

基于播客的特性和对品牌的价值，CPA认为品牌应该把播客作为一个链接用户、展示品牌力的标配阵地，值得品牌长期耕耘，让这个阵地充满真诚和仪式感，塑造强大的品牌文化。

4.3 关系价值：播客持续构建亲密、信任、有记忆点的深度关系

4.3.1 建立私域的新玩法

越来越多的品牌正在通过播客建立自己的私域，这里的私域不是仅仅指听友群，而是品牌的私域资产或阵地。品牌通过优质播客内容打造自身的IP，链接自己的目标用户和潜在用户，相当于在打造一个私有池，**把听自己播客节目的人群圈定为自己的粉丝，使其成为"XX（节目/品牌）听众"。你可以理解为做品牌播客就是在做品牌的私域。**

> 像LV、耐克、飞书这种品牌做播客，我觉得它们是在拓展自己的私域。我觉得品牌不要把播客作为分发渠道，而是要做一个特别的、有差异的用户阵地。
>
> ——Mars，上海，车企员工

私域强调重构用户关系，播客可以借助声音带来的亲密与信任，来让听友和品牌产生长期且高频的互动关系，形成听众对品牌的黏性。正如《温柔一刀》的主理人刀姐所说：播客对于品牌的作用更多是在长时间的沉浸中，打动用户并建立更长久的链接，潜移默化地完成对品牌形象的塑造。同时，播客还因其内容的多元和场景的丰富，可以把品牌转换成一种生活方式，这种突破声音限制、与众多生活场景的紧密结合也能释放出更多的品牌商业价值。

此外，公司"一号位"的亲自下场，也会让品牌播客更有力量，让私域的资产更上一层楼。"一号位"除了定战略，搭班子，推动业务前进，还有一个重要

工作就是"沟通"。沟通需要精力和时间，需要情绪和状态，需要机会和场景，而播客恰好能提供这样一个高效沟通的平台。广告集团埃培智（Interpublic）旗下调研机构 MAGNA 与 Spotify 发布的报告也显示，**听众对播客节目与播客主理人、主播表现出的热情，要胜过对视频类内容及其出演者表现出的热情**，这是播客区别于其他媒介最有价值也最值得珍视的特点。所以，许多公司的"一号位"也认识到了这一点，开始做播客，并且有点"乐此不疲"。有知有行 app 创始人、《无人知晓》主理人孟岩就曾表示："我发现我写了五年微信公众号没有被催更过，然后我只录了五期播客就被催更了。"

4.3.2　情感价值催生营销

人们喜欢听故事，喜欢在松弛的状态下进行情感交流，播客便提供了这样的渠道，特别是在社交隔离期间，播客听众的规模有了快速增长，这也给品牌营销带来了新的启发。播客建立起品牌和听众之间的亲密链接，意味着听众在认可品牌的情感和内容价值时会更投入、更频繁地互动，这为品牌 ROI 的不断提高提供了基础。

《第一财经周刊》指出，新生代消费者对信息渠道的推广目的具有强烈的识别敏感性。也就是说，当下的新生代消费者对于赞助与推广产品具有敏锐的判断能力。通过焦点小组访谈，我们意识到新生代消费者对"暗广""软广"有着强烈的负向情绪；如果是来自新生代所信赖的群体的营销推广则更容易被接受。**因此，商家在针对新生代消费者宣传产品时，需要注重营销的温度，找到与新生代消费者的情感共鸣。**正如《中国在线音频内容消费市场分析 2022》中写道：**用户依据自身的兴趣爱好、价值观等与播客内容形成情感认同，更易与其构建一个坚实的"情感共同体"。**

例如，寻求与小众群众的共鸣，类似这种基于归属感和情感共鸣的消费是当下市场的蓝海。而播客正是这种情感共鸣最好的引擎之一，播客所构建的故事吸引力靠的不仅是张力，更多的是情绪氛围，大笑、哽咽、沉默等反应背后的真实感，进一步增加了播客主与听众之间的信任度。在一本名为《美好企业》的书中，纽约未来派智库的首席执行官梅琳达·戴维斯（Melinda Davis）阐述了一种全新的营销观点：**品牌的实际差异可能并非来自产品本身，而是如何与消费者的需要合作，以给他们提供情感上的疗愈。**

播客正是承载这种情感疗愈的最佳形式。许多品牌播客不是为了做品牌而做播客，而是针对自己的消费者，挖掘他们背后的动机和需求，从而产出一些有针对性的话题，让品牌和情感产生联结。而这种联结为消费者找到同好或者同圈层提供了便捷的路径，消费者基于这种圈层文化和情感对品牌产生较高的接受度和认同感。这种情感价值即使在人工智能兴起的当下，也不容易被 AI 所取代。

例如，彩瞳品牌 moody 就发起了《moo 中有人》的播客，创新地采用声音纪录片的形式，为用户提供一个精神按摩的空间，与内心的小情绪展开一场场深度对话，收获的也是每个个体的情绪表达，从而在消费者圈层中树立了自己的品牌形象和认知。

播客提供了一个非常独特的兼顾温度与深度的内容场域，让品牌能够借由品牌故事和优质内容与一群高质量用户对话、共创。**情感的联结无疑是做品牌播客的一个"捷径"，催生出品牌营销的价值。**

4.3.3 "冷媒介"的"热效应"

"冷媒介"更有想象力

- **"热媒介"**

传递的信息较为清晰、明确，传播对象在信息接收过程中参与程度低，不需要动员更多感官和联想活动就能理解。

- **"冷媒介"**

传递的信息少而模糊，传播对象在信息接收过程中参与程度高，需要动员多种感官的配合和丰富的想象力。

按照传播学中关于冷热媒介的说法，播客属于一种"冷媒介"。播客为听众提供了一个大脑的"黑盒子"，在引发听觉感官的同时留下无数线索，既是"在场"又是"不在场"。听众在收听播客的同时，也在不断对场景、主播的情感产生想象。

> 如果坐在黑暗的屋子里谈话，
>
> 话语就突然获得新的意义和异常的质感。
>
> 话语的质感甚至比建筑物的质感还要丰富。
>
> ——麦克卢汉《理解媒介：论人的延伸》

除了想象，播客对自身传递的信息也有更多的可能。有研究指出，声音可以传递 27 种不同的情绪，这远高于其他形式；也有研究显示，人们对一个人的印象，7% 来自他所说的内容，38% 来自他说话的语调。已逝的物理学家霍金曾丧失发声能力长达 30 多年，但他仍坚持使用语音合成器和外界沟通。他曾说：**因为只有声音才能够还原本人，只有利用声音才能更深入地沟通。**

信任共鸣提升"记忆点"

播客作为一种数字音频，虽然没有非常强的直观冲击力，但通过**声音可打造出独具特色的"听觉针"效应**，即通过音乐、声音等各种音频形式让主播与听众彼此间产生共鸣，为品牌主打造品牌信息的最小记忆单位，"冷媒介"的播客产生了一种"热效应"。国外的一些研究和统计（NPR 和 Neuro-Insight）已经发现，**播客相较其他媒介具有较高的"记忆点"，也能加深品牌认知和沉淀**（图 4-2）。

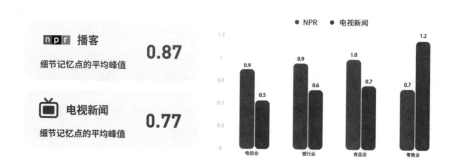

图 4-2　播客和电视关于记忆点的统计对比

Neuro-Insight 和 Spotify 的报告显示，在美国，相比传统的电视机和收音机，数字音频对细节的记忆力都高出 20% 以上（图 4-3）。从英国《卫报》委托 Tapestry 研究公司所做的听众生物特征分析中看，播客的注意力时间（即"当收听播客和广播时，用户的生理唤起程度"）要更优于广播，在广告开始和结束两个节点上，其情绪波动更为明显（图 4-4）。

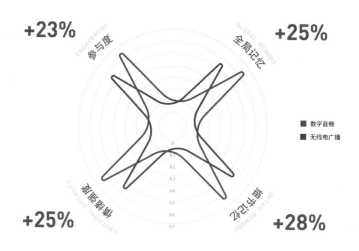

图 4-3　数字音频对人脑活动的影响

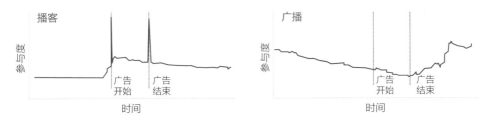

图 4-4 用户收听播客与广播插播广告时的生理兴奋程度

爱迪生研究公司的《2021 年超级听众》报告显示，播客广告是最受欢迎的广告类型。86% 的受访者证实了这一点，这份报告指出，播客广告在消费者心目中的品牌记忆度比展示广告高出 4 倍多。在尼尔森的《2022 年广告效果报告》中也透露了类似的情况，70% 的受访者表示播客广告提高了他们对新产品或新服务的认知度，其中，定制内容更是达到了 82%，足见播客受众对品牌内容的"记忆力"之深。

根据研究，播客带来的直接、深度、双向的对话对消费者产生了强大的影响力。61% 的消费者在听过含有广告的播客节目之后变得更愿意购买相关产品，51% 的消费者认为播客节目曾经影响过他们的消费行为。专业的媒介趋势咨询公司 GWI 也有相应的印证：在播客听众中，约有 13% 通过该渠道发现新的品牌，这个数字要远高于公共交通广告、应用程序或广播广告。

CPA 在听众的调研和访谈中也发现，28.5% 的听众能准确还原播客冠名或植入品牌。这都说明了**拥有想象力和信任度的播客能够构建出更亲密的深度关系，并在沉浸式体验中提升用户对品牌的"记忆点"。**

4.3.4 品牌播客在"种树"

虽然记忆点有所提升，但相比当下流行的"种草"说法，播客显然不会去追求大流量的曝光，而是更多地与有购买力的精准消费者做深入对话，形成新的关系链接，喜马拉雅称之为"种树"：**播客能够将品牌信息像一棵树一样牢牢**

根植于用户心智中。

相比现有的种草模式主打短平快、更追求效率，**播客"种树"则更加重视品牌文化、用户心智与忠诚度的长期建设**，而非只关注短期的转化和销售数据。当所有人都在以 5 秒定律来检测内容爆红指数时，在这个时代也有这么一批人愿意花一小时来聆听你的故事。当然，这也就需要品牌方和创作者深挖深埋，并用长期、大量的内容灌溉，而且"树"一旦种成就会有更加长尾的效应和品牌价值，所以播客能够帮助品牌建立自己的"品牌声音"。

这样说来，最有名的用声音"种树"的"品牌声音"便是英特尔了。在所有电脑的电视广告结尾，都会出现英特尔的标志性 logo（Intel Inside），以及搭配上独特的英特尔五声"噔"旋律——噔，噔噔噔噔，通过声音让消费者知道"英特尔装在里面"。这个聪明的营销策略将这个原本消费者看不见、摸不着的处理器品牌，变得如今几乎人尽皆知。你似乎无法说是被这一串声音"种草"了，也不会因为这声音去冲动消费，但在购买电脑时你会联想到这个声音，联想到这个品牌，有了信任感，这种长期"洗耳"就显示出"种树"的效果了。

一个音频旋律就可以"种树"，更何况高密度的播客内容。况且，品牌和播客的可能性还没被充分挖掘，在各种场景中植入品牌播客的元素，建立与消费者更亲密的链接，为进一步的转化提供可能。比如，将播客内容通过门店、快闪店等场景进行传播，结合城市特色进行推广，等等。也有汽车品牌将播客加入车载音频中，得以在特定场景中持续"种树"；又如，特斯拉推出的品牌播客《极佳电台》，展开陪伴式车内谈话，并分享车主与特斯拉之间的故事，共同搭建出"极佳"的生活态度。

行业组织互动广告局（IAB，Interactive Advertising Bureau）在《2024 年国家音频广告状况报告》中披露，**播客在影响品牌认知（66%）以及告知和教育受众（59%）上发挥着更大的作用**。与数字视频相比，数字音频更多被用于品牌树立，而非销售转化等目标。

总之，品牌播客探索的不是一时的转化，而是长期的品牌价值。**播客具有长效输出及高黏度特性，能真实且精准地触达用户日常生活，为品牌构建起与用户之间最有效的沟通场域，形成真正的渗透，帮助品牌夯实壁垒及信任资产，这是其他媒介所无法比拟的。**

本章小结

播客作为一种特殊的"内容抽屉"，值得品牌重视且实践。首先，播客能够提供深度的内容价值，帮助品牌沉淀属于自己的优质资产，在各个场景和渠道去触达精准用户。其次，播客作为一个链接用户、双向奔赴的阵地，复用性和持续的对话凸显了其渠道价值。最后，播客容易构建亲密、信任的深度关系，也可以被视为品牌的私域，在消费者心中"种树"，进而提升营销价值，正所谓：

内容抽屉藏深意，品牌文化深记忆。

真诚对话连用户，亲密心智渐树立。

第 5 章
不同品牌的播客营销实践

5.1 两种模式和 CPA 原则

5.1.1 哪些品牌在做播客

业内一直把"中文播客元年"说成一个梗，这是因为在 2020—2022 年这三年里，播客呈现出逐年快速增长的态势，形成了完整的播客生态，但有了发展态势不错的生态，然后呢？须知，一个好的内容生态，离不开商业化的加持，有了商业化就可以很好地反哺内容创作，才能让生态更持续、更健康地发展。

2022 年，CPA 喊出了"播客商业化元年"的口号，通过系统梳理播客的商业化动作和各行各业的播客营销案例，颁发 CPA 超频奖，连续多年发布《播客营销白皮书》（图 5-1），我们看到了品牌正在积极拥抱播客这一新阵地，并取得了不错的反响。

关注微信公众号"CPA 中文播客每周精选"，就可以在菜单"白皮书"中获取 2023—2025 年《播客营销白皮书》完整版。

以广告投放、专题定制、品牌冠名等为代表的 ITC 模式（Influence To Consumer）和以品牌播客为代表的 DTC 模式（Direct To Consumer）在播客营销中深入人心，品牌用声音唤醒了新的营销可能（图 5-2）。

图 5-1　CPA 发布《2024 播客营销白皮书》

图 5-2　播客商业化的两种模式

在 ITC 方面，根据行业媒体《播客志》的不完全统计，从 2020 年至 2023 年已至少累计超过 500 个品牌做过播客投放或定制，合作案例每年以翻倍的速度在增长，且有不少品牌在连续或重复投放。

在DTC方面，截至2024年5月，已有超过200个品牌做过品牌播客，其中不乏国际知名品牌和本土大牌，也有不少国潮和新消费品牌的佼佼者，从行业上看已覆盖了快消、生活服务、健康服务等大众熟悉的行当，也有地产、奢侈品、B2B等小众赛道的品牌做了有益的探索，如丧葬品牌"归丛"也推出了品牌播客《灵魂频道》。

5.1.2　DTC：直达用户的魅力

虽说当下短视频大行其道，图文内容也有效率，但品牌做播客仍有其特殊价值，播客这一"内容抽屉"的价值和特征在前文已经有所呈现，这里再分享下《知行小酒馆》主理人雨白总结出的做品牌播客的四种收益。

1. 回馈品牌

播客节目具有长尾效应，即使经过很长时间，早期的内容仍能吸引听众。这种长期的曝光为品牌带来持续的回报，虽然短期内难以计算投入产出比（ROI），但长期来看，播客对品牌的正面影响是显著且经济的。

2. 用户拓新

播客是积累和拓展新用户的有效渠道。通过分享贴近用户需求的内容，播客能够吸引并维系新用户，促进他们了解品牌、购买产品或服务。对于理念相契合的用户群体，播客可以成为链接和转化的重要工具。

3. 吸引人才

播客以较低的成本吸引志同道合的人才。听到播客的人可能因为认同品牌理念而产生加入的愿望，这种方式的人才匹配度可能高于传统招聘。

4．有效沟通

播客为公司高层提供了一种高效的沟通方式。通过播客，公司领导可以清晰地阐述战略、愿景和故事，与内外部利益相关者进行有效沟通。相比一对一的交流，播客能够触及更广泛的听众，并获得即时反馈和互动，从而提高沟通效率。

了解了这么多，作为品牌负责人的你是否也跃跃欲试想做一档属于自己品牌的播客了呢？等等，CPA 基于行业洞察和案例分析，仍然觉得品牌播客是一个有门槛的项目，我们结合实践也梳理了一些关于是否适合做品牌播客的总结。

1．适合做播客的品牌

○ 有价值观、理念或故事的品牌（背后有故事）。

○ 愿意长期和持续创作内容，并能够链接或孵化创作资源的品牌（背后有资源）。

○ 能够搭建一个真实而具体的品牌场景来链接消费者的品牌（背后有场景）。

○ 希望通过使用不同的"内容抽屉"来扩大影响力的品牌（背后有动力）。

2．品牌价值观的内涵

○ 具体化：播客的文本建构能力和生动的事例解构能力，可以帮助品牌清晰、完整地阐释"品牌精神""品牌主张"等抽象内核。

○ 外延化：品牌的价值在于超出产品本身功能性的文化价值、情感价值和社会价值，可以通过对话来呈现品牌的外延性。

○ 同一性：你为播客创建的任何内容都应与现有品牌资产的外观和感觉相关联，以便观众能够识别这种联系。包括播客节目的名称、简介、封面、声标、主播、嘉宾等。

3．创作资源

○ 能围绕品牌主题或行业进行创作的专家，包括品牌的高层（CEO 等）和内部人士。

○ 具有出色的沟通能力和人际交往能力的人，包括那些积极维护你的品牌的人。

4. 消费场景需要考虑的问题

○ 某个产品出现在一个什么样的情境里？

○ 消费者以一种什么样的方式去接触、理解这个产品，并与品牌本身产生互动？

○ 在不同的场景里，消费者以什么样不同的心境触达这个产品？

5. 扩大影响力

○ 内容的扩展：品牌选择播客的话题，需要以本行业和品牌本身为基准，向外发散，延伸到用户的生活的方方面面，需要照顾到年轻群体的新兴趋势。

○ 人群的扩展：通过与嘉宾的交流和碰撞，链接嘉宾所能触达的人群，再通过和听众的持续交流，进一步展现品牌的影响力和魅力。

○ 时间的延展：播客有更长的流通周期，需要定期、稳定更新，构筑长久的品牌影响力。

如果你已经开始尝试做品牌播客，请记得以下的 CPA 原则（首字母正好是 CPA），这是 CPA 面向 DTC 模式的品牌营销所提出的品牌播客创作原则。

核心用户（Core）

用播客这一亲密、可信的内容形式，链接品牌最核心的用户，运营最重要的关系资产。

持续更新（Persistence）

作为持续传递品牌理念的沟通阵地，品牌播客需要长续运营，坚持更新，持续为用户贡献价值，摆脱短期心态。

真诚分享（Authentic）

在 DTC 时代，你需要放下姿态，摆脱"端""装"，与用户进行真诚对话，没有任何道路可以通往真诚，真诚本身就是道路。

2023 年 11 月，CPA 颁发了播客营销专属的超频奖，让更多创作者、品牌分享到播客增长的利益，在新的消费时代下发挥自身的独特价值，并持续健康发展。在 DTC 领域，以下品牌播客获得殊荣（图 5-3）。

图 5-3　CPA 超频奖（DTC）

5.1.3　ITC：信任营销的探索

说完 DTC，我们再简单聊聊 ITC，ITC 主要是广告的各种形式。在 CPA 之前的调研中，我们已经指出听众对这类商业化有很高的包容度，品牌也对投放、定制产生了浓厚兴趣。

我们从创作者的视角来看，不同类型的品牌对于转化率和观众反馈的关注程度存在差异。部分品牌更关注转化率，如美妆、护肤等领域的品牌；而另一些品牌则更加重视观众的反馈和口碑，并不期望播客能带来直接效果，而是通过播客这个阵地拉近和用户的距离，提升品牌形象和潜在影响力，这也迎合了播客的特点——基于信任的关系构建。

德国双心和《半拿铁》的合作就有类似的效果（图 5-4）。德国双心的老板本身就是《半拿铁》的听众，沟通时德国双心会看重播客的内容质量和传播效果，也会通过一些间接的方式来量化转化效果。《半拿铁》是一档商业故事播客，主播刘飞和潇磊通过相声式的演绎把商业故事说"活"了，为此圈了不少粉丝，而这些粉丝又大多对商业、品牌有较好的认知。德国双心是进口保健品，不少听众其实在此之前并不熟悉，而经由两位"说书人"在节目中巧妙地植入，并详细地介绍，让人有了身临其境之感。在 CPA 的听众访谈中，德国双心是在无提示状态下提及最高的非快消品牌之一，听众认为这种植入很巧妙，且基于对主播的认可和信任，会对品牌产生印象和好感，进而消费。

同样，《凹凸电波》作为头部生活对谈播客，拥有超百万忠实听众，其在 2023 年 2 月曾为脱毛仪品牌 Ulike 做过产品推广，在探讨新科技带来的冲击中植入脱毛仪产品，其主理人 TAKO 透露这期节目播放超过 336 万，ROI 达到 3.4，所以后续又与品牌达成了二次合作。

其实从这些简单的案例中，我们不难发现投放播客要基于对播客的规律和特点有所了解，结合播客构建起基于信任的触达，在播客的旷野上找到属于自己的品牌营销之道，这里也分享一下

德国双心 | No.70 🔍
Google 简史 ▶

半拿铁 | 商业沉浮录 〉

128分钟　2023/09/27

主播 | 刘飞 潇磊

- 本期由🖤德国双心🖤赞助播出 -

Doppelherz 双心是德国国民健康品牌，覆盖德国 99% 的零售超市，德国市场占有率第一。

图 5-4　德国双心在《半拿铁》的冠名节目

ITC 模式的 CPA 原则。

融入社区（Community）

这意味着你必须先成为一位播客听众，才能了解播客的独特魅力，以进一步在品牌营销上发挥播客的优势。

保持耐心（Patience）

播客营销不是封闭环境里的洗脑话术，用户的知晓、兴趣到购买转化也不会一蹴而就，保持和匹配的播客合作，提供优质内容，保持耐心，你会看到正反馈。

尝试探索（Adventure）

除了头部播客，还可以尝试探索合作一些成长期的宝藏播客，和节目以及创作者共同成长。

创作者会珍惜最早赏识到其独特才华的品牌，建立一段双向信任关系的最好时候就是现在。

在 ITC 领域，以下品牌播客获得 2023 年 CPA 超频奖（图 5-5）。

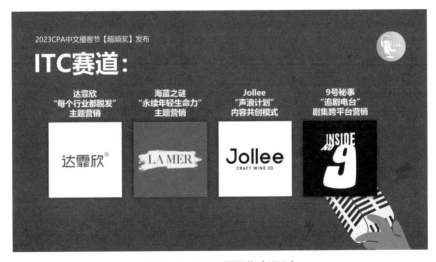

图 5-5　CPA 超频奖（ITC）

图 5-5　CPA 超频奖（ITC）（续）

5.2　播客的 DTC 实践案例

除了以上提及的一些简单案例，CPA 把播客营销中的 DTC 模式细分为了三种类别：主题播客、品牌播客、播客矩阵，并结合具体案例进行呈现和解读，希望对你有所启发。

5.2.1　主题播客

所谓主题播客，就是围绕品牌特定的传播内容，以某一主题，如围绕社会热点、公益、女性成长等内容主题来制作播客节目，一般以季度的形式播出，形成一个或多个系列，这种形式对于品牌来说更新压力较小，成本也较为可控。

■ **路易威登**——— [EXTENDED] ———))

以前所未有的方式呈现路易威登的品牌精神，深度展现品牌的多方视角，邀请听众们与各行业艺术创意者们共同经历一段动听之旅。

City Walk 玩出了高端范儿

在播客商业化元年（2022年）之后，包括奢侈品品牌在内的众多品牌开始重视用播客流量创造自己和用户链接点，制作与特定兴趣圈层相关的主题播客，这让品牌做播客成了一种"显学"。

2023年，City Walk风靡申城，《路易威登城市指南》上海特辑在同年10月发布。乘着这股东风，LV不仅在上海开设"侬好，上海"限时空间，更在小宇宙app上推出首个品牌中文播客《路易威登[EXTENDED]》，势必要把City Walk玩出高端范儿（图5-6）。

图5-6 路易威登推出独家中文播客

挖掘品牌核心，传递品牌精神

其实一直以来，LV品牌的核心就是旅行精神。所以借由上海专辑的发布，LV通过邀请作家金宇澄、食评家殳俏、演员马伊琍、时尚博主龚琳轩等来自各行各业的创作者展开对话，用极具人文关怀和本土风情的"烟火气息"内容，拉近与消费者之间的情感关系，仿佛制作了一部播客版"繁花"。

为了官方品牌的内容，LV 在小宇宙站内开展了品牌开屏及相关资源的合作，特别上线了定制版本的主页功能。更值得一提的是，LV 还把播客的玩法拓展到了线下，把声音媒介加入了品牌文化体验套餐。《路易威登 [EXTENDED]》第一集《在上海丨跟随苏州河，记忆 1990》中，年过 70 岁的作家金宇澄和"70后"作家棉棉分享了他们记忆中的苏州河，在娓娓道来的故事里，穿越时光感受上海的魅力。

助力品牌文化的长期建设

"品牌在地化"是近两年频繁被提及的词汇，但真正能做到这一点，且不会让本地消费者觉得"水土不服"的案例并不多。LV 这次的动作之所以能够引发人们的好评，就在于它真正地将品牌与地区文化结合了起来，而不是浮于表面。

结合线上播客与线下空间，LV 提供了一条深度探索上海的旅行路线。如果说限时空间还算常规操作，那么 LV 开始做播客，则代表了对于品牌文化长期建设的重视，LV 用播客进行文化营销，无异于是一次与中国消费者真诚对话的尝试。

把探索城市融入品牌主张的《路易威登 [EXTENDED]》在 2023 年成为现象级的品牌播客，在小宇宙 app 上前五期播放量突破 20 万，让众多品牌看到了播客的魅力，也成了品牌播客的优秀示范，被纳入 CPA《2024 播客营销白皮书》的 DTC 营销案例，也获得 CPA 超频奖，在播客界"遥遥领先"。

CPA 点评

高奢大牌如何恰当地展开播客营销？作为 2023 年品牌界的现象级播客，《路易威登［EXTENDED］》从《路易威登城市指南》上海特辑出发，与各个行业的创意工作者展开对话，将城市特色融入品牌主张，并结合视觉手段和空间融合，让内容既创造了共鸣又形成了"仰视感"，也形成了标杆式的 DTC 示范。

■ 天津万象城——沸腾客厅))

《沸腾客厅》是商业地产天津万象城的官方播客，在这里，您将听见充满质感的生活场景、人物故事，听见这些鲜亮明快的年轻与活力，听见一座"城"的声音。

我们希望将商业新物种、品牌故事、生活新方式，以轻松、有趣、充满故事性的形式，分享给喜欢新鲜事物、新鲜生活方式、乐于尝试新消费体验的都市"活力酵母"。

我们会对话商业意见领袖、设计师、艺术家、文化达人，也会邀请新锐品牌主理人、生活方式博主、播客主播，分享轻松好玩儿的生活态度、独立见解。为创意者、创作者发声，传播耳目一新的文化体验。

搭建播客的"客厅"

越来越多的企业、品牌方希望通过播客这一新兴媒介进行品牌营销，作为媒介本身，播客也遇到了如何为自身进行品牌营销的难题。为了触达更多听众，多数播客采用了"拉"听友的思路，即面向已经有收听经验的听众、迎合听众口味、不断优化节目内容，用精彩内容来把听众拉进节目。

而播客《沸腾客厅》则给出了令人惊叹的新答案：在一线城市天津的高端购物中心里，创建一间长期运营的播客文化展厅，以线下展和线上播客相结合的方式，主动把以"城市生活"为主题的优质播客节目推给听众，尤其是从未接触过播客的新听众，仿佛打造了一个公共的"播客客厅"。

听着播客去逛商场

具体而言，在天津万象城这一高品质购物中心里，长期、持续地运营线下播客文化展，用线下扫二维码收听节目的形式，从天津万象城每天庞大的客流量中吸引播客听众。同时，每次更换展览主题、选出参展播客后，也会同步在

《沸腾客厅》播客中录制一期推荐播客的混剪节目，吸引线上听众到线下参观。

为了让这一形式能够持续提供新鲜感，《沸腾客厅》以月为单位，策划不同的播客文化主题。每期主题都将展示同类型的 5 档播客，每档都可以扫码订阅或收听（图 5-7）。声湃及《津津乐道》播客的创始人朱峰介绍道，"利用线下热点去帮助播客破圈，同时也帮助购物中心进行品牌营销。这种思路看似只是改变了推和拉的方向，实际上利用了购物中心和播客二者的自身优势，把单向导流变成了不断累积的正反馈，真正创造出了 1+1>2 的品牌营销效果"。

图 5-7　《沸腾客厅》在天津万象城的展示

第一期《沸腾客厅》发布后，扫码收听有数百次（不含直接搜索等途径）。如果你是小宇宙 app 的用户，翻看曾经参展的播客，还会发现某期节目评论区中，惊现因播客展路转粉的听众，其中多是入坑播客的全新听众。《沸腾客厅》播客上线仅半年，已多次登上 Apple 播客首页，被官方推荐，而且有几期节目全网播放量突破 10 万，成就了一种新的线下商业空间的传播示范。

CPA 点评

　　将商业新物种、品牌故事、生活新方式以轻松、有趣的"城市生活"主题在线上线下展现。《沸腾客厅》不但为播客商业化给出了一个意想不到的答案，更是为多元化发展中文播客探索了新的可能性。

5.2.2　品牌播客

　　所谓品牌播客，就是指品牌与专业播客制作团队合作，或自建播客团队，打造持续更新的品牌电台，将播客视为品牌直接与用户对话的渠道之一。这类 DTC 的播客营销需要品牌投入较多的时间、精力和预算。

　　前文提过了一些做品牌播客的必要准备，以及品牌播客的价值逻辑，接下来我们一起看看各行各业的品牌是如何通过播客打造影响力的，这些行业包含了快消、奢侈品、知识服务、生活服务、金融及咨询、地产业、健康服务、To B 业务等细分领域。

快消品牌

■ **耐克——耐听**))》

《耐听》是耐克一档全新的播客栏目。来这儿做客的，不仅有职业运动员、各类运动爱好者，有博古通今的学院派，也有各领域的 OG（在特定领域有影响力的人），我们会一起聊聊运动带来的一切。从潮流到竞技，从山野到 CBD，有运动的地方就有我们的场边席。

　　⊖　快消品牌包含鞋服、饰品、化妆用品、日化用品等品牌。更多快消品牌案例可关注微信公众号"播客志"，回复"美妆""消费"获取。

认可播客，顺势而为

耐克作为知名的运动品牌，其在新媒体上的动作一直备受关注，尤其在播客领域，耐克的全球团队一直在做播客，如关注"大健身"领域的《Trained》、关注运动员心理健康的《No Off-Season》、关注女性运动的《Fenom Effect》等，这说明耐克在全球是认可播客这种媒介渠道的。

但在耐克做播客之前，中文播客中鲜有运动品牌出品运动类的播客节目，耐克作为追求用运动链接用户且有运动态度的伟大品牌，进军中文播客是顺势而为。

耐克大中华区市场副总裁伍茜表示，耐克一直致力于尝试用各种传播方式与年轻人沟通，从而为他们提供创新的装备与激励人心的内容。"我们通过娓娓道来的陪伴式讲述，能深度传递运动员们的故事，希望让更多人爱上运动以及运动所能带来的一切。"

用专业的感性占据 Z 世代的心智

耐克观察到中文播客听众有在通勤、跑步、散步、健身等时长期收听播客的习惯，并且对运动已有一定的认知，耐克作为运动品牌与这些听众的需求特别契合，于是抓住这些听众的息屏时间来探讨体育运动话题再合适不过了。

同时，耐克有丰富的体育故事、人物、社群等资源，但通过和制作公司的探讨，耐听选择了更柔性的方式做中文播客，即耐克选择了故事风格来输出运动文化的内容，从专业运动员延展到草根运动员，耐克希望通过讲述由运动延展开的场外一系列内容，利用播客的情感联结属性，让消费者以最私人化的方式接触耐克和这些有影响力的人，将听众拉进耐克的生态系统中。只有当消费者认同并深入参与到企业价值中去，品牌才能得到更长远的发展。

在具体操作上，《耐听》采取了以一位主持人、多位嘉宾的圆桌探讨为主的形式，邀请两类人群——专业运动员和相关从业者（如健身房老板、体育新闻记者、体育用品设计师）分享个人故事和专业知识，探索如社会话题、日常生活方式等更广泛的领域，深化品牌与运动者之间的关系，推动运动融入日常生活。第一期邀请了女足国家队门将赵丽娜，讲述其和运动（不止足球）的精彩故事，而后进入攀岩、骑行、健身等当下年轻人最关注的运动项目。

在平台选择上，《耐听》率先在苹果播客、小宇宙 app 上线，希望通过这两个平台召唤年轻听众，并扩展其品牌粉丝的用户心智，创造出一个专属的内容消费场景，拉近和 Z 世代社群的关系。

沉淀"耐克"式的品牌故事

播客界著名主播且曾在体育潮流媒体工作的肥杰以及专业运动员的入局增添了极大的营销势能，加上耐克自带的品牌势能，节目一经上线，就引发了各种商业、体育类媒体和自媒体的关注。从节目留言中可以看出，受众对于耐克"专业"的印象再度加深，对于耐克加入播客世界感到"惊喜"和"期待"。自节目播出以来，留言区提及耐克的关键词为：创新、精彩、惊喜、主题很好、有格局、期待、选题好等正面词汇，提升了品牌形象。

截至 2024 年 8 月，《耐听》已经更新到第五季，看得出来耐克对中文播客颇为认可，并且在持续投入。耐克从泛生活方式的角度阐释运动，挖掘运动背后的人物和故事，制定了丰富多样的议题，引发运动爱好者的讨论，听众在讨论互动中接纳并认同品牌故事和品牌价值，形成联系紧密的体育爱好者社群。《耐听》用播客进一步拓展了耐克所代表的运动消费场景，更强化了品牌与消费者的联系。

耐克作为积极拥抱 DTC 的品牌，在 2020 年推出 CDA（Consumer Direct Acceleration）计划，并不断更新、推广其自有 app —— Nike 及 SNKRS 中国，加速品牌数字化建设。持续运营各平台、填充有耐克特色的品牌内容会是耐克重要的任务，而播客还会在其中扮演重要角色，用播客来加强与消费者联系的紧密性、讲述"耐克"式的品牌故事，沉淀品牌价值。

　　持续发声，聚焦运动，用生活诠释运动，用故事沉淀品牌，耐克做出了耐听的效果。同样，耐克给我们做播客的启示也印证了他们的口号——Just do it！

■ Patagonia——巴塔客 Patagoniac ——⟩⟩

漫谈户外文化以及 Patagonia 装备产品，时常邀请户外圈的朋友和跨界嘉宾做客，一起来聆听那些有意思的人和事。

最酷的公司当然要做最酷的媒体

　　Patagonia 被称为"地球上最酷的公司"，"Patagonia"的寓意为"遥远、有趣又充满冒险"，源于创始人 Chouinard 的一次登山经历。虽然 Patagonia 把登山、攀岩、冲浪、潜水、越野、飞钓作为自身核心经营领域，但 Patagonia 从建立之初就将环保放在第一位，用 Chouinard 自己的话来讲即"Patagonia 首先是一个环保公司，然后才是一个户外用品公司"。

　　提出环保和可持续理念的品牌其实并不少见，然而像 Patagonia 这样将环保和可持续理念贯彻始终的品牌却是少之又少，甚至每当各个品牌忙着在购物节大肆推销自己的产品时，Patagonia 却喜欢做一波反向操作——倡导消费者不买。时至今日，Patagonia 在气候变化问题上已经投入了几十年的时间和上千万美元的资金，开展并推广了公益企业运动。2022 年，Patagonia 提出了"地球是我们唯一的股东"的口号。

　　基于 Patagonia 自诞生之初就坚定的环保至上价值观导向，将商业当成是实现环保的一个路径，Patagonia 放弃了使用广告进行推销，而是更多借助品牌的影响力传达冒险、环保的理念。Patagonia 通过产品、故事、环保活动来进行价值观的传递，比如，在商品购买页面传递相关信息，拍摄纪录片，出版书籍，支持甚至发起各种环保活动……并不断重复以上方式，加深影响力。

2006 年，经过对户外品牌几年的探索，曾维刚把 Patagonia 正式引进中国。为了能更好地扎根国内社群，把户外运动变成一种生活方式，以此为中心来构建顾客的工作与生活，传递环保的品牌价值观，曾维刚非常重视与社群进行内容层面的交流与对话。

Patagonia 不仅坚决不外包，亲力亲为组织社群活动，还组织电影拍摄、分享会、岩壁与海滩的电影放映，也会通过电影、播客或微信公众号，来讨论运动、环境等公共议题。《巴塔客 Patagoniac》正是 Patagonia 借助播客这一平台与用户建立深度沟通、内容分享的重要渠道。

打造个体叙事的真实力量

Patagonia 作为一个坚持环保的户外运动品牌，户外文化与环保议题正是其品牌播客的核心话题，在这个话题范围内，Patagonia 坚持内容至上、持续对话的原则，期望与用户构建起深度、亲密的关系。

《巴塔客 Patagoniac》主要就冲浪、攀岩、飞盘、潜水、飞钓等户外运动经历，环保议题和社群活动三大方面邀请嘉宾进行分享，为听众带来相关有趣故事的同时，输出环保理念与生活方式。播客作为一个优质内容创作平台，"陪伴、真诚、信任、反说教"是其最重要的特点，品牌播客在此基础上又多了一层特殊的意味——代表品牌的听觉形象。

《巴塔客 Patagoniac》注意到了个体叙事的真实力量，打造个体叙事，以此来探索与用户的精神共鸣。在当下这个强调个性化的时代，相比宏大的叙事，人们更关注个体的故事，并从中吸收经验与灵感。比如，在第 42 期"攀岩很酷"中，邀请到了攀岩摄影师大闯分享自己与攀岩的故事，令人印象深刻。

《巴塔客 Patagoniac》不仅会分享户外生活方式和文化，还会分享员工的故事和产品理念，会和大家解构、讨论 Patagonia 的某件产品，探索服装的面料来源，如最为经典的摇粒绒"Snap T"背后的故事、由渔网回收而来的帽檐材料 Netplus 等，曾经也就"地球是我们唯一的股东"做了解读。

成就品牌文化向上的力量

2021 年 2 月就入局播客的 Patagonia 如今已累积了上百万的播放量，算是快消品牌中最早的、也是最受大众欢迎的播客之一。这成绩的背后还是有赖于 Patagonia 在播客制作上的尽心尽力，把话题、嘉宾、主持人三者完美融合，在播客中将 Patagonia 原本较为抽象的品牌文化拟人化、形象化地表达出来，不仅拉近了与听众的距离，更在一种有温度的陪伴下，更加有效且自然地传达品牌精神内核与保护环境的向上力量，值得所有倡导文化理念的品牌学习。

CPA 点评

对于有着扎实文化基础的品牌来讲，品牌播客可以进一步放大这些"背后"的故事，与用户建立起更深的情感联系，引导听众在放松身心、获取知识的同时，慢慢走近企业、品牌，做播客也可以很酷！

■ YIN 隐——有点上瘾 ——————))

YIN 隐理想中的"上瘾"，是知晓边界，带着克制去喜欢或爱。每期节目，我们都会挑选一瓶酒，分享生活方式、对事物的热爱与深度的思考，边饮边聊完话题，享受微醺的同时，保持清醒。

声音传播的价值被低估了

"YIN 隐"是 Ayur 在 2014 年创立的珠宝工作室，到 2019 年正式开始品牌化运作。在这之前，Ayur 有过广告公司的工作经历，在给客户做整合营销方案时，她逐渐意识到了声音乃至音乐在品牌传播中的重要性，也听到投资人好友录制的一档播客《迟早更新》，好友表示，"声音传播的价值其实是被远远低估了"。于是，Ayur 内心想做播客的种子开始生根发芽。

从 2020 年的中文播客元年开始，到 2022 年播客商业化元年，对用户的教育已经做得比较成熟，播客的制作水平也大幅提升，这让 Ayur 找到了落实品牌播客愿望的契机。2022 年 1 月，《有点上瘾》上线小宇宙 app。

可以拉新超级用户的触点

"YIN 隐"没有将《有点上瘾》定位为垂直于珠宝文化的播客节目，而是将其作为展现 YIN 隐同温层用户的文化态度和生活方式的载体，是一个可以拉新超级用户的触点。

Ayur 一早便意识到了"人群"对品牌的价值。在做《有点上瘾》这档品牌播客之前，YIN 隐先是在微信公众号开辟过一个名为《穿金戴 YIN》的栏目，在社群中找到有趣且品牌忠诚度高的用户，通过挖掘他们的生活状态、生活方式，来表达品牌与人之间志趣的结合。

这种挖掘人群和品牌关系的思路也延续到了《有点上瘾》播客中——以人的视角，带出各领域的见解与干货，从而找到与品牌或产品的契合点，而非直接从产品视角切入内容。

总结来说，《有点上瘾》在选题上主要有三个方向：一是与节日相关的策划，如第一期节目是关于送礼物的主题，恰好赶在春节档口；二是与 YIN 隐的产品相关，YIN 隐上新了以"弈"为主题的围棋元素产品，节目便邀请来一位自幼学棋的嘉宾，聊有关围棋和成长的故事；三是源自诸如七夕档期的品牌年度传播规划主题"理想之爱"，来自 YIN 隐用户群体的时尚博主、互联网高管、咨询顾问、创始人参与了亲密关系话题的讨论。

这三种选题策划角度，都契合了 YIN 隐这个品牌和用户之间链接的价值取向。此前 YIN 隐用过一个口号，叫"我的金色文身"，这背后既暗含了金饰产品永不褪色的特点，也对应到了 YIN 隐在营销过程中，强调用故事承载用户深厚的情感价值。

成为营销取向的品牌表达

在现阶段，播客是能够托起 YIN 隐营销取向的媒介。销售转化不是播客的目的，令 Ayur 欣慰的是，播客就是她一直在寻找的那个比图片、图文微信公众号更新颖、更能有效连接用户的媒体形式，如今能稳定地在营销预算中占有一席之地。《有点上瘾》也在计划与更多的品牌播客、泛文化播客合作，探索播客营销新的可能。

CPA 点评

"对品牌来说，声音是种强大的可以穿越周期的资产。并且对同温层人群，有着强烈的吸引。"这是 Ayur 对品牌播客的认知，她也在持续地创造与超级用户的共鸣触点，播客的确也能让人上瘾！

■ moody——moo 中有人))

《moo 中有人》是由彩瞳品牌 moody 推出的一档播客节目，从"彩瞳"出发，却不止于"彩瞳"。

节目希望创造一个小世界，建构独属于 moody 的时尚美学，"看见"不同人眼中对美的理解。同时，也希望让生活中那些被忽视的"小情绪"被"看见"，为情绪表达创造一个充满安全感不会被评判的环境，让情绪背后的人们不再是"画像"，而是"鲜活的人"。

愿你我因为相同的情绪而共振，因为不同的情绪而吸引。

用播客做情绪共振

moody 作为一个新潮的彩瞳品牌，在新消费的赛道上异军突起，获得了广泛认可。在快速发展的同时，moody 也收到了大量来自消费者的反馈，其中有个有趣的共性是，很多人觉得 moody 是一个"有情绪的品牌"。公关出身的高高通过几次播客的体验，看到了播客的价值，同时也看到公司内部员工的年轻化，所以希望借助播客这个年轻的媒介让大家可以更勇敢地去表达自己的内心，不只是做别人家的孩子或者社会规训下正确的样子。

高高说："在我看来播客比较像内啡肽，更碎片化内容的平台比较像多巴胺，两者会带给大家不同的快乐和愉悦感。播客作为一个深度长音频内容，很多时候需要去跟用户建立的是一种更深度的关系。它有一定的门槛，可能没有办法同频的人不会选择留下来，但是留下来的是能和你的节目或者品牌产生更深度联结的人。"

2022 年，moody 创始人慈然曾受邀参加两期播客节目（《组织进化论》和《温柔一刀》）的录制，分享了他的个人故事和对于情绪的看法，很多听众在评论区留言表示创始人很真诚、更深入了解 moody 了、想加入 moody、对品牌更爱了等。基于这些反馈，moody 开设了一个同样很有情绪共振的播客节目《moo 中有人》，把更多的小态度和主张向世界去传达，希望播客伴随品牌一起，去见证成长，收获更多用户的链接。

mood of the day 成"点睛"之笔

moody 的直译是情绪化，在很多人的理解中"情绪化"是一个偏负面的词汇，但 moody 认为情绪是多元且细腻的，没有好坏之分。moody 希望与消费者一起去理解、去勇于接纳自己不同的情绪，而不是去抑制它，品牌希望看到情绪背后的人，所以取名叫作《moo 中有人》。

在主播形式上，高高觉得品牌播客中的主播不应该凌驾于品牌之上，主播可能更像品牌播客的放大器，所以《moo 中有人》采用的是多主播形式，借由不同年龄、性格迥异的主播，把有趣的感性和富有理想的创造性地结合起来，让品牌传递的内涵用更多面化的形式去展现。

在内容模式上，moody 还独创了"mood of the day 一日纪录片 + 番外访谈"的形式，在第 2 期就带领大家沉浸式感受一天 24 小时的微小治愈瞬间。《moo 中有人》希望"看见"人们外在、内心和精神上的三重世界。让听众真实代入别人的一天的同时，也传递出不是只有"大"的情绪才值得被表达，只有允许小情绪的发生，才能让每一个人都活得更加鲜活。愿你我因为相同的情绪而共振，因为不同的情绪而吸引。

在选题上，moody 其实不设限，一直在探索属于自己的情绪，但有一点是肯定的，moody 没有把内容和销售做强相关，没有转化要求，一开始就追求一种纯粹，而这种纯粹反而能带来更多的启发、收获更多的情绪价值。

在前 14 期尝试了与社会"小"情绪相关的内容后，从第 15 期开始，《moo 中有人》开始挖掘其主营业务彩瞳中所蕴含的"宝藏"。从"彩瞳"出发，但不止于"彩瞳"，旨在通过"彩瞳"这个小小的载体，"看见"不同人对美的理解，"看见"不同人背后的小情绪。

小情绪释放大价值

《moo 中有人》上线后，获得了广泛的关注，收获了良好的反馈。屡次被小宇宙 app 推荐，在网易云音乐平台单期最高播放达 5 万。在行业影响力方面，《moo 中有人》获得 CPA2023 中文播客奖，入选 CPA《2024 播客营销白皮书》DTC 案例，成为"胖鲸"品牌商业叙事奖文化价值板块年度案例。

除了品牌播客的内容深耕外，moody 在播客平台也不断尝试多种破圈方式。2023 年 12 月，moody 品牌播客《moo 中有人》联合 7 档播客栏目共同探讨"Glow Moment 发光时刻"，除了成为大家的"点睛"一笔，moody 更希望唤起大家内心深处的自我认可。

CPA 点评

moody 深谙"小"即是"大"，用小媒介、小情绪、小载体构建了一个大世界。节目独创的纪录片＋访谈的声音形式，在沉浸中链接起人们外在、内心和精神上的三重世界。

■ 闻献——闻献好香 ─────────── 》》》

《闻献好香》是中国高端香水品牌闻献创作的一系列由香水和气味引发的故事会。

闻献好香，听得见的味道。

老板亲自做播客

闻献成立于 2021 年，主要通过线下直营门店销售高品质香水香氛个护产品，2022 年成为首个获得欧莱雅少数股权投资的中国品牌。闻献所有品牌内容皆由一个 20 多人的团队共创而成，包含产品研发设计、空间设计、视觉平面设计、零售服务体验等。

闻献的主理人孟老板希望通过播客这个媒介，与更多志同道合的朋友分享品牌成长过程中的错误和反思、洞察和机会，一起探讨商业背后一个个鲜活有趣的灵魂。他们为什么这么做，怎么做到的，还可以怎么做得更好？有趣的是，这档播客原来叫《老板来电》，如今进阶，不变的是孟老板的亲自上阵，也凸显了"一号位"对品牌播客建设的重要性。

面向创业者的品牌叙事

在头几期节目里，老板孟昭然分别与闻献的销售负责人、闻献书室的主理人、闻献的设计师、闻献不同门店的店长和副店长进行对话，甚至还邀请了门店所在物业方招商的负责人。通过这些播客节目，孟昭然既向外界展示了公司不同部门的负责人和不同角色的扮演者，也通过鲜活的谈话让内部员工、外部合作伙伴以及潜在的候选人更加直观地了解闻献到底是一家什么样的公司。就像他们在简介里说的：闻献的创意人们通过对生活的敏锐感知与观察，结合现代美学设计手段呈现令人过鼻不忘的气味体验，并向世界传播新一代的中国品牌力。

不止在线上产生共鸣

这种期待用文化吸引同频人的理念是典型的品牌播客的目标，闻献甚至在刻意地去品牌化，只有走近的人才能认知，并产生共鸣和信任，这的确给了我们新的启发。

无独有偶，闻献还特别擅长构建场景，开设了上海愚园书室和杭州富春书室。"除了咖啡和酒，美丽的中国街道还可以多一些文化和美学，多一些安静和沉淀，多一些简单和温暖。"这是孟昭然朋友圈里的一段话，这反映了这位老板的理念和心态，闻献团队将会把"闻献书室"打造成社区文化商业可持续长期发展的一部分，也会成为品牌发展的一部分。

CPA 点评

品牌创始人或"一号位"对于品牌文化有自己的见解，通过播客可以传递给更多同道中人，和搭建长期社区文化场景一样，播客也成了闻献品牌的一部分。

奢侈品品牌

■ GIADA——岩中花述))

本节目是由意大利品牌 GIADA 为 GIADA WOMAN 推出的一档播客节目。见识过世界也体味过生活的 GIADA WOMAN 聚集在这里进行自由表达，交流人生思考，讨论专属于这个人生阶段的女性议题，传递出坚韧与温柔并存的女性力量。

关切女性主题的高奢品牌

提起能把知性优雅融入服饰设计的服饰品牌，意大利高奢品牌 GIADA 可谓极具代表性了。柔和与坚韧融合，简约中带着利落，诠释着女性的独立气质之美。

作为面向成熟女性的奢侈品品牌，女性议题自然是 GIADA 应有的主流话题，而播客也是最合适的发声渠道。智慧女性富有哲思的对谈会让人回味无穷，GIADA 想通过对女性持续且深切的关怀，让品牌的 GIADA WOMAN 概念成为潜在用户可理解并认同的群体标签。

塑造 GIADA WOMAN

于是，GIADA 和诞生于英国的文学与社会期刊 Tatler 一同走入播客的世界，这里的成熟无关年龄，而是拥有自我认知的女性群体，如岩石缝隙中绽放开出的岩中花，坚韧与温柔并存。

《岩中花述》这个播客名字背后有着美好的寓意，这是取自王阳明先生的《传习录》中的一个关于"岩中花树"的故事。藏在岩石中的花树，没看到它之前，你无法想象它的样子。当你走入深山注意到它时，你便忘不了这一抹别致的存在。抛去哲学层面的解释，你可以将其理解为你的内心，而你的内心决定你看到与走入的世界。

《岩中花述》持续聚焦见识过世界、体味过生活的 GIADA WOMAN。从第一季到第四季，先后由史秀雄、马家辉、陈鲁豫等做节目主持。每季保持 9 集的内容体量，节目的主题也围绕"女性主义"，与许许多多独立女性榜样畅谈。节目都以对话展开，主持人对话不同嘉宾，这营造出了播客社群的流动感。每一个精彩对话的后面都是一个自然、真实的人生故事，这些女性声音与 GIADA Lady 的精神打动了广大听众。

播客本身便是具有情感温度的内容形态，虽然 GIADA 也在评论区和粉丝积极互动，但评论区提供给听众的公共领域的"二次创作"远不能满足社群性质的链接。如上文提到的，GIADA 自身便十分在乎其客户社群的运营，因此听友社群自然也不能"放过"。

播客高质量的节目内容与更新频率之间存在着一定的矛盾，而听友社群能够较好地解决该问题，留住每一季《岩中花述》积累的粉丝，给粉丝强烈的归属感。此外，听友社群也能更好地助力 GIADA 传播自身的品牌理念，将听友转化为客户。

占据主题心智，沉淀品牌资产

截至 2024 年 10 月，《岩中花述》已制作了六季，在小宇宙 app 上收获了超过 40 万的听众，而且无论是 GIADA 所邀请的各行各业的嘉宾还是话题讨论，都获得了很多听众的好评。有网友评论听完播客节目的感受是"没有营销痕迹，但对品牌好感倍增"。这也达到了第一期节目中，GIADA 大中华区副总经理何知非开设播客的目标：在没有线下活动时，也能和客户紧密沟通。门店的收银台都摆放着《岩中花述》，这说明这档播客已经变成了 GIADA 挺引以为傲的内容资产。

CPA 点评

GIADA 在特定主题上的持续发力，拉近了与女性消费者的距离。GIADA 聚焦听友私域的运营，UGC 在社交媒体上也持续发酵，这为 GIADA 品牌找到了新的破圈方式，成为最值得借鉴的主题播客营销案例之一。

知识服务品牌

■ 中信出版・大方——跳岛 FM ——))
《跳岛 FM》是一档文学播客，一份可以听的文学杂志。

发现适合自己的"跳岛"模式

文化出版行业在以往的传播中，会输出强有力的信息与观点，以树立自己品牌的专业形象，但在微信、抖音的碎片化生态中，短平快的内容并不能充分展示其品牌价值，有时反而使自身埋没于纷乱的信息汪洋中。如何从新的媒介渠道突破，找到属于自己的受众，建立自己恰当的品牌形象并提升知名度，便是当务之急。

2019 年，中信出版·大方在探索新媒体方向时，发现短视频成本较高，且当时的抖音用户群体与自己的产品匹配度不高，又错过了微信公众号的"风口"，于是发现播客可能是适合自己的一个新媒介渠道。

"在今天这样一个众生喧哗的时代，专家、商界精英、明星发声很多，作家和评论家不多，他们需要有一个发声场。播客不是讲课，是交谈，有浓度有质感的交谈。许多嘉宾表示，自己更在意聊天的内容而不是听众的反应，这其实是发挥话题本身的可讨论性，形成一种公共氛围。"在中信出版·大方总经理蔡欣看来，播客有一种非常自由、独立的精神：自由发声、公共讨论、独立思考。这一点与知识付费以及其他的声音内容产品都不太一样。

至此，中信出版·大方开启了"跳岛"模式，"跳岛"一名源于岛屿爱好者的旅行方式 island-hopping（从一个岛到另一个岛的漫游），寓意是听众如跳跃于岛屿之间，在文学世界中作思想旅行，中信出版·大方也希望文学播客能连接起更多的孤岛。

一本可以听的"杂志"

《跳岛 FM》于 2020 年 3 月 31 日上线，播客从每期不同的作家或者图书出发，延伸开去探讨生活中和社会上不同的文化思潮，涉及文化、文学、艺术等方方面面。

跳岛既然是可以听的"杂志"，那也可以有专栏。跳岛运用互联网思维，给播客"设计和规划不同的专栏，作为子品牌去开发和推出专栏主播"，这样既避免了重运营的风险，给了听众更多选择，也是突破无固定主播瓶颈的不错选择，在适当的时候还可以孵化出新的播客节目。

比如，"沙仑的玫瑰"专栏原本是复旦大学三位青年教师的沙龙——德文系姜林静、法文系陈杰、英文系包慧怡，三人成局，以比较文学的视角，讨论文学史上的典型形象，已聊过莎士比亚、波德莱尔、歌德，继而论教师、论疯子、论肺科病人，主打悠闲、精致、小趣味。其实三人2020年在上海译文出版社就已经出了同名书《沙仑的玫瑰：英法德三语文学和绘画中的经典意象》，重新转换成声音输出，以及挖掘文学、历史、艺术上的边角料，专业的垂直甚至有点生僻的内容也能俘获听众的心。

再如，"私人阅读史"是文学评论人方岩主持的阅读体验对谈栏目，虽然主播的口音很有辨识度，但主持人着力挖掘嘉宾的阅读心理、品味、动机以及对时代的追问的那股劲头，很吸引人，也收获了不少听众的正向反馈。

除了定义"声音杂志"，中信出版集团还在探索"声音出版"，在2023年第五届PodFest China中文播客大会上，中信出版集团首次发布"声音出版：聚合新一代创作者"，未来将声音也作为一种出版形式，形成以"人"为创作核心的全新内容创作和出版模式。希望像B站发掘出罗翔，得到发掘出薛兆丰一样，在播客这个声音内容赛道也挖掘出新的创作者和新的内容作品。

作为一个文学出版品牌，中信出版·大方也继续尝试新的播客形式——叙事播客。叙事播客在播客界不算新类型，但在中文播客世界里，仍属于待开发的处女地。在《汉水的身世》图书出版之后，中信出版·大方与MoreDisco"摩的士高声音实验室"联合策划出品了中文世界首档图书同名衍生叙事播客（图5-8），作家袁凌与历史学家、小说家、老船工、移民等6位汉江子民探寻汉江的声音故事，这一档叙事播客还有自己专属的主题音乐。在复旦大学历史系教授侯杨方《这才是丝绸之路》新书出版之后，中信出版·大方策划出品了同名的行走叙事播客，记录作者侯杨方行走丝绸之路的声音内容。让声音和出版物融在一起，打造出具有更大影响力的内容 IP。

图 5-8　中信出版·大方出品的叙事类播客《汉水的身世》

给出版品牌带来新价值

如今，《跳岛 FM》已成为头部文学类播客，仅在小宇宙 app 就坐拥近 30 万的订阅听众，全网超过 50 万粉丝。强化了外界对品牌的认知，建立了自有的内容渠道，收获了忠实的粉丝，打造出"刷耳"现象。叙事播客《汉水的身世》也在苹果播客上突破 10 万收听量。

除了数据能验证出版机构做播客的可行性，来自听众的真实反馈也更直观，对品牌也更有价值。有一个资深听众是这样理解《跳岛 FM》的：跳岛是体面的，是专注于文学且有信息浓度的，让人觉得不虚此行；同时跳岛也具有广度，能邀请到不同角色的嘉宾，不拘泥于作家，还有各色身份的人都能来聊文学；最后是适度，多样的主播让自己适度地展现在听众面前，始终能把注意力放在新鲜有质量的内容和嘉宾身上。

中信出版·大方总经理蔡欣也总结了品牌播客给出版带来的价值：一是持续、有深度的内容带来的品牌力；二是链接各方资源的媒体力；三是聚集了一批忠实、高质量且推动文学氛围的用户力；四是沉淀了实操经验并可复用于出版产品的策划力。相信，这对整个知识服务行业也有一定的启发。

CPA 点评

在海外，出版业做播客已有丰富的实践经验，《跳岛 FM》不仅开启了国内出版机构对播客的探索，更是重新定义出版的发端，这对播客来说亦是一种新的价值开发。

生活服务品牌

■ gaga——oh!my ga

《oh！my ga》是一档由 gaga 出品的谈话类播客。

每期邀请生活有料、品味有趣的朋友做客，通过不一样的生活方式故事、有趣的观点输出，犀利的行业观察，为你带来"品质、品味的城市生活方式"灵感加餐。

我们秉持全时段享乐主义的生活原则，现在就放松下来，和我们一起喝喝果茶、聊聊天。

○ 生活服务品牌包括餐饮、商超、零售业品牌。

建立关怀价值的生活方式

gaga 创始人将餐饮作为切入口，以做生活方式品牌为目标，打造品牌文化内涵和用户黏性，成为一家成功的生活方式连锁品牌。gaga 在官网上写道："gaga 将自己对于'闲暇'的思考融入茶饮、事物和空间，形成了 gaga 独有的品牌性格。Effortless，Chill，Smart，我们以餐饮与产品为介质，以美学与场景为主线，诠释 gaga 生活方式：用美食与聚会赞美生活。"

gaga 创始人认为，做品牌就是做生活方式，品牌超越产品，超越功能性，所以 gaga 会用媒体矩阵来树立 gaga 的文化权利，这是 gaga 的表达使命。Jennifer Jia（gaga 前 CMO）认为，**播客有典型的关怀型价值**。所以，gaga 选择了做播客和杂志这种看上去非功利的方式来建立自己的内容资产，希望通过坚持自己的文化权利，建立自己的品牌形象。

以"编辑思维"重构"品牌叙事"

oh!my ga 是 gaga 的品牌播客，gaga 希望"不知道去哪的时候去 gaga，不知道听什么的时候听 *oh!my ga*"。在节目中，gaga 会邀请与美学、设计、品牌、生活方式相关的嘉宾做客（他们叫作 gaga guest），通过不一样的生活方式故事、有趣的观点输出，和具有思考的行业观察，为听众输出品牌倡导的品质、品味城市生活方式灵感，增强品牌文化认同。

Jennifer Jia 说："我想把它和 gaga 线下的商业模型做一个呼应。它就像一个'线上咖啡平台'，足够长尾、足够碎片。你可以随时放下，又捡起来。是一个既轻松，又纯粹的全时段精神补给。"所以，gaga 以"编辑思维"重构"品牌叙事"，通过播客和各种联名的活动等方式，持续给顾客提供人文关怀，从店内到店外，最后达成生活方式的共识。整体逻辑可以用图（图 5-9）来表达。

图 5-9　gaga 的生活方式逻辑

品牌消费者和播客听众的重合

在复盘后，gaga 发现自己品牌播客的听众和 gaga 餐厅的用户有着惊人相似的属性，有着共同向往的生活图景。由此可见，播客是一个特别适合表达品牌价值观的地方，别人认同你的价值观，在这里就会自然沉淀下来。

另外，Jennifer Jia 还透露了一个细节，"现在来面试的很多年轻人见到我的第一句话就是'我在听你们的播客'"，这也让 gaga 想做的表达使命有了回响。

CPA 点评

oh!my ga 是 gaga 通过"编辑思维"带我们回归到生活场景的一种范式，用品牌播客来树立文化权利，gaga 做到了令人惊喜（oh！my god！）的程度。

■ 盒马——盒马啵啵啵

这是由盒马官方出品的播客，专注于泛美食领域的轻科普。我们会邀请在地球上各个角落挖掘好货的盒马全球买手、鬼点子超级多的美食研发，以及来自各行各业、爱玩爱吃的好朋友们，一起聊聊盒马美食背后的那些专业、新奇、好玩的事儿。

从流量到"留量"

盒马长期以独特品牌叙事法则，在线上持续收割流量，如凭借"翻车"出圈的抽奖方式、用幽默造梗的网红文案，总之很会抓住话题引爆点，疯狂撬动听众的注意力。

兴于流量，也要归于留量，如何在一个媒介中能回归本行讨论美食科普，并能深度与顾客互动呢？播客便走入了盒马团队的视野，自营的品牌播客《盒马啵啵啵》应运而生。

有点东西的买手 IP

既然是一档聚焦美食的品牌播客，《盒马啵啵啵》第 1 期就围绕葡萄酒展开，邀请了盒马资深酒类买手，聊聊葡萄酒的文化起源、品鉴和适合搭配的佐餐，讨论葡萄酒是如何走进大家的日常餐桌的。而后，盒马又通过一个个网红美食让听友既涨了科普知识，又对盒马理念有了新的认识，进而越来越认可盒马产品的质量。

盒马还在 2023 年年末联合小宇宙 app 共同发布"盒区房"消费趋势报告，"健康""高购商""产地寻鲜"和"烟火气复燃"成为 2023 年的四个关键词，通过播客中主播和嘉宾的进一步解读，让听众产生了强烈的共鸣。另外，透过小宇宙听众的收听习惯，盒马还发现了新的消费趋势，并在实际运营中顺势而为。比如，在小宇宙上关于"低糖""0 糖""无糖"等的讨论累计收听时长达1.2 亿分钟，较 2022 年增长 45.3%，盒马的网红爆款草莓盒子蛋糕和蓝莓盒子蛋糕便减糖 30%，与之形成了呼应。

半夜为了助眠点开了盒马的播客！结果越听越饿，越听越饿！主播的描述太能激起人的食欲了！结果睡不着直接爬起来去盒马下单了！

——听众 @ 盈光棒挥起来

　　看来《盒马啵啵啵》的听众大多是盒马品牌的拥趸，也认为精神食粮和美食缺一不可。通过这档播客，盒马和听友建立了深度的美好链接，在小宇宙app上已经吸引了超过 1 万的粉丝，还输出了重磅的报告解读。通过日常的美食科普和深入浅出的行业分析，盒马成为生鲜零售领域品牌推广的佼佼者，也成为消费者心目中懂美食懂用户的买手。

CPA 点评

　　盒马的播客总是能在美食之外给用户提供精神抚慰和科普认知，一如其体现出的生活品质；同时，盒马也能从听众中捕捉到新的消费趋势，这是一个"双赢"的"声动"案例。

■ 泡泡玛特——POP TOY RADIO 》

POP TOY RADIO 是由泡泡玛特打造的一档潮玩播客节目。

和好玩的人，聊有趣的事儿。在这里，你会听到潮玩厂牌主理人、潮玩玩家、设计师、艺术家、策展人等一线从业人员分享最一手的观察，对行业现象进行最热辣的激辩，展现独具个性的生活态度，表达对好玩的一切无止境的热爱。我们始于潮玩，但不止于潮玩。

潮玩也能听着玩

　　海星是资深媒体人，加入泡泡玛特之前在杂志有着多年的工作经验。2020年年底，海星偶然在朋友圈刷到一期播客，是来自艺术文化类播客《剧谈社》的《虽然是扫盲，这集足够让你成为潮玩懂王》。作为业内人士，海星在听完之后才意识到，原来播客与潮玩艺术话题结合可以碰撞出这么有趣的效果，而自己居然是在一档杂谈类播客里，听到别人聊自己的专业领域。这也让负责 C 端传播工作的她开始思考，播客也许能成为传播潮玩文化的一个新渠道。

带着这一好奇，泡泡玛特于 2021 年在荔枝 app 上做了一档自己的播客节目，起名叫 *POP TOY RADIO*（最初叫 *POP PARK*），粉丝们也称它为 PTR（在小宇宙 app 上播客名为《PTR 潮玩调频》）。

上了一堂"潮流艺术课"

面对一个新媒介，泡泡玛特没有一开始就"集中火力"入局播客，而是以循序渐进的方式，边产出边积累经验。播客里有与潮玩行业相关的厂牌主理人、设计师、艺术家、策展人甚至玩家本身的故事，在播客里泡泡玛特向消费者展现玩具背后的故事，以及潮玩潮流下从业人员和爱好者的热爱和个性生活态度。

那泡泡玛特为什么一开始选荔枝呢？因为荔枝的用户更多是关注情感消费的年轻女性，跟泡泡玛特的目标用户群重合度很高，如今这档节目在荔枝已经攒了 4 万多粉丝了，直到 2022 年才往小宇宙 app 和网易云音乐同步。

在海星看来，播客是品牌和 C 端用户诸多沟通触点中的一个，但因为比较特殊的内容形态，因此提供了更多讲述品牌故事以及产品背后设计理念、潮流文化的机会。海星特别提到，很多用户都会做笔记、发长评论，深度的内容对于用户而言不亚于来上"潮流艺术课"。

此外，作为品牌及品类的代表，泡泡玛特很大程度上扮演了引领行业发展的角色。泡泡玛特特别重视和设计师、IP 方的合作，播客也成了一个品牌触达和维护优质资源的抓手。相比短视频、直播，一方面播客门槛更低，大部分受邀嘉宾都会愿意参加；另一方面也是一个更高性价比、具可行性的互动方式。

没 KPI 却收获巨大正反馈

关于播客的 KPI，海星的表述很"凡尔赛"：播客本身没有太多数据指标的 KPI，我们更关注的是品牌影响和用户反馈。

资深娃友阿 P、沙拉、姜天霆是 *POP TOY RADIO* 的忠实听众，每逢更新都会在评论区写下"小作文"，由此也被海星邀请来录制了一期对谈节目。让海星出乎意料的是，他们之前并没有收听播客的习惯，直到现在也就听 *POP TOY RADIO* 这一个播客，并且他们都认为，坚持收听 *POP TOY RADIO* 是因为对潮玩的热爱和对播客内容的认可。

这给品牌自己做播客带来了巨大的正反馈，即使播客也只是海星他们在公司内部的工作之一，但播客并没有耗尽他们的创作精力，反而让灵感源源不断。尽管已经更新了一年多的节目，但海星依旧觉得现在的内容只呈现了冰山一角。这档播客也让海星明白了，文化的生命力一定是来自真正热爱它的人。娃友才是潮玩文化的传播主力，播客则是在门店外、在私域外，以最纯粹的情绪和情感陪伴、连接娃友的方式。

CPA 点评

对于一个懂品牌、懂内容的人来说，播客真的是一个很好的用户沟通触点。一个思路清晰、目标明确的品牌主，一定能在播客这个阵地上取得回报，泡泡玛特做出了很好的示范。

金融服务品牌①

■ 有知有行——知行小酒馆))

《知行小酒馆》是有知有行出品的一档分享投资与生活的播客节目。我们关注投资理财，更关注怎样更好地生活。在我们看来，投资成功，是我们变成一个更好的人之后，自然的结果。

---

① 金融服务品牌包含银行、证券、理财平台等品牌，但其播客内容均不构成投资建议。

■ 有知有行创始人孟岩——无人知晓 ——》)

一档由孟岩(有知有行创始人)主理的播客。记录一些
对话。

就像在小酒馆里聊聊天

作为一个金融投资知识和服务的平台,有知有行需要长期陪伴和教育投资
者(图 5-10),内容成了其展示专业度和建立信任感的重要步骤。《知行小酒

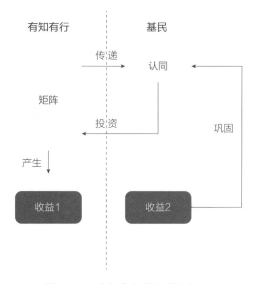

图 5-10 有知有行的运营逻辑

馆》原本是有知有行 app 上每周五的一个文字专栏,会采访投资大咖和用户,
但每篇两三千字的文章无法给投资者更好的体验,反而越来越卷的评论区让人
望而却步,给用户带来了负担。于是,播客这种比较轻松的交流和表达方式成
了更好的形式,也更契合这档播客的名字,仿佛在小酒馆里聊聊投资和生活。

在播客界有很多品牌的"一号位"会亲自做播客，有知有行CEO孟岩是如何入局播客的呢？《知行小酒馆》主理人雨白总结了9字箴言：不反驳、不约束、不施压。一开始孟岩比较紧张，不太愿意触碰播客，觉得这种媒介效率比较低，对此雨白不反驳，但会"循循善诱"，鼓励他做。孟岩的知识储备非常好，加上他的声线和能营造一个场的天赋，让嘉宾放下防备，可以真实、自然地表达，这些正是他做播客的极佳条件。

当然，雨白为了让孟岩放下包袱，也不约束他。起初播客都是以老友对谈的形式来呈现，后来也有孟岩自己的长时间独白，于是话题越发"随意"，就像播客《无人知晓》的名称一样，聊什么、怎么聊、什么时候聊都"无人知晓"。但结果却有点令人意外，这种看上去和主业较远的内容反而丰富了大家对孟岩、对有知有行的立体认知。

影响力来源于真实的生活

作为有知有行的品牌播客，《知行小酒馆》主理人雨白表示他们的播客不是公关手段，而是用户体验的一部分。他希望通过播客这种沟通方式帮助用户获得更好的投资体验。所以，他们的选题往往是自然生长出来的，聊房价、聊省钱攻略……都是聊用户在生活中真实消费和投资的场景，如此有温度的节目内容自然能吸引更多人来收听和互动。

当然，好的内容更容易被认可，所以《知行小酒馆》也会联合其他大V来共同构建一个长期有影响力的播客，如基金经理人张潇雨、名企高管张云帆、学者陆铭、行业观察者张翼轸等。这些优质内容的沉淀迅速扩大了《知行小酒馆》的影响力。

另外，即使是没有和平台本身强绑定，孟岩也会用个人的影响力去连接更多有影响力的朋友，并通过有意无意地将个人和公司进行关联，进一步为公司赋能。

作为品牌理念传播的阵地，有知有行通过播客闯出了一条路，比如，我们可以看到在《知行小酒馆》的 Show Notes 里会引导用户打开有知有行的 app 获得更全面的信息，这一点也非常有意思。

由于做品牌播客的时间很早，分享的内容又是和大家生活相关的投资理财类知识，《知行小酒馆》不仅成为平台上最有名的投资类播客节目之一，还以此为核心衍生出了新的播客栏目，形成了内容矩阵。

截至 2024 年 10 月，《知行小酒馆》在小宇宙 app 上已获得超过 80 万的订阅量，打开率 20% 以上，并且在 2023 年获得 CPA 中文播客奖。而《无人知晓》也斩获超过 60 万的忠实用户，可喜可贺。

这两档覆盖近百万精准群体的播客也为有知有行 app 做了有效的导流，为金融理财业务的品牌提供了很好的范本。

CPA 点评

以人性关怀为出发点，让感性成为理性内容的最佳催化剂，所谓"润物细无声"，这是《知行小酒馆》和《无人知晓》给我们带来的新启发。

■ 华泰证券——泰度 Voice))))

《泰度 Voice》来自最前沿的声音，助你洞察先机。我们定期邀请来自华泰证券的分析师、投行专家、投资人、技术专家，与你共同探索真正的长期价值。

■ 华泰国际——涨乐早知道))))

《涨乐早知道》由华泰国际涨乐全球通出品。
从华尔街到中环，全球财经动态 5 分钟全掌握。
解读明星公司的最新动态，拆解热门行业的深层逻辑，盘点那些影响全球金融市场的宏观事件与热点趋势。订阅节目，每天早晨带你一起关注最新鲜、最热门的财经资讯。

券商的品牌传播

企业的"声音"其实就是企业最擅长的内容，找到一种你与受众之间最独特的关联，再通过声音将其声扬出去，释放出自己声音的力量。

作为头部券商的华泰自然也有品牌传播的需求，主要有三方面：华泰希望找到一个新渠道，向现有和潜在的机构客户传递华泰的观点，提高公司在机构投资者市场的品牌影响力；希望通过为个人投资者提供专家视角的市场解读，提高用户黏性，扩大潜在客户规模；在特殊时间点策划公益选题，对外展现公司对 ESG 的关注。这三点便是华泰证券开设播客的初衷。

要用"大白话"谈专业

基于播客听众的画像，华泰证券知道在这里不是简单地发音频化的研究报告就完事了，也不是让晦涩难懂的分析挡住听友的步伐，所以华泰证券为品牌播客设定了一个基调，即要用"大白话的交谈"，用专业态度娓娓道来。

所以，《泰度 Voice》以内部研究院的专家访谈，结合外部邀请嘉宾，每期交流一个以宏观和产业为主、科技发展为辅的话题矩阵，再在特殊节日设置相关选题进行探讨。你不必担心有任何收听门槛，除了专业的声音之外，这档播客还在节目 Show Notes 里增加了"泰度小课堂"与"延伸阅读"版块，节目所提及的名词解释和相关报告被一一列出。

而华泰国际作为华泰证券旗下的国际化平台，也出品了自己的资讯播客《涨乐早知道》。值得注意的是，这档播客是日更节目，每个交易日开盘前更新，每集十分钟。内容包括影响市场的宏观政策、明星公司的近期动向、市场中引人关注的趋势、解读与洞察，提供与产品高度相关的音频资讯内容，及时传播契合用户使用目的的信息。这样的资讯节目容易占据用户晨间的媒体使用场景，让用户逐渐形成使用习惯。

各取所需，各有所获

《泰度Voice》上线2个月，即在小宇宙app单渠道获得1万多的订阅听众，听众在节目中获益良多。其优质内容也得到了平台的认可，多次登上小宇宙首页推荐、小宇宙新星榜、苹果播客新品推荐、苹果播客榜单，收获和反馈都超出预期。

而《涨乐早知道》作为资讯类播客，在其订阅听众调研中显示，有近4成受访者认为内容独家性强，相较于文字，听播客体验更佳，而且主播声线饱满，极富情感，很吸引人。这些用户的真实反馈让节目更有持续输出的动力，成为陪伴目标听众的优质声音"早餐"。

CPA 点评

长短播客在不同的业务板块扮演了不同的角色，但同样是用专业表达观点，用通俗易懂的形式和用户交流，获得听友的长期认可便不是什么困难了。

地产业品牌

■ 阿那亚——空岛 Landing on Air ——》

《空岛 Landing on Air》是由阿那亚和深夜谈谈播客网络共同出品的一档独立播客。每期节目都会有探险家登陆"空岛"，为我们带来时光的礼物。我们强调智识和感受的分享，试图还原每一位空岛来客当下的片段感悟。

一个空间的精神体验

近年来，凭借着独特的风景和各种文艺活动，充斥着文艺色彩的阿那亚在社交媒体上频频出圈。被誉为"文艺圣地"的阿那亚，自然不会放过播客这一文艺男女的聚集地。

不同于其他品牌的播客营销，播客之于阿那亚，不仅仅是对阿那亚品牌宣传的"锦上添花"，更是其"文艺体验"的重要组成部分。这是因为阿那亚向受众宣传的，并不是物理意义上的商品，而是精神层面的综合体验：阿那亚作为先锋性文艺社区，承载着每一个游客对文艺生活的向往与追求，也实现着万千文艺青年的"文艺之旅"。而构成体验的，不仅仅是阿那亚社区内的一草一木，还有其社区内独有的生活美学。而播客作为众多文艺青年的生活方式，自然没有被阿那亚落下。

成就"另类"度假地

主播相征，作为空岛电台的"守岛人"，每期邀请艺术、电影、文学、音乐等不同领域的"探险家们"来岛上探险，就围绕在阿那亚发生的文艺事件进行深度对谈。

在《遗落的歌》里，你能找到各路"探险家"珍藏的秘密歌单，如超模陈碧珂的灵感来源、电子音乐人吴卓林的夏日泳池歌单。《空岛来客》则会邀请文化艺术领域的大咖，你既可以听到资深媒体人乌云装扮者对旅行的热爱，也可以在杨蒙恩、何广智和 KID 对话里笑到合不拢嘴。

空岛每月还会带来一次线上 Live 专场，带领听众感受音乐现场的冲击力。作为一个远离城市的"另类"度假地，品牌希望以播客的形式陪伴听众度过一段充满好奇心和治愈力的时光。

阿那亚在 2023 年 4 月举行了线下活动"声量 The Power of Voice"。通过 24 小时不间断的谈话活动，用声音覆盖了北戴河·阿那亚整个社区。相征希望"呈现出这种更加当下、更加代表年轻人价值观的风格。我们相信这是播客越来越受欢迎的原因，活动的初衷也是希望能外化播客的价值观"。2024 年 5 月，深夜谈谈在阿那亚又举办了第二届"声量"（图 5-11），沿袭第一届的特色，在垂类领域增加更多玩法，成为专属播客创作者的夏季派对。

"不固定嘉宾、不固定主题"的节目模式的确让《空岛 Landing on Air》的内容更加丰富多元，但也在一定程度上难以保证节目内容的质量，其反馈便是节目的收听数不够稳定。但这又如何，一个空间里总有不平衡的地方，况且这更像一场实验，解码的是声音的更多可能性。

图 5-11　阿那亚 2024 年举办"声量"活动

CPA 点评

商业空间的公共性，与播客带来深度链接的特性相结合，形成塑造消费者心智新的合力。播客有声量，地产也文艺。

健康服务品牌

■ UniSleep——一碗健康 —————————)))

《一碗健康》是由"让每个人每一刻都睡得舒服一点"的睡眠科技品牌 UniSleep 出品的品牌播客。

每一期我们都会围绕职场人遇到的亚健康问题，如落枕、肩颈痛、失眠、焦虑等，邀请该领域的专家达人做客分享。

希望这一档一顿饭时间的健康咨询，能让我们在繁杂的都市生活中每晚都能睡得更健康一点，更舒服一点。

用一顿饭的时间聊健康

新兴睡眠科技品牌 UniSleep 的品牌愿景是"让每个人每一刻都睡得舒服一点"，创新了"模块床垫"的新概念，让消费者根据自己的高矮胖瘦，调节自己的专属床垫。当然，新品牌新概念的打造需要在营销上有所动作，除了视频号、小红书之外，还有什么 DTC 渠道能为品牌所用？

其实，播客就为品牌提供了一个独特而具有情感共鸣的传播平台，通过主播和嘉宾的生动讲述和真实表达，品牌能够在听众心中建立起更加亲切、可信的形象，以形成消费者对品牌的情感依赖，好感度自然提升，品牌建设也因此达成。

于是在 2023 年年初，UniSleep 开通了品牌自营的播客账号《一碗健康》，由联合创始人 Viola 担任主播，开启播客营销的新路径。《一碗健康》节目如其名，Viola 希望这档"一顿饭那么长时间"的健康资讯，能让听友们在忙碌的生活中每天都能睡得更舒服一点，过得更健康一点。

《一碗健康》以提供健康知识为出发点，关注都市职场人遇到的亚健康问题，如脊椎侧弯、肩颈痛、失眠、焦虑等，邀请床垫行业的专家、奥运冠军、脊柱健康专家以及普拉提教练等专业嘉宾作客节目，畅聊保健知识。

播客种树，社群营销

UniSleep 在自营播客《一碗健康》的同时，也同步开启了社群服务。Viola 会在节目的 Show Notes 中附上自己的联系方式，以便感兴趣的听众添加好友、进入 UniSleep 的社群。《一碗健康》目前有两个社群在运营，一个是"失眠互助委员会"，另一个是"颈椎互助委员会"，在私域里 UniSleep 会提供专家直播解答和产品抽奖福利，还会有更多线下体验活动上线。

UniSleep 一方面在自己做播客，培养自己的社群，另一方面在与其他的优质播客合作，借用播客已有的社群进行互补。UniSleep 这样的打法，显然是在将小宇宙、喜马拉雅等播客平台的用户吸收到自己的私域中，通过进一步的动作来和消费者产生链接。

这对于新消费品牌来说具有很大的借鉴意义，在品牌运营初期资金有限、知名度有待提升、市场有待打开的时候，播客无疑是巧妙的入口。而在边做播客营销的同时边着手自己的社群培养与运维，也成为品牌吸引和留住消费者的良好方式。

"播客看起来是在做内容，但本质上是在内容背后做一个社群。"通过声音这一媒介把具有相同理念的听友们聚合在一起，形成一个社群，在其中大家可以畅谈播客节目、生活，还可以相互种草、推荐，将播客的场域扩大化了。UniSleep 的播客营销就是"播客种树，社群营销"，明智之处不仅在于选对了播客类型，让种草和带货进行得更自然，还在于借助合作播客已有的社群来销售自己的产品，一举两得。

CPA 点评

播客即社群，通过播客积累用户，运用多方位的营销动作链接沉淀用户，打造属于自己的品牌社群，UniSleep 给播客营销变现提供了新思路。

To B业务品牌

■ 纪源资本——创业内幕 Startup Insider —))

纪源资本出品的非严肃商业访谈。

念念不忘，必有回响

早在2017年，纪源资本就意识到需要有一档播客来向目标受众传达机构的专业度和稀缺性。在2017年之前，硅谷圈内就十分流行播客，播客成为机构的一种传播标配，甚至机构合伙人都人手有一个播客。纪源资本在英文播客上的起步很早，并且收获了正向效应，这也埋下了制作中文播客的"种子"。

纪源资本运营合伙人曹琪（Lily）回忆道，当时风险投资行业的竞争比较激烈，他们意识到风险投资机构铺开新媒体渠道后，需要掌握自己的内容渠道。2017年，团队在评估各种新媒体渠道时，发现当时鲜有问津的播客是一个适合自己品牌的选择。因为微信公众号成为各大机构的标配，已成"红海"，而视频制作成本较高，出镜也会让部分嘉宾有一定压力，所以音频访谈成了一个新方向。当然，他们也观察到，初期中文播客听众很多是海归，在目标人群上有一定的适配性，而且这部分人群有获取和创业相关的深度内容的需求，加之纪源资本在英文播客上的成功经验积累，于是，《创业内幕Startup Insider》这档由风险投资机构出品、聚焦创业者的商业访谈类播客就此诞生。

To B机构也可以"破圈"

作为中文播客里最早的品牌播客之一，《创业内幕Startup Insider》秉持干货内容和亲和表达的组合模式，每期节目邀请创业者分享创业故事，揭秘了很多创投内幕，尤其是那些坑、那些惨痛经历，更引发了听众的好奇心。通过这一内容形式，与目标受众建立了广泛联系，并顺势组织了多次线下活动。仅在 2020 年年初，《创业内幕 Startup Insider》就形成了数千人规模的听友群，线下定期组织活动，这些动作让纪源资本在创业者群体中形成了更专业、更亲和的品牌认知。

至于要不要 KPI，纪源资本运营合伙人、《创业内幕 Startup Insider》主持人 Lily 曾谈道："不一定要追求有多少的听众，多少的转化率，如果你不去考虑这些数字，而是专心把内容扎实做好，那自然流量会来，转化率也会来。"正是源于对初心的坚持，成就了连续六季的《创业内幕 Startup Insider》，并且他们会持续做下去。

一个 To B 业务要做扩大声量的事情实属不易，纪源资本是一家非常低调的风险投资机构，而播客却让它成功"破圈"。《创业内幕 Startup Insider》入选 2019 年度"苹果最佳播客"，并长期在苹果播客首页被推荐，在喜马拉雅上累计播放量也突破 6 亿次（截至 2024 年 4 月）。更多的创业者通过播客对纪源资本有了兴趣和更深的认知，更有项目在节目宣传之后拿到融资，Lily 说："《创业内幕》提升了机构品牌的知名度，也成为我们和链接创业者、打造创投生态的有力工具。"

2022 年年底，纪源资本在播客运营上更进一步，孵化了新的播客《投资笔记》，从一个个生动的公司案例切入，去剖析一个个细分赛道的投资理念，打造出接地气的"商业声音故事"，让品牌从另一个视角展现在听众面前，同样收获了良好的反馈。

CPA 点评

投资人对市场总是有着超前的敏锐度，在 2017 年就开启了品牌播客之路并坚持至今，既扩大了行业影响力，也取得了无数收获。纪源资本会继续在播客的新征程上大步迈进，为 To B 机构的品牌营销贡献更多智慧。

■ 飞书——组织进化论 —————————))

《组织进化论》是飞书的官方播客，专注于职场话题和企业管理。我们邀请有趣有料的嘉宾一同分享对于未来工作和管理方式的洞察，希望思维的碰撞可以使大家产生新的思考，让大家更加高效愉悦地工作与生活。

呈现产品理念的新玩法

飞书作为一家提供协作办公解决方案的企业级应用，旨在帮助企业实现高效的团队沟通和协作。这样一个偏 B 端的互联网产品如何做传播营销呢？如何用一种形式来传达飞书倡导的工作方式和组织理念呢？

从海外回来的 Zara 给出了一个新的解法：做播客。Zara 曾在纪源资本的美国团队参与过一档播客节目的录制，也熟悉播客这种形式，所以当她加入飞书后，发现这里也可以用播客来呈现一个办公软件的理念和价值，于是飞书开启了自己的播客之旅。

调整画风，听众破圈

2021 年 4 月 1 日，愚人节当天，《组织进化论》上线了。一开始由 Zara 和 OKR 管理实践专家李诚来主持，定位是一个关于企业管理和效率的播客节目，聊的话题也是偏向 OKR、人才管理、企业文化等相关议题。

但从第 10 期开始，播客内容定位开始有了调整。第 10 期得到 app 的脱不花在分享了她为什么觉得周报应该是上级写给下级，这期节目上了小宇宙 app 的推荐，收获了很多新听众。这些新用户进来后，节目站在了一个路口需要选择：是继续做偏 B 端的内容，还是需要调整到 C 端的画风？

《组织进化论》制作人小北给出了一个解法，虽然话题本身仍然围绕职场、成长，但风格上很明显从 B 端切到了 C 端。小北解释道："即使是一个 to B 的产品，它面对的对象还是具体的人，是 C 端用户。"所以从这期后，《组织进化论》开始更像是大咖们的茶歇，在输出干货的同时，聚焦年轻人们关心的职场问题和身份转换，在轻松愉悦中勾勒出职场全貌。

其实这一转变也正好契合了飞书的组织理念：在实践中思考，更好地理解自己和用户的关系，更快地迭代，激发新的增长。《组织进化论》也是如此在实践，他们给出更好的内容，吸引了更好的嘉宾，又通过他们吸引更多的听众，进而对《组织进化论》有了解，对飞书也有了新的认知，形成了"飞轮增长"的态势。

和组织一同进化

飞书通过《组织进化论》将真实的故事以声音的方式展现出来，以多样的职场生态和社交模式建立起和大众沟通的桥梁，让不同的职场人群都可以从中获得新的思考与身份认同，同时也巧妙地将自己的品牌与专业知识联系在一起。

如今，《组织进化论》在小宇宙 app 上已超过 20 万订阅，很多人是听了《组织进化论》才了解了播客，也了解了播客不仅能愉悦自己，更能提升自我，和组织一同进化，这也是飞书做播客的初衷。

CPA 点评

《组织进化论》无疑是 to B 品牌播客营销的范例，它的成功之处和它倡导的理念如出一辙，就是根据人和组织的需求，用声音持续进化和连接。

5.2.3 播客矩阵

播客矩阵，是指品牌向内部员工或者外部用户打造的一系列有差异化定位的播客。这类播客一般由人事、培训、宣传或者业务部门发起，通过播客宣传企业理念、形象，形成不同目标人群的链接。

■ **辉瑞——Pfizer Express**))))

Pfizer Express 让前沿科学离每个人都更近一步！对谈来自辉瑞的聪明大脑，探索制药领域最硬核的前沿科学。

■ **辉瑞中国——公司茶水间**))))

《公司茶水间》是由辉瑞中国联合看理想共同出品的一档有故事、有内容、有洞察的职场播客，每周一更新。我们在这里分享打工人的不同困境，也一起寻找解法和共鸣，让每个人都可以懂了、会了、不累了。茶水间里的主持人是辉瑞中国 HR 袁梦，第一季常驻嘉宾是职业教练雯雯，第二季常驻嘉宾北京大学心理与认知科学学院副教授张昕。

每个职场"老鸟"都曾是职场"菜鸟"，如果他们可以分享一些经验，"菜鸟"们或许可以拥有一个更健康快乐的职场。

用播客唤起品牌美誉度

医药行业做内容并不新鲜，本身就需要与患者交流，与医生交流，内容对药企的品牌营销也是至关重要的，但用什么方式更好地触达用户，更好地建立信任关系以及对品牌的认知度和美誉度呢？作为全球医药巨头的辉瑞给出了做播客这个答案，也是医疗行业里最早做中文播客的品牌了。

对内对外两不误

辉瑞不仅做了播客，甚至做了两档播客节目，当然这两档节目是有不同目标和定位的。

Pfizer Express 聚焦企业利益相关者，扩大专业影响力。涵盖医药科普、职场见闻、行业观点与洞见，打造了辉瑞在医药行业的领军者形象，在医药行业从业者、医药企业利益相关者群体里树立了良好的口碑。

《公司茶水间》聚焦潜在员工，打造健康快乐的职场形象。以辉瑞中国 HR 作为主持人，以职业教练作为常驻嘉宾，每期节目邀请不同职场新人来提出问题，再由资深职场人士提供答案和经验，庞莹、颠颠、东东枪等人也将作为嘉宾出现。与《组织进化论》相比，《公司茶水间》更侧重于传达辉瑞对年轻人尤其是职场新人的关怀和鼓励，关爱他们的身心健康，以此塑造出良好的企业社会形象。

想不到看似远离日常生活的制药企业在播客这个新兴媒介上也有不少拥趸，在小宇宙 app 上两档播客均有上万的订阅，而《公司茶水间》更是完成了第二季，并与看理想一起推出了人文科普音频节目《学完这一课》，看得出辉瑞内部对播客价值仍然持肯定态度。

CPA 点评

与专业人士嗨聊专业，给大众科普专业，辉瑞在播客营销的赛道上走出了自己的路子，同样收获的也是不一般的品牌价值。

■ 小红书——红了再说))

红了再说是一档小红书自制播客。

每一期我们都会邀请一个作者，聊聊他/她的故事，或者讨论讨论他/她所在领域内的话题。

所以，在这里你可能会听到各种各样的人生，也可能听到多元的观点，更可能听到不知道怎么回事，但很想试试的生活方式。

但我们说的不算，你听到了才算。在此，祝您聆听愉快。

■ 小红书——书外 SSIRed Talk ————————————)))

书外 SSIRed Talk 是一档共创播客节目。我们从小红书社区里正在发生的话题与现象出发，共同探讨其背后的议题与趋势。在当下的小红书，人们不仅在分享吃喝玩乐，也在记录生老病死、喜怒哀乐。我们相信，个体叙事亦有被关注的价值，线上社区的群像亦是我们当下共同的镜像。我们将邀请小红书创作者、来自全球业界学界的各领域参与者，从更多元的视角出发一起讨论，面向我们共同期待的生活发出倡议。

■ 小红书——薯与趋势 ————————————————)))

《薯与趋势》是一档由小红书种草与声动活泼联合推出的播客节目，专注讨论站内的流行新趋势，以及趋势背后的用户心理变迁。

每期我们都会邀请小红书博主、品牌方与小红书内部项目操盘者，围绕小红书上的全新趋势展开讨论，带你多视角剖析新趋势背后的商业机会。

关注节目，了解"产品种草"成功的幕后故事。

■ 小红书《about》杂志——about 热水频道 —)))

about 热水频道是小红书官方生活方式内容品牌"about 关于"自制播客，每期围绕一个生活方式关键词聊聊天。

■ 小红书——刷到你了 ——————————————)))

你最近在小红书刷到过什么有意思的事儿嘛？这里是音频叙事类播客节目——刷到你了。

对当代年轻人来说，小红书已经不仅仅是吃喝玩乐攻略和搜索引擎，更是大家记录生活中喜怒哀乐的日记本。

这档播客的背后，是一只专门在小红书上挖掘故事的故事薯。我们会与你分享被我们收藏起来的热门话题和有趣故事，请创作者们用自述的方式，带你走进他们的经历。

有人种薯

■ 小红书——有人种薯 ──────────)))

有人种薯是一档由小红书出品的自制播客，聚焦小红书人的创造力与多元性。节目邀请公司内外的有趣的人分享实操案例、行业洞察和成长心得，呈现他们在职场与生活中的思考与灵感，让创造有空间。

社区产品更懂播客价值

显然，社区出身的小红书对播客有更深的理解，其实播客也是一种社区形态，如何在这个声音社区中链接用户、关照生活、建立心智，现在的小红书需要大声告诉大众自己真正想做什么、在做什么，来重塑小红书的品牌价值。

矩阵式的探索走向播客深处

小红书在播客营销中选择了以 DTC 模式为主的模式，并且在多个子类进行差异化探索。

2021 年，"红薯工作室"创建了小红书第一档官方自制播客《红了再说》，试水播客市场，邀请小红书各类"作者"谈谈他们的故事以及他们所在领域的话题，很显然《红了再说》是很典型的"企业内部衍生品"，亦是试水的风向标。《红了再说》的主播是"红薯工作室"的员工夏萌人和迪乐，两个女生给自己的标签是喜剧人，她们风格活泼跳脱，每一期都能很好地带动起嘉宾，让内容轻松有趣，这与小红书所打造的社区感极为匹配。

2022 年 11 月，"故事薯"开设了小红书第二档直面用户的播客节目《书外 SSIRed Talk》，从小红书社区里正在发生的话题与现象出发，探讨背后的社会议题与趋势。

2023 年 7 月，"商业广告薯"与声动活泼联合推出小红书第三档 DTC 播客节目《薯与趋势》，"专注讨论站内的流行新趋势，以及趋势背后的用户心理变迁"。每期节目都会邀请小红书博主、品牌方与小红书内部项目操盘者，围绕小红书上的全新趋势展开讨论，带听众多视角剖析新趋势背后的商业机会。

2023年8月，小红书官方生活方式内容品牌"about 关于"推出自制播客《about 热水频道》，每期围绕一个生活方式关键词聊聊天。

2023年10月下旬，"故事薯"开启了小红书第五档 DTC 播客节目《刷到你了》，聚焦各种有趣话题，邀请网红分享自己的创作经历，比如，邀请爆红网络的"这英"谈谈她做视频内容的原因。

2024年3月，小红书上线了聚焦小红书内部人的播客《有人种薯》，这已经是小红书的第六档品牌播客，让小红书内部文化得以展现在众人面前，第1期就讨论了小红书联动龙年春晚的故事，展示工作的幕后细节，可以吸引有意向的求职者和关注小红书动态的同行们。

这些不同部门和业务线运营的品牌播客让外界对于小红书的了解更具象化、立体化，小红书也通过这些播客展示了自己的企业文化和员工风采，与年轻人和潜在目标用户形成了新的链接。

顺便提一下，除了 DTC 模式下的品牌播客之外，小红书还选择在自己的平台上用 ITC 来呈现自己的播客情怀。2023年7月18日至8月6日，小红书邀请《不合时宜》《看理想圆桌》《随机波动》《声东击西》等七档中文播客，发起"投入真实生活"播客计划（图5-12）。这些播客从不同的生活场景和不同的时代洞察切入，与听众们探讨自我、时代和生活的关系。听众能在"投入真实生活"系列播客中听到关于"搭子"文化、旅行、文学阅读、社区、菜谱以及人生中的弯路等话题内容。听众在这几期播客评论区的留言也十分走心，有听众分享了自己在小红书上找"搭子"的经历，有听众表示希望小红书多多赞助节目，提供优质话题。

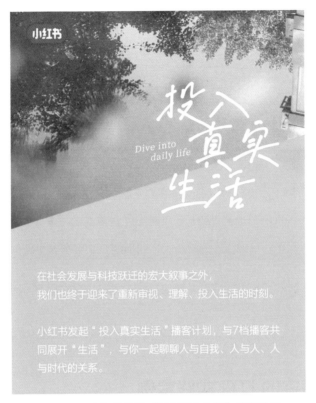

图 5-12　小红书发起"投入真实生活"播客计划

2023 年 8 月，小红书发起特别企划"夏日聊天大会"，包括面向自我、面向生活、面向志趣、面向世界四个板块，"这里属于所有愿意发出声音的人，任何人都不是你的'嘴替'，加入夏日聊天大会，夏天很好，适合话疗"，共有 30 多期节目参与了活动。

此外，小红书在形式上也做了创新，抢先进入了国内"视频播客"的赛道。小红书作为图文、视频社交平台，拥有内容创造的能力。从 2023 年年初与多家播客联合推出平台独家视频节目后，对部分创作者放开视频时长限制，支持播客节目在小红书 app 内传播。一个 app 能不断创新地探索一个新兴媒介，并结合自己的优势跟进视频播客的赛道，这对其他 app 来说都是新的启示。

与其他做播客营销的品牌相比较，小红书特殊在它的"app"身份上。通常来讲，品牌理念可以通过售卖的产品和服务体现，而 app 作为平台，更多的时候起的是品牌和消费者之间的桥梁作用。小红书通过搭建品牌播客矩阵，传达了做内容的初心，即通过人和故事的关系重新定义自己，让 app 品牌也更有生活的温度和广度。

CPA 点评

小红书属于国内较早做视频播客的平台，它擅于把握自身优势，又找到了国际播客发展的风向。2023 年是小红书成立的十周年，也是小红书的播客营销元年。在做播客的道路上，我们期待小红书有更新的玩法。

5.3　播客的 ITC 实践案例

除了 DTC 模式，播客营销的另一大模式 ITC 也有诸多实践案例值得分享，在此也细分为三类：投放模式、主题营销和 IMC 战役，让我们继续探索播客营销的可能性。

5.3.1　投放模式

这里的投放包括广告植入、冠名赞助等形式，即品牌选择与自己消费群体较为匹配的播客进行植入或冠名，在播客节目中以口播等直接的形式进行曝光，这种做法的特点是播客制作前期沟通成本较低，可以定向投放，也可以持续投放，在不同播客收听群体中形成合力。

Jollee

第三种营销渠道的可能

Jollee 是一个初创型的风味葡萄酒公司，致力于探索中国本土的好味道，在经典葡萄酒的基础上加入天然的花果原料，在降低了葡萄酒的入门门槛的同时，也更贴近年轻人的口味偏好。品牌创立之初，他们就在思考：什么样的渠道既能够有足够的预算支撑，又能够将品牌的精神内核很好地传达给消费者？

品牌市场负责人 Slowly 给出了一种新的营销方式——播客营销，在此之前，Jollee 做过抖音直播和小红书达人种草，但囿于成立初期资金有限，不能支撑品牌持续邀请带货主播和种草达人，也不能支撑运营团队持续采买流量做精准投放，所以他们在图文和视频种草之外，把目光投向了声音渠道。

当然，Jollee 选择播客营销也基于以下几点：一是市场负责人 Slowly 从上大学的时候就开始听播客，她对于播客这个媒介相对熟悉。二是他们做了测试，在包装里放入 Jollee 的歌单，他们捕捉到消费者对此是很有好感的。Slowly 说："提供一个声音环境对饮酒体验是有帮助的。"三是除了播客营销成本较低，播客极具消费潜力的用户群体以及播客能够提供多样的消费场景，也是吸引 Jollee 拥抱播客最主要的因素。

超过 50% 的品牌预算用于播客

2022 年 5 月到 9 月，Jollee 投放了《在家说 Home Chat》《悲观生活指南》《非正常旅行》等十几档播客。这些播客会在节目中口播 Jollee 的品牌，并引导听众用淘口令领取优惠券购买产品，详细的品牌和产品介绍以及领券方式则会以文字形式发布在 Show Notes 中，进一步加强听众印象，也便于购买转化。淘口令则可以明确地追踪播客的投放转化率。

2023 年 2 月，Jollee 宣布发起创作者扶持计划"声浪计划"，尝试在万粉以下的多种主题潜力节目中形成共创联盟。在 18 周内，完成了与 36 档原创节目合作的成绩。当然，Jollee 也提出了自己的投放逻辑，因为自己品牌的核心消费者是 24 到 32 岁的女性，这些女性群体感兴趣的话题就是 Jollee 格外注重的，所以 Jollee 对参加声浪计划的播客们最重要的一点要求就是创作主题必须是与"女性""阅读""娱乐""音乐""生活"有关的。

此外，我们也看到目前 Jollee 也进入了播客营销下一阶段，开始用新的模式探索内容和线下场景联动的方式，以线上反哺线下。比如，尝试把主播带到线下，邀请粉丝来录制播客，邀请主播到电影院做映后交流，甚至是做成线下的展览，以此实现将播客的合作复用、拓展到线下的场景中。

总之，2023 年以来，Jollee 选择将超过 50% 的品牌预算用于播客营销。从长期转化率来看，Jollee 的播客营销 ROI 在 2~3.5 之间。Jollee 认为，播客营销的核心在于能够沉淀品牌的内容资产，播客的内容有着较强的长尾效应，能够在较长的时间内为品牌带来转化；同时，Jollee 与主播定制的内容也可以在线上、线下以多样的形式进行复用，很好地印证了前文提到的各种播客对品牌营销的价值逻辑。

CPA 点评

Jollee 在播客营销上摸索出一套可持续的投放逻辑，建立了播客共创模式，形成了"高情价比"内容与关系的联合体，增加了创作者与用户对于品牌的好感，为初创品牌的 ITC 播客营销探索做出了示范。

永璞

"天造地设"的品牌植入

2022 年年初，永璞曾与播客《贤者时间》进行合作，这是一档从普通人视角观察普通人的生活方式的播客，听众可以去永璞的天猫旗舰店，报"暗号"获取独家商品优惠。这次的投放效果不错，由此永璞开启了玩转播客的节奏。永璞在 2022 年年末赞助《半拿铁》的 10 期节目，这次和《半拿铁》合作让不少人都觉得顺理成章，光从名字上看，"半拿铁"就好像是永璞的同行，就连刘飞和潇磊都觉得永璞和《半拿铁》是"天造地设"的合作伙伴。

尽管这些话题与永璞看上去没有直接关联，都保持着《半拿铁》以往的选题风格，但是，刘飞和潇磊将永璞的介绍放在了最前面的口播中，以此来引起听众的兴趣和留下深刻的印象。每期节目都会选择一个方面来介绍永璞，更加全面而又自然地展示了永璞发展的细节。并且在节目进行中，刘飞和潇磊还会穿插讲解一些永璞的品牌信息，因为都是与品牌有关的内容，这些穿插讲解与节目本身的内容融合得很自然，不会显得过于商业化。

潇磊在口播中介绍了永璞的品牌吉祥物"石端正"。以中国传统文化象征之一的石狮子为原型，结合主要消费群体的喜好，设计了卡通形象。石狮子端端正正，代表了永璞用心做咖啡、稳重发展的初心，同时又使石狮子的疏离感减弱，可爱感增加，惹得更多消费者喜爱。光在口播中描述可能听众的感受不直观，刘飞和潇磊特意将石端正放在每期节目的 Show Notes 中，让听众对永璞的品牌形象有更直观的了解。

巧妙设计让听众全方位认知

《半拿铁》的内容本身就会有一些巧妙的设计，刘飞称其为"埋钩子"，这在接品牌商单时一样如此。在植入的设计上，《半拿铁》主播在顺序上也有一定的逻辑。首期先概述品牌现状，再用品牌 IP 来形象地展示品牌气质，然后从线上产品周边、线上社区运营、线下门店、线下营销活动几个方面分别阐述永璞的 O2O 发展模式，其间还介绍了永璞的合作伙伴们。这样的顺序符合人们对品牌的认知规律，能让听众通过播客对永璞这个品牌形成全方位的品牌记忆。

永璞咖啡联合创始人及 CEO 毛栗子表示，永璞希望咖啡可以像中国的豆浆一样，非常接地气地出现在人们生活里，柔和地向用户传递永璞所信仰的生活方式。所以，《半拿铁》在主题以外还需要很好地传递情绪价值。情绪是播客主、听众与品牌之间的隐性传递信号。刘飞和潇磊的每一场对话、交谈时的积极状态，都能从声流中灌入听众的耳朵。在介绍永璞的线下品牌活动时，即便是说"好玩"二字，也能在他们生动的讲述下想象到"好玩"的具体场景。

正因为有巧妙设计，永璞和《半拿铁》都获得了良好反馈，永璞季期间《半拿铁》每期均登上小宇宙日榜前十，在内容霸榜的同时也实现了品牌、内容、听众共赢，成了播客长线内容营销的出色实践。

尽管在 ITC 的模式中，永璞取得了不俗的效果，但永璞仍然希望做一个从永璞总部发出，电波辐射到每一个岛民，用声音传递温度、带来陪伴的电台，所以他们还开设了《小岛广播站》，与消费者直接对话，传递最真实的品牌形象。

CPA 点评

永璞被称作咖啡界的设计品牌，说明永璞很会玩。在冠名《半拿铁》的合作中，双方让广告成了制造新鲜感的"抖包袱"，渐进式的内容实现了全方位的品牌记忆渗透。

5.3.2　主题营销

与投放相比，主题营销更偏向定制化，品牌与价值观契合或目标受众重合的播客合作，通过定制节目的方式软性地输出品牌希望传递给受众的信息。这类模式一般是通过共创，不仅是品牌和播客的共创，也有听众的参与，平台的扶持，大家联合在输出品牌价值和理念。小宇宙 COO 陈临风（芒芒）在接受数英采访时表示：主题定制化的内容就是一个完整的品牌广告，用足够的时间、内容和丰富的体验，把品牌内核跟听众讲清楚。

所以，基于主题的定制化营销越来越受到品牌的关注，播客的主题营销也越来越获得消费者的信任，因为这种 ITC 模式和迎合算法的内容投放有着天壤之别。迎合算法生产的内容无法还原品牌的真实面貌，而播客天然抛弃了公关类的无趣内容，要求品牌"说真话"和有"真实体验"，这也自然会产生种草的可能。

海蓝之谜：永续年轻生命力

在全新海蓝之谜奇迹云绒霜上市之际，海蓝之谜携手小宇宙 app，共同打造《永续年轻生命力》主题专栏，邀请 5 档播客，从文学、影视、艺术以及个人体验出发，通过不同的视角诠释澎湃生命力（图 5-13）。

图 5-13　海蓝之谜 × 小宇宙：《永续年轻生命力》

小宇宙 app 与海蓝之谜完成的这次创新尝试，是结合了内容 + 产品的定制化，5 档头部播客紧扣海蓝之谜产品抗老特色，从文学、影视、艺术以及个人体验出发，多角度、多层次地诠释年轻生命力的来源。而全新定制优雅视觉播放页，以通感交互体验传递海蓝之谜澎湃生命力，也让消费者完成了一次音视听一体化的播客体验。

此次主题营销最终实现 2500 万社媒传播、80 万播客深度互动、350 万收听小时。这是品牌最大化应用播客平台综合传播手段，探索听众内心精神共鸣，用细腻真实的表达实现品牌沟通的有益示范。海蓝之谜把投放的技术和强共鸣内容的艺术充分结合，将播客营销纳入了更大的传播链路中。

CPA 点评

海蓝之谜在小宇宙的美妆主题营销活动具有示范效应，5 档播客围绕主题延伸出不同角度的内容，既紧扣了主题，又没有重复感，极大地传达了品牌理念。平台定制的专属播放界面，为音频增加了视觉冲击力，也是极佳的体验。

达霏欣："每个行业都脱发"

尝试播客营销的契机：占领新赛道

振东健康旗下治脱生发品牌达霏欣已有 20 余年的发展历史，在整个米诺地尔品类里处于比较头部的位置，在各大新媒体平台都有一席之地，品牌到了拓展新渠道、占领新赛道的发展阶段。负责达霏欣品牌的盖儿是播客的忠实粉丝，在长期收听中亲身感受到听众与创作者的深度链接，自己购买过节目里提到的好物，意识到播客对消费者心智有很大的影响。

另一个负责达霏欣品牌的 Vivian 也在接触播客之后，发现播客可以覆盖多种场景，不受时间和空间的影响，而且单集时长通常在一小时以上，有足够的时间来讲明白产品的功能与理念，对于达霏欣这样的 OTC 药品尤为重要。

于是，达霏欣与播客开启了合作模式，在 2023 年 5 月与 11 档播客一起进行内容共创，邀请创作者以贴合节目风格的方式创作内容，最终围绕"每个行业都脱发"这个话题进行广泛传播，既保证了节目效果自然生动，也实现了产品效用的有效传播。达霏欣在播客主题营销中让"内容力"最大化，尊重创作者与听众长期建立的信任关系。在 2024 年 4 月，达霏欣还独家冠名了《基本无害》的《城市生存手册》，在 9 个城市通过线下录制和线上传播的方式围绕城市生活的主题拓展了新的播客营销思路。

触达效率高，打通销售链路

"每个行业都脱发"这个话题本身有点戏谑，《黑水公园》的植入方式更是令人印象深刻，在其招牌栏目《世界奇妙物语》里突然插入产品信息，听众留言说他们是周星驰式地植入产品，像是《唐伯虎点秋香》里植入含笑半步癫的形式，获得了良好的反响。

还有一点超出预期的是，此次播客主题营销还打通了销售链路。虽然为每档合作节目配置了产品购买链接，但其实此次主题营销的主要考核指标并不包括销量，核心还是希望在播客用户中建立品牌认知，对于带货效果并没有预期，但后续监测发现有带来直接的转化，这证明播客内容真的对用户行为产生影响。

另外能打通销售链路的方式还有基于听友建立起的社群模式。播客收听场景覆盖非常广泛，在开车、睡前等场景往往是闭屏收听，很难做到边听边买，但社群提供了更深度的触达、更直接的链路，减少跳转，从而实现更长期的效果。达霏欣首轮投放以初次触达与建立认知为主，今后的投放会考虑与更多账号合作，在节目的社群和其他社交媒体平台产生更深度的链接，侧重点向转化效果方面倾斜，在"品"和"效"两个维度升级与播客的合作。

CPA 点评

脱发能聊出什么兴奋点？治脱生发品牌达霏欣用实际成果告诉你：不仅能聊到兴奋，还能把评论区变成产品交流区。以"每个行业都脱发"为主题，品牌巧妙地将生活困扰和收听场景深度链接，让声音的关系作用被大大强化。关于产品的讨论自然而然地发生，评论区变成带货区，转化链路也就水到渠成。

石头科技：共赴"不费力"的生活

石头科技是一家专注智能清洁机器人及其他智能电器研发和生产的高科技企业，致力于为包括年轻人在内的消费者提供有品牌内涵的科技新体验，在解放自己的同时也能释放情绪。为此，石头科技在智能产品营销上另辟蹊径，持续在播客上探索自己品牌的产品与情绪的绑定，牢牢抓住当代人追求"不费力"的生活这一点，用科技与智能创新简化生活，让烦琐变得简单直接。

这一营销逻辑直接呼应了近年来年轻人越发明显的"躺平"心态，大家恍然大悟地发现，其实没有人喜欢一直这样紧绷下去、不断地"内卷"，而内心真正想要的还是"不费力"和"松弛感"。当"不费力"成为我们的生活信条，又是什么在制造费力与消耗？这需要好好观察和反思。在这样的背景下，专注智能清洁的石头科技联合"日光派对"共同出品《这届青年情绪报告》，联动《日谈公园》《姐姐说》和《火象三傻妙妙屋》三档播客拆解当代年轻人的情绪困境，展现"不费力"的生活图景。通过播客的主题营销，石头科技成功将科技简化生活的理念与价值观传递给听众，让"生活困境的答案""科技简化生活""追寻松弛感和不费力人生"这三个主题与石头科技紧密联系起来。

石头科技之所以深耕播客营销，正是因为他们看到了播客拥有比其他媒体平台更纯粹、更真诚的气质。所以，石头科技在一段又一段声音中，一次又一次深度交流中，展现了智能清洁的科技产品是如何营造生活的松弛感，如何和听众一起追寻"不费力"的人生的。结果，这样的内容和策略收获了不少正反馈，听众纷纷表示智能产品不再是冷冰冰的功能与数字，而成了链接情感与生活的象征，甚至表达了购买意愿。

单纯强调功能与技术的营销在今天的流量时代已经显得过于同质化与冷漠，更加真诚的交流、更折贴近用户的场景，才更能触达人心，留有印象。石头科技便是在践行这样的理念，通过播客拓宽了自身产品的受众范围，让产品更贴近目标用户，更有利于品牌心智的广泛传播，树立了良好的品牌形象。

CPA 点评

听众与家人的共同参与，形式新颖，深入人心，石头科技通过播客的
主题营销走出了自己的品牌心智之路，给其他科技消费产品做出了良好的
示范。

5.3.3　IMC 战役

IMC 的全称是 Integrated Marketing Communication，即整合营销传
播，近来成为品牌营销的重要部分。品牌会在一些重要节点，如新品上市、节
假日、大促等常规或重要的时间节点，通过多种形式的传播，形成品牌攻势。
如今，播客也成了各类品牌大型营销战役中的重要组成部分，品牌通过播客输
出内容、链接消费者，进而实现销售转化和用户心智沉淀，形成了品牌触达消
费者的闭环。播客可以深度讲述品牌价值观或产品理念，更人性化地影响到消
费者，并通过节目主播和嘉宾身份、内容的加持，形成强大的传播效应，沉淀
出新的品牌价值。

珀莱雅：回声计划的进阶史

长于情感营销的美妆品牌

面对激烈的市场竞争，越来越多的品牌不再只是把营销重心放在卖产品上
了，它们开始走情感营销的路径——直击消费者的内心。美妆品牌珀莱雅就是
这样一位关爱消费者心理健康的大师，它从众多美妆国货品牌中脱颖而出，靠
的是对公益话题的关注以及直击消费者内心的品牌理念。

珀莱雅鼓励年轻人勇于探索世界、追逐梦想，挖掘自己内心的光芒，创造
更多无限可能。从 2021 年起，在三八妇女节、520、开学季等热门节点，珀莱
雅就陆续发起情感营销活动。其他品牌在这些节点也会做营销活动，但珀莱雅
秉承关爱年轻人身心的品牌理念，在世界精神卫生日发起相关的公益企划，迅

速地填补了这个节点的市场空隙，抢占了差异化营销新赛道。

回声计划：打开情绪出口

为此，珀莱雅在三年里发起三次"回声计划"，其中有两次和播客产生了涟漪，将节点营销延伸到了听觉层面。2022 年，珀莱雅在 2021 年的基础上提出"回声计划"2.0，表达出"打开情绪出口"的态度，开始了以 ITC 策略为主、DTC 策略为辅的播客营销之路。

在 ITC 方面，珀莱雅和小宇宙进行了联名合作，小宇宙深度参与策划，集合五档做心理、生活、情感的知名播客（图 5-14），这五档播客的主播中有心理咨询师、情感专家，通过对话和互动，他们和听众们共同探讨了年轻群体在生活中遇到的情绪问题以及应对方法。主播们会在节目开始前的口播中介绍到珀莱雅"回声计划"，在节目进行中，很少植入商业化的东西，这样做不仅能增加节目完播率，还能让听众对品牌抱有更多好感度。当听众在青睐的节目中听到品牌愿意关注自己的情绪问题，更容易产生共鸣，在节目评论区中就可以看出听众十分欢迎品牌参与到这样的话题讨论中，珀莱雅的目标也就由此达成。

在 ITC 方面针对节点进行营销的同时，珀莱雅还于 2022 年 10 月推出了自己的品牌播客——《珀莱雅发现 FM》，以 DTC 的方式讲述品牌理念以及"回声计划"的意义。该播客紧紧围绕情绪这一话题，通过简短的内容提供化解情绪问题的方法，更沉淀了珀莱雅"关心年轻人"的品牌特质。

在 2023 年，珀莱雅继续升级到"回声计划"3.0，联合多抓鱼以及果麦文化、后浪图书等 9 家出版机构，开展了线上线下相结合的送书活动，同时推出了青年心理健康公益片《此刻，和情绪_____》。此外，珀莱雅再度携手《张春酷酷酷》《心动女孩》等播客，与小宇宙用户探讨怎样与情绪和解，正是之前播客营销取得不错的反馈，促使珀莱雅在未来的每一个世界卫生日都会继续用声音传达出对情绪的关怀。此外，珀莱雅还在三八妇女节、母亲节等节点，通过播客节目强调女性群体的权利或探讨女性在养育中的责任关系，展现珀莱雅从"看见"到"分担"的品牌价值观，提升了大众对珀莱雅好感度。

图 5-14　珀莱雅 × 小宇宙：《回声计划》

CPA 点评

　　珀莱雅用声音打造了属于年轻人的"回声计划"，这既体现了美妆品牌的社会责任，也是与消费者的情感联结的最佳实践。

三顿半：用播客创造风味星球

■ 三顿半——飞行电波 ————————»

生活与咖啡一样，需要想象力和创造力，才能呈现出复杂而丰富的风味层次。在《飞行电波》中，我们将看到咖啡爱好者们的另一面——这些生活玩家们将讲述自己在不同领域中的精彩经历，他们打破各种界限，向我们展示丰富而又本真的世界。

■ 三顿半——隐藏世界 ──────────────))

以播客的电波形态来呈现星球意象，用声音的温度陪伴每一段旅途。《隐藏世界》特邀不同风格的星球主播们入驻，为三顿半星球系列每周更新一期专题节目，生动入微或严肃调侃，你将收获一场关于星球的奇趣漫谈。

用一杯咖啡的时间讲故事

成立于 2015 年 4 月的三顿半（SaturnBird Coffee），始终致力于精品咖啡的大众化，让各种收入水平的咖啡爱好者都能尽情享受精品咖啡。三顿半特别注重传播品牌理念与培养忠实客户，同时也热衷于追随年轻人和潮流，力图在各类社交媒体上塑造出一个认真生活、热爱探索与体验、充满趣味的品牌形象。

三顿半希望以咖啡为起点，携手老顾客纵深感受品牌故事，引领潜在消费者踏上一段充满探索和乐趣的咖啡之旅。这就需要一个能"讲故事"的平台来助力，播客拥有的生态恰好给了三顿半这样的机会。播客最关键的是它能让用户听"上头"，而三顿半要做的是让消费者达成**"只要一杯咖啡的时间，就能从现实中溜走"**的愿景。

于是，在 2020 年三顿半就找了五档很有文化调性的大牌播客来定制自己的节目，用 ITC 模式传达自己的品牌理念。到了 2021 年，三顿半干脆亲自用 DTC 模式推出了一档自营品牌播客《飞行电台》（后改为《飞行电波》，图 5-15）。

两种播客，不同风味

三顿半在播客里疯狂探索声音的可能性，播客的内容选题看上去与咖啡不完全搭界，他们邀请了各种各样的创作者来共同录制，如影评人、咖啡店主、户外品牌的创始人、设计师等，围绕爬山、休闲露营或者徒步等主题分享与生活方式相关的内容。

图 5–15 《飞行电台》户外录制现场

在《飞行电波》里，不仅可以听到嘉宾分享的户外露营真实体验、嘉宾之间有趣的互动，还时不时可以听到户外的风声、走路声、鸟叫声等，增加了节目带来的沉浸感，让听众们在其他时间接触到户外和大自然的时候能联想到三顿半这个品牌曾在播客中带给自己的美好体验。

除了《飞行电波》，三顿半还在 2022 年 6 月推出了一档播客节目《星球电台》（后改为《隐藏世界》）。当时恰逢三顿半发布第六代超即溶咖啡，于是这档播客就以六个风味关键词为标签，邀请了不同领域的嘉宾，设计了一系列内容，每个单集标有从"1 号星球"到"6 号星球"的字样，分别对应三顿半咖啡旗下的 1 号到 6 号咖啡，以更具象地将这六种咖啡风味传递给消费者。

除了播客节目《隐藏世界》，三顿半还联合潮汐、小宇宙、阅览室以声音、文本的形式诠释与延展这 6 颗数字星球背后的内涵。消费者可以通过扫描数字星球咖啡封口膜上的二维码，进入对应的"星球"，扫码收听节目或阅读文本，每次扫码，都将获得1枚星球碎片，以此解锁星球内容，参与星球任务或交易物品。由此看来，《隐藏世界》更像是三顿半咖啡对既有商业生态的补充。

共创沉淀优质品牌资产

其实，三顿半的第二次播客营销《隐藏世界》与先前的《飞行电波》的性质并非完全一致。《飞行电波》的播客话题直接与三顿半关注的户外露营相关，而《隐藏世界》的话题则十分多样。前者是在宣传品牌的形象，后者其实更像是三顿半在扩大自己品牌的关注点，讲述品牌发展的故事。前者独创性更强，后者合作性更强。但无论有多少差异，核心是不变的——三顿半希望通过新的内容占据新的渠道，创立一个DTC的出口，去传播一些品牌价值观念。

无论是阶段性主题营销"定向聚人"，还是长期的品牌电台"认知输出"，品牌都可以通过与优质创作者的共创，从而获得更优质的内容资产和更高效的关系资产。三顿半就是这样在践行他们的共创理念，三顿半的团队成员本身就是最早的一批播客迷，他们将自己的品牌理念和价值观注入其中，以独特的方式吸引着同龄人或年纪更小一代的目光，无疑也收获了无数的认可和反馈。

CPA 点评

不同的营销目标衍生出不同的策略，三顿半在播客探索中找到了自己的通路，并且加强了听众对新品理念的投射，或许以后喝三顿半的消费者也可以在声音世界中参与"返航计划"了。

本章小结

通过多个品牌的案例分析，我们介绍了播客的 DTC 和 ITC 模式，生动阐述了耐克、路易威登等大牌以及 moody、YIN 等国货品牌的播客实践，也看到金融、地产、健康领域的品牌也参与到了这一新兴营销手段的实践中，了解了它们如何通过播客建立品牌叙事、传播品牌价值，以此吸引目标用户，建立品牌心智。同时，我们也看到越来越多的快消品牌在 ITC 中也有丰富的实践案例，它们通过矩阵式的投放和定制化的营销，收获了听众认可，提升了品牌美誉度，正所谓：

大牌故事声波传，情感共鸣心智连。

播客营销新径辟，各路品牌美誉显。

播客时代

用声音打造影响力

- 从"中文播客元年"到"播客商业化元年",我们看到了播客发展的变迁,看到了不同身份的创作者和各行各业的品牌经由播客扩大了自己的影响力。可以预见,在未来播客仍然会在我们的生活中扮演不可多得的陪伴角色,也会随着更多创作者、品牌和平台的加入,以及科技的加持、行业的渗透,产生不断成长的可能性。

- 第 6 章我们会从当下的播客发展中窥探未来在播客创作上的趋势,第 7 章我们结合国内外的案例来看未来播客商业化的新玩法。总之,我们乐见播客生态的繁荣,也希望与你持续探索播客的各种可能性,一起见证"声入人心、声生不息"的繁荣景象。

第 4 部分
未来篇

第6章
播客创作的可能性

6.1 播客视频化拓展新边界

6.1.1 视频播客的趋势

YouTube 成为全球最大播客平台

如果问你海外增长最快、最受欢迎的播客平台是什么，除了苹果播客，想必很多人的第一反应是 Spotify。但实际上，答案并非 Spotify，也不是苹果播客，真正最大的播客平台是看似和播客关系不大的 YouTube，这印证了视频播客的增长势头，视频平台比纯播客平台对受众更有吸引力。这点 Spotify 似乎也很同意，其发布的报告《2024 年播客趋势》显示，全球视频播客的日均流媒体播放量增加了 39%，Z 世代比其他播客听众更倾向于观看视频播客。

专注于播客业务的网站 castos 指出，YouTube 拥有 20 亿用户，越来越多的播客节目都开始在 YouTube 上分享视频。2019 年以来，YouTube 在播客平台的份额占比一直处于增长状态。2023 年第一季度的数据显示（图 6-1），在听众最常使用的播客平台中，YouTube 排名第一，占比 29%，紧随其后的 Spotify 占比降至 17%。另一组数据显示，在过去的 6 个月里，每周听过新播客的消费者中有 34% 开始在 YouTube 上听他们的最新播客，这比 Spotify 和苹果播客的总和（33%）还要多。

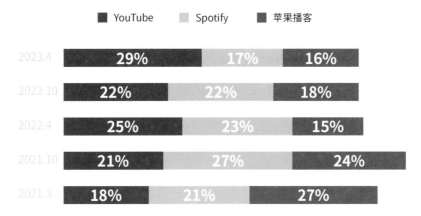

图 6-1　播客听众每周使用最多播客平台的百分比（2021—2023）

面对 Spotify 的重金投入，YouTube 选择的战略不是正面应战，而是重新定义播客，即播客可以是视频，而不是像 Spotify 一样将视频作为播客的补充。2023 年 3 月，YouTube 正式向美国的 YouTube 音乐用户推出了播客，同年 9 月，YouTube 宣布 2024 年 4 月将关闭运营多年的播客平台 Google Podcasts，显示出其试图重新定义播客的决心。

对此，谷歌方面曾表示，"展望 2024 年，我们将加大对 YouTube Music 播客体验的投资，使其成为粉丝和播客主播的更好的整体目的地……我们知道这种转变需要时间，但这些努力将使我们能够打造出令人惊叹的产品，奖励创作者和艺术家，并为用户提供最佳的播客体验"。

用户和广告主偏爱视频播客

在 YouTube 的一项收听播客的方式统计中，有接近 1/3 的听众偏爱有视频影像的播客，这个数据高于广告主的预想；在 YouTube 消费播客的人群中，看视频与不看视频上花费的时间几乎一样多；对于收听播客不超过一年的新听众来说，他们对视频播客更有兴趣。

我们另外的一个观察是，人们倾向在一个平台上同时满足放松休闲与获取信息的需求，很多人选择把 YouTube 最小化当作背景音，当作收听播客的常规方式。小宇宙 CEO Kyth 对此也有类似的感触，他说这是和美国家庭的电脑保有量有关。美国家庭一般都有几台电脑，这样他们在日常生活种就很容易打开 YouTube 这类视频网站，在做其他事情时当作背景音去收听。

所以，这促使那些只制作音频的播客节目也会通过 YouTube 进行推广。以在 YouTube 上保持几乎日更的"PowerfulJRE"为例，这档播客节目只是上传了主播和嘉宾录播客的过程视频，就收获了 1110 万粉丝。其中最受欢迎的一条视频是主播对话特斯拉公司 CEO 埃隆·马斯克（Elon Musk），视频当时就达到了 4763 万次观看。

平台方面，YouTube 也在鼓励更多视频制作者进入播客赛道。2022 年 11 月，YouTube 发布了"Podcasting on Youtube"，为播客创作者提供频道策略与内容创作上的建议，鼓励更多人参与视频播客的创作，俘获更多人的心流。之前，创作者不愿意尝试视频播客的一个主要原因在于，他们认为视频会大大增加人力和财力上的投入，但 YouTube 官方的建议是，视频播客并不一定要像传统的视频制作那样精良，播客的特点在于更轻松随意，许多最受欢迎的播客只是简单地在不同人物间切换。

随着技术的发展，这个门槛将会进一步降低。如今，已经有很多工具可以提高创作效率，比如，Blubrry 推出 Vid2Pod 服务，可以将 YouTube 视频转换成开放 RSS 音频播客，这就意味着你一旦在 YouTube 上发布新视频，Vid2Pod 就会自动发布一个音频版本到苹果播客、Spotify 以及其他平台。所以，我们有理由相信，有市场、有工具的视频播客会有更大的体量和广阔的前景。

此外，对于广告主来说，视频播客同样更有吸引力。根据尼尔森的报告，相比电视广告，观看视频播客的听众更愿意在播放广告时看着屏幕。Magenllen AI 将 YouTube 上同步播出的节目与其他播客相对比，发现前者在口播广告上的比重、广告播放时间、直接响应品牌（Direct Response

Brands）与直接响应品牌的平均续约率上都有突出优势。我们从中也可以预见，视频播客的商业化价值也亟待被更多品牌看到，也会产生更多的商业化案例和实践。

6.1.2　视频播客在中国

播客拥抱视频，势在必行

我们把视线拉回中国，其实可以发现视频播客或者叫播客视频化这样的势头也早已初见端倪。

一方面，如同 YouTube 上很多对话类或单口节目可以仅通过"听"来获取信息，这类节目在中国市场也有不少案例，如早期的《锵锵三人行》《圆桌派》等。

另一方面，我们看到不少中文播客的创作者也开始尝试在录制音频的同时录制视频，再将其播客或者片段上传到 B 站、小红书、抖音等视频媒体或社交平台上进行分发。JustPod 曾在微信视频号上做过超百场直播；看理想团队就上线了视频播客节目《vistopia 录音室》，这是一档三人聊天节目，画面中有两盏灯、三台机器，每期邀请一位看理想的好朋友，提供一些陪伴，一些趣味，一些新的视角和一些可能性。

此外，我们还看到有不少播客创作者本身也是视频创作者，这说明视频创作者也开始拥抱播客，两者既有重合，又互为补充。例如，B 站科技区 up 主"两颗皮蛋"也是播客《皮蛋漫游记》的主理人，他们在 B 站上会上传更多现场类的视频，如见证苹果产品上线或者开箱体验等，但在播客里他们不仅聊科技，还关注科技产品背后的故事和人，期望用对话发现科技行业更广大的世界。

由此可见，播客和视频并不是对立的，而是相互补充、相互融合的，并且在视频画面的加持下，播客可能会带来更高的价值。在传播上，已经有平台在尝试用视频的形式推荐播客。比如，小宇宙 2024 年上线的播客片段视频分享功能，基于播客节目的播放页，加上实时字幕、标题、封面及时点等，生成一段视频，适合在其他平台和社交圈传播。

关雅荻是国内较早进行视频化尝试的播客创作者，他认为，视频播客建立心流比音频播客效率更高。他在和艾勇、老袁的一期节目（图 6-2）中说："因为人整体来说还是视觉性动物，我们对世界的感知，从信号摄入的角度，百分之七八十左右都是视觉信号。如果我们从大脑认知感受，从建立心流的角度来看，本质上最快的方式还是视频，视频比音频的效率更高。音频当然证明了它已经可以建立心流，大家可以听进去，并且能够理解。但相比音频，视频毫无疑问应该是加速的。落在营销上来看，内容如果可以更有效率地建立并维持心流，那么带了视觉画面，毫无疑问，感觉上就直接起飞了。"

图 6-2 《关雅荻·开放对话》是一档视频播客

同时，视频播客也能让内容更易被理解和消化，进而产生更多印象。关雅荻举了个例子，*Huberman Lab* 是一档极具价值的播客，在英文互联网享有极高的知名度，其主播 Andrew Huberman 是著名的神经学家，他擅长用通俗易懂的语言深入浅出地解释复杂的科学概念。这个系列就是通过 YouTube 平台进行传播的。在镜头前，Huberman 对着话筒可以滔滔不绝聊两个小时，听众如果只是听，在英文没那么好的情况下可能无法获取有效信息，但你可以通过 YouTube 人工智能的中文字幕，以视频播客的形式看就更容易理解到百分之八九十的意思，哪怕一些专业词听不懂也没关系。所以，视频播客展示的内容信息更多，也更能帮助你理解和传播，未来很可能出现从音频播客的伴随式体验进阶到视频播客的沉浸式体验的趋势。

从商业化的角度看，播客视频化还会降低品牌参与的门槛，让更多类型的品牌能够选择播客营销。比如，关雅荻在 B 站《关雅荻·开放对话》的视频中展现了一个完整的线下空间，其中出现的活动、场景、用品、标识等都可以作为广告位，拓展了营销的边界。

哪些人适合做视频播客

说完视频播客的趋势，那你可能还是会问：哪些人或者账号更适合做视频播客呢？关雅荻在《CPA 超频对话》中给出了以下四类总结。

有知识沉淀的创作者

这类创作者具有深厚的专业知识和经验，如罗翔老师、刘擎老师等。他们可以通过视频播客展示自己的个人魅力、语言表达能力和肢体语言等，将专业知识传递给观众，提高观众的认知水平。这些人的播客内容往往能成为爆款。

有影响力的意见领袖

这类创作者在特定领域具有影响力和领导力，能够对话题发表自己的看法并影响他人。他们可以通过视频播客输出自己的价值观和观点，引导观众形成正确的认知和判断。他们的内容往往有对行业有影响、改变和引领的作用。

有真材实料的表达者

这类创作者具有真实的见识和表达能力，能够在长时间的视频播客中持续输出有价值的内容。他们的表达让观众产生共鸣，帮助观众获取新知识和信息。真正拥有这样输出能力的人，会进入一个新的流量环境中。

有自我认同的创作者

这类创作者对自己的身份和价值观有清晰的认识和认同感。他们可以通过视频播客展示自己的个性和特点，传递正能量，激发观众的共鸣和认同。

对于面对镜头仍有"恐惧"感的创作者来说，视频播客其实侵入性更低，你可以比较自然地而不是正襟危坐地来表达自己的观点。当然，你也可以选择用极简的视频风来呈现播客内容，比如，在一期播客或者播客片段中配上简单的素材画面或者你和嘉宾的照片，就可以生成一个或一系列的短视频，在流量更大的视频分发平台上进行传播，由此可以获得更大的关注度和影响力。

当然，对于进阶一些的播客创作者来说，音频到视频的跃升，在设备上是有门槛的。很多创作者并不熟悉视频设备，更别说布光、设备之间的连接等设置。为了推动播客行业向视频化发展，佳能"佳直播"与 CPA 中文播客社区达成合作，打造播客专属的录播 / 直播一体化解决方案（图 6-3），并共同在北京 CPA 中文播客录音室落地专为播客视频化转型设计，满足节目录制和视频直播的高标准录播室，新的演播空间将让更多创作者有机会接触、体验、参与到播客视频化的趋势中。

这套方案有两个方面的特点：

o 首先，操作便捷，小白也能轻松操作。所有的设备只需要上手很短的时间就能够熟练使用，学习成本很低，无论是摄像机还是灯光、切换台，都能轻松学会。

o 其次，丰富的画面展示，满足播客创作者日常录制和直播需求。不管是播客独立制作自己的节目，或者是多人合作，"佳直播"这套双机位的解决方案都能够进行完美适配，在切换台上面轻轻一点，就能够实现机位的切换，以及不同光影设置下的情景切换，在节目直播和制作上更显优势。

图 6-3　佳直播 X CPA 中文播客社区录播室

除了录制的解决方案，一些平台也推出了带视频录制功能的产品。比如，Riverside 推出了一款播客和视频采访录制软件，利用人工智能技术创建高质量、专业的录音。无论用户身在何处或网络连接如何，都可以轻松地录制远程播客和视频采访，同时能够将录制会话直播到多个平台，如 Facebook、YouTube 等。有了设备和平台的加持，我们期待有更多播客创作者尝试和拥抱视频播客。

6.2 AI 黑科技降低门槛、优化体验

6.2.1　AI 辅助内容创作

CPA 在 2023 年的创作者调研中发现：**约有 35% 的创作者已经偶尔或经常使用 AI 工具**（表 6-1），诸如搭建选题框架、提炼内容等；超过 56% 的创作者会在未来尝试使用 AI，提升播客制作的效率，看来播客行业也会袭来 AI 风暴。小宇宙 CEO Kyth 在访谈中提到，播客仍然有一定的生产和流通成本，AI 有机会从这两个方向上提升效率。Kyth 表示有大量的内容价值被锁定在音频里，平台能够利用 AI 对于长文本的理解能力和提取能力，做一些新的尝试，如提取隐藏在播客里面的"知识点"、用视频方式分享播客片段、让剪辑更加方便快捷等，让播客创作者可以把更多时间花在选题、对话等内容的工作上面去。

表 6-1　播客创作者使用 AI 的倾向

偶尔会	经常会	以后会	不太会
22.1%	13.8%	56.4%	7.7%

但我们也看到当下的创作者对 AI 仍有一种摇摆的态度，我们在访谈中了解到，主要有两个方面的顾虑：一是 AI 工具输出的效果不尽如人意，仍然需要花费时间来调整或加工；二是作为内容的生产者，创作者们认为 AI 在很多时候还是无法替代自己构思选题，也无法和听众真实互动。

这里我们分享一个很有意思的实验。《大俗小雅》曾在 139 期用 AI 独立制作了一期节目《最长情的陪伴无须告白》，虽然这期节目的尝试在中文播客领域是非常有独创性的，但在实施过程中还是"困难重重"，至少需要经历投喂文稿、生成文稿、调整语言模型、修正声音模型、拼接剪辑等环节。最后节目上线后，有听众还是很明显地感受到了"念稿"的痕迹，对于一个情感类的播客

节目，AI 似乎还需要学习很多，暂时无法取代真实情感的交流。

当然，我们对 AI 保持谨慎的态度没有错，但也需要随着黑科技的迭代，去了解、拥抱和尝试 AI 技术，期待 AI 能帮助你找到更高效的、更适合自己的播客创作方法，也期待 AI 能够真正释放播客这种音频的魅力。例如，谷歌最近推出的 NotebookLM－输入文件就能生成高质量双人播客。

其实，各个平台都在努力为创作者提供 AI 工具。例如，苹果宣布于 2024 年春季推出播客自动转录功能，单集在苹果播客发布后，iOS 系统将自动生成转录文稿（transcripts），文稿提供下载与编辑等功能，方便创作者使用，听众也可以在 app 里看文稿字幕。

这里再分享一个喜马拉雅播客平台上的 AI 工具，这款工具是国内首款音频在线多轨轻剪辑应用，实现 AI 赋能音频在线处理，无须下载双端即可使用。这款产品还集合了一键成片、AI 快剪和智能降噪等强大的音频后期处理能力，更有 AI 包装、在线配乐等功能帮助创作者提升播客质量，2024 年还上线了 AI 一键生成分享文案和图片、AI 大纲等功能。其中，音频转文字剪辑的功能受到了许多创作者的欢迎，因为以往的音频剪辑通常需要从头到尾聆听数小时音频内容后再进行剪辑，大大消耗了创作者的时间。喜马拉雅云剪辑通过 AI 技术，将音频内容转换成文字形式，使创作者能够像编辑 Word 文档一样对照文字进行剪辑，甚至可以按字进行剪辑，极大地提高了后期剪辑的效率。

此外，播客创作者在创作过程中，还会遇到因为说话习惯而在节目里掺杂许多口癖、气口、口水音等问题，如果每次都需要把长长的音频内容全听完再来检查，费时费力。喜马拉雅云剪辑的"智能检测"功能可以帮助创作者一键检测口癖，识别气口、口水音等，并将不需要的口癖等进行删除，不必再逐字逐句地剪辑，帮助创作者节省了大量时间。喜马拉雅播客业务负责人吴岸说："喜马拉雅会不断探索 AI 对于创作者的赋能，希望可以帮创作者降低创作成本，让创作者更多聚焦在选题方向和内容审美、深度观点等更依赖作者创造力的事情上。"

《生财第一课》的主理人 Super 黄平时关注 AI 技术的发展，专门研究了一套利用 AI 研究和学习对标播客的方法。

o 第一步，优化访谈提纲。先找到"搞钱"赛道里的头部播客，抓取对方的全部节目转成文字稿，丢给 AI 并提问：你觉得这档节目有哪些提问技巧？哪些问题问得比较尖锐？再把 AI 的回答融入自己的访谈提纲。

o 第二步，取一个爆款标题。同样地，他抓取了对标播客中播放量高的单集标题，让 AI 总结这些爆款标题的规律，再让 AI 基于这个规律给自己的节目取标题。

o 第三步，Super 黄也建议主播们利用 AI 来提高剪辑效率。粗剪时，把原始录音转成文字，以快速删除大段不需要的内容，之后再从头到尾仔细听一遍，完成精剪。

整套操作下来，《生财第一课》的收听订阅转化率提高了 5 个点，提高效率的同时也提升了转化率，可谓事半功倍。除了实操，Super 黄还开设了一档播客《AI 产品经理》，邀请 AI 领域有实操经验的朋友交流经验，持续探索 AI 对各行各业的影响。

看来，AI 渐成风气，所谓"工欲善其事，必先利其器"，我们相信 AI 在不久的将来，还会为播客的创作、分发持续赋能，带来更多的惊喜。

6.2.2　AI 黑科技的展望

自从人工智能和 ChatGPT 被反复提起，我们其实已经进入了全新人工智能变革的时代，就像赛博朋克之父、科幻作家威廉·吉布森（William Gibson）的名言：**未来已经到来，只是没有均匀分布。**

对于播客来说，我们一定能在可见的未来看到这样平常的场景：人工智能生成播客文稿，用无法分辨是不是人声的电子合成音读出，用一键剪辑模板智能生成片头结尾，用 AI 写作软件自动生成标题、封面和 Show Notes，轻松制作出一期播客。除了这些，再让我们一起领略 AI 黑科技在播客中的应用场景吧。

AI 已经在音频技术中实现声音对焦，去除噪声。比如，骁龙移动平台引入第八代 AI 引擎，其具有的强大性能、适应性和泛化能力，能够为播客创作者提供更高质量的音频体验。通过降噪技术，创作者在不同环境下录制播客节目时，可以去除背景噪声，使录音更加清晰。声音对焦功能可以处理较远距离的录音，让声音清晰可辨。利用 AI 算法，芯片可以识别视频场景主体并跟踪声音，实现视觉和音频对焦的同步。这对于旅游类、记录类的播客录制将有极大的利好。

此外，AI 还可以改变声音、克隆声音，把文章转成播客，自动记录，生成时间轴，这些功能除了能提升播客的制作效率，也能帮助我们更高效地去获取一个播客的内容和信息。2023 年，为播客创作提供 AI 工具辅助的技术平台 Podcastle（图 6-4）推出了诸如提供生成式 AI 语音克隆工具 Revoice、提高音频质量的 Magic Dust AI、提供 AI 语音的文本转语音（TTS）功能以及作品发布和分享的 Hosting Hub 等一系列 AI 驱动的功能，让播客的制作和发行有了更多可能，他们的目标是打造"一个人人都可以参与的世界级多媒体内容创作的世界"。

图 6-4 AI 技术辅助平台 Podcastle 提供创作、编辑、发布一站式服务

同样，在内容输出方面，由于播客的长本文属性，听众也需要利用工具方便、快速地了解节目内容和大纲，现在已有不少诸如 Podwise（图 6-5）或秘塔这样的 AI 平台就能提供总结内容、提炼观点、提取关键词等服务，并且各种 AI 平台也在加速进入，这也将提升播客内容的碎片化、个性化分发的效率。

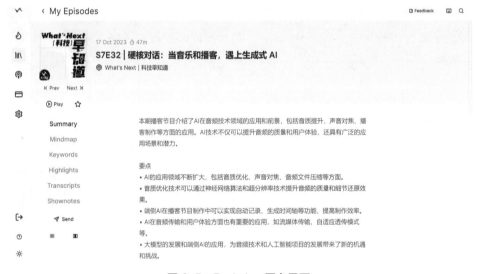

图 6-5　Podwise 平台界面

未来，AI 还会帮助我们实现实时的音频翻译功能，就像《流浪地球 2》中的场景，这种功能可以让用户将说的中文实时翻译为其他语言，并保留自己的声音，这样就可以快速地把自己的播客传播给世界范围内的听众了。反过来，在我们访谈一个外国知名人士后，就能把这样一个播客节目生成中文的版本，但同时也保留了主播原本的声音，快速生成一个能被更多国人接受的播客节目。这样的工具可以加速我们的交流，这给跨国交流和音频录制都会带来新的体验。

6.3 赛道细分，生活场景更深入

6.3.1 再小众也会有市场

如今，播客已然成为一种生活方式，随着规模的扩大、场景的融合、技术的迭代，播客创作本身也会呈现更多元的场景，会开辟出新的赛道。CPA 中文播客奖已成功颁发两届，从 14 个赛道扩展到 19 个赛道，并且第二届在评选时刻意规避了首届获奖的播客节目，后续也会沿袭这一规则。CPA 秉承发现和挖掘更多宝藏播客的初衷，希望有新的播客源源不断地在各个赛道上涌现出来，哪怕是公益类这种小众的内容分类。

其实，再小众的分类，也会在播客世界中拥有自己的一席之地，因为播客听众会追求少而精的内容，也会有更高的包容度，小众播客与听众的链接可能比其他品类更为牢固。比如，像《遥望鸟》这种小众冷门的观鸟类播客在播客平台上也收获不少粉丝。越小众，越垂直，越专业，这些播客给我们的生活增添了新的乐趣。另外也有不同地域的方言进入了播客市场，比如，粤语、闽南语、上海话、东北话等播客节目已经收获了各自的粉丝，营造出各取所需、各生欢喜的局面。

对于机构来说，声音纪录片是播客创作的一种新形式。其实，声音纪录片在北美市场已经比较成熟，美国的专业媒体和播客制作公司还制作出了众多播客形式的深度报道、调查报告，甚至声音电影。中文播客中也有类似的节目，比如之前提到的中信出版·大方在做声音纪录片的尝试，推出《汉水的世界》和《这才是丝绸之路》等系列节目，这种记录本身就是在做一个出版产品。

同样用声音来讲故事的还有《故事 FM》《天才捕手 FM》等访谈类播客，他们通过真实访谈，展现每个人的独一无二。在 2023 年的荔枝年度声典上，播客赛区涌现上万部参赛作品，其中故事类播客异军突起，荔枝 app 也针对播客品类打出"用播客好故事，发现新世界"的口号。我们共同期待中文播客在声音这个独特的媒介中重塑讲故事的能力，也期待有更多专业制作机构下场，出品火爆的佳作，让听播客像看新闻、看电影一样，成为日常生活的一部分。

从内容分发的角度看，除了上文提及的播客视频化，播客还会在其他生活场景出现，如能为智能硬件产品提供有声内容解决方案。我们可以畅想，科技公司将语音助手技术植入传统音箱、冰箱等智能家居、智能车载系统以及无线耳机等产品中，同时播客可以将内容分发到这些智能硬件产品上，从而实现用户仅用语音指令就可以播放播客的功能，进而可以在客厅、车里、厨房，甚至跑步的时候播放播客，极大地丰富了播客的使用场景，让用户随时能听，想听就听。

6.3.2 短播客时代会来吗

短播客作为播客的一种形式（暂无明确定义，这里以5~10分钟的播客节目为例），会不会像短视频主宰视频一样，成为未来播客的趋势呢？比如，我们经常看到资讯类的播客节目如《声动早咖啡》能在各大排行榜上占据一席之地，这到底是内容做得好，还是因为短而产生的效果呢？

关于这个问题，播客行业资深观察者拐子狼给出了自己的一些观点。

第一，短视频在视频领域取得主导地位，本质上还是降低了创作者与用户的参与成本，通过丰富内容表现形式以及提升信息获取效率来吸引和拓展用户群，从PGC（专业生产内容）过渡到PUGC（专业用户生产内容）、UGC（用户生产内容）。我们可以通过一张图看到不同的角色对播客制作的要求是不一样的（图6-6），目前中文播客市场面临用户规模较小、商业化困难的问题，需要向抖音、快手等短视频平台的用户群体扩展，并接纳更多PUGC和UGC创作者，以满足不同用户的多元化需求。

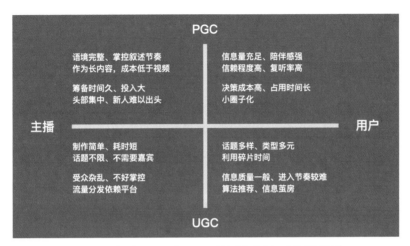

图 6-6 播客 PGC 和 UGC 的形态特征，拐子狼提供

第二，与其说是短播客，不如说是"富播客"或"富媒介"（图 6-7），这类内容形式的特点在以音频为主的同时，融入图片、视频、外链等多种富媒体元素，增强了信息传递能力和用户体验。这种媒介形式降低了创作门槛，使日常生活中具备基本表达能力的人能够便捷地制作和分享内容。例如，美食主播可以通过拍照和语音复述轻松完成教程类节目的制作，而用户可以快速找到所需信息，跳过冗余部分。

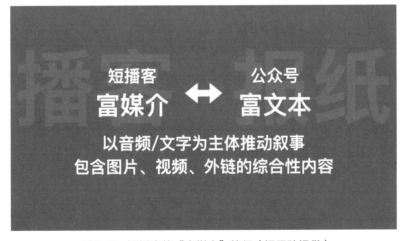

图 6-7 短播客的"富媒介"特征（拐子狼提供）

第三，短播客还能借鉴视频行业的发展逻辑和用户价值感知模型（影视飓风总结的 HKR 法则，图6-8），强调功能性价值，更适应现代快节奏生活下对高效信息传递的需求。

拐子狼在文章中写道："播客应该回归到它的本质，作为一种媒介，去承载更多内容。"我们可以理解，播客的环境是包容的，创作者是多元的，无论如何，做播客得先做自己擅长的，只要内容好，表达佳，拥抱更多元的渠道，总有你的一席之地。

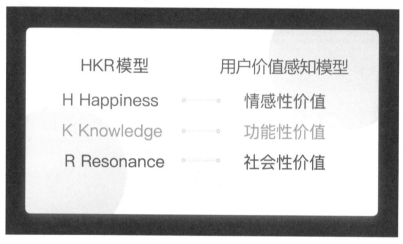

图6-8　短播客显示出的用户价值感知模型（拐子狼提供）

短播客看上去门槛降低了，但对于创作者来说，要求在短内容里保障内容质量和信息密度，其实是个高门槛的技能。所以，短播客会不会到来，会不会爆发，取决于供给和需求两端的变化，也依赖于技术产品的迭代创新和平台政策的走向。播客仍然有很多的可能性，我们不设限，一起拭目以待。

本章小结

总体来看，播客正在突破传统边界，向多元化、生活化、智能化的方向发展，不断拓宽内容形式和应用场景，有了视频播客这样的新形式，也有了 AI 加

持的播客制作新方法，这些都吸引着更多的创作者加入，平台和机构也会积极
迎合不同用户的多样化需求，让播客生态更加繁荣，正所谓：

视频播客领风潮，各路赛道聚英豪。

内容生态日益盛，智能科技助力高。

第 7 章
播客的商业化趋势

7.1 线上线下融合，打造声音空间

在被视为播客商业化元年的 2022 年，我们已经欣喜地看到播客录制走出了录制棚，走到了更广大的线下场景，在各种场景中打造出了声音空间，这种空间可能是咖啡馆、商场、影院，甚至是一个旅游景点、一个城市，这些线下场景囊括了更多行业的品牌，衍生出新的可能性。

自 2023 年起，播客线下活动出现了"井喷"的现象，不少中文播客发起了线下见面会、观影会、读书会，与旅行社联合发起旅游团；平台和机构打造各种播客生态的沙龙，把创作者、平台与品牌等多方一起放在一个场域里，还集结全网上百家播客一起共创了播客节……这些线下活动尝试很好地和播客进行了融合，在此我们梳理了几个案例和趋势。

7.1.1 播客走进文化场所

近年来，播客与线下文化场所的结合愈发紧密，如书店、电影院、展览馆等，将播客植入这些文化场所，成为播客听众交流的新名片，也催生出许多和书影音相关的文化活动。

范晴所在的"播客公社"就曾举办过多场播客线下活动，起初她并不理解：

"线上就能交流，为什么还要在线下见面？"直到真正参与其中，范晴才发现，线下的有些体验是其他方式无法替代的。在她看来，线下交流有助于拉近人与人之间的关系，"只在线上沟通过的人，我总觉得陌生；而在线下见过的人，哪怕只是点头之交，也觉得熟悉"。

"当播客从线上走到线下，主播与听众之间的交互会变得更为全面和真实。"《宁浪别野》主播、运动时尚博主赵依依也有类似的体验。她曾参加过一场线下播客活动，现场约 40 名观众和主播相互交流、分享观点。她认为，这是一个内容共创的过程，"主播看似是输出，实则是在交流中输入"。"内容做久了，很多主播可能会陷入脱离群众的怪圈。"赵依依表示，和真实的人交流，能够让内容更加接地气。

除了常规的在文化空间里的听友活动，还有一些借由文化场所，围绕文化主题组织的跨界活动。比如，番薯剥壳工作室（《井户端会议》的出品机构）在上海 UCCA 举行了"播客 × 艺术"跨界对谈，2024 年年初梵叔又开启了"播客品艺会"系列，第二期线下活动通过观看纪录片和现场解读、互动，让更多听众深入了解了梵高和高更这对"难兄难弟"；再如，噪点音乐节和《大内密谈》在 2022 年举办了线下对谈会；播客公社也在 2023 年年底开启了多场文化活动，树立了新的子品牌"播客现场"，在北京郎园 Park 举办播客系列活动，吸引众多创作者和听众前来打卡。

同样，与书影音结合的播客活动，因其内容属性和人群匹配度，这些活动会有更大的传播范围和能量。比如，在沉淀了大量的线上优质内容后，《跳岛FM》于 2023 年在三周年之际开启了"连接岛屿计划"线下拓展计划，把百期播客墙做到了线下（图 7-1）。他们跳进书店、图书馆、咖啡馆、艺术空间，邀约全国 100 余家文艺空间，来一次更广阔的探索，与听众真正面对面，解锁"听觉"新维度！此外，《跳岛 FM》还在 2024 年世界阅读日期间，和网易云音乐合作，在全国 16 个文化空间举办"播客阅读展"，在文化场所中植入播客，形成了新的"景观"。

图 7-1　昆明璞玉书店里的"连接岛屿计划"文学声音展

同样身为文化空间的单向空间、naive 理想国等书店也在通过听友沙龙、节目录制和展览等多种形式，让播客更多走入书影音爱好者的日常，变成一种生活方式。

此外，播客还能与艺术展览实现跨界联动。比如，*Nice Try* 在上海 PARK MALL 举办"Nice Try 展"，《城记播客》参展"Grow Up 申长"公共艺术展演计划，景德镇的"艺术在浮梁"邀请播客在艺术作品驻留现场进行录制，在深圳落地的艺术项目"落日声声响"联合播客创作者共同推出六组声音装置……这些都是播客融入文化艺术场景的示范样板。

我们可以预见，播客的文化场景还会越来越丰富，会衍生出戏剧戏曲、脱口秀、livehouse（音乐展演空间）等更多元、小众的形式。播客已然成为不同形式、不同圈层文化活动的有机组成部分，也成为同好交友的重要场合，营造出属于"播客文化"的文化现象。

7.1.2 播客赋能商业文旅

我们从众多的播客案例中发现，实体空间与播客结合很可能成为下一个播客商业模式的突破点。例如，天津万象城与津津乐道播客网络联合策划播客文化展厅"沸腾吧，播客"，在商场展示优质播客。

诚然，商业空间作为活动发生的场所，之所以愿意与播客活动产生深度的联系，一方面是看重播客听众的年轻群体，与潮流文化相结合。比如，在北京THE BOX 朝外年轻力中心、首创郎园以及上海 WePark 芳草寓等多个园区，播客活动与市集、展览联动。又如，在北京拥有多家线下门房的大小咖啡，孵化了节目《大小电波》，并联合多家播客发起艺术展。成立两年多的《啤酒事务局》，将节目作为搭建社区的抓手，已经与四百多家精酿酒吧合作，听友出示节目周边产品开瓶器，即可在合作酒吧享受优惠。这都让年轻人有更多机会走到线下，为商场、品牌构建起有差异化的商业场景。

另一方面，商业空间也意识到播客可以链接有共同兴趣爱好的人群，在一个具体商业场景中植入特定圈层，会不断迭代出更多体验，能让我们"在转角遇到爱"，这对行业和品牌来说也是有价值的。比如，在阿那亚举办的"声量"活动、在长阳创谷、外滩源等上海文化地标举行的聚焦播客行业的峰会 PodFest China、小宇宙播客漫游日等，这些大型活动通过论坛、沙龙、工作坊、市集等方式，聚集起热爱播客的同道中人，产生新的涟漪和影响力。又比如，在文旅商业中，播客也可以被植入 City Walk、社区、市集等多种类型的户外场景中，涌现出《城市有意思》等许多和城市、社区有关的播客节目，也有播客提供了"城市考古"这种线下城市探索活动，对热爱城市文旅的群体产生新的链接。

除了人的维度，我们还可以看到很多播客和商业场景的结合点。比如，之前举例的《美妆内行人》和闻献一起举办的"播客 + 探店"模式，富有温度与情感的合作模式预计会进入更多的商业场景中。此外，我们还看到播客录音场景本身也有可以开发的价值，比如，"播客公社"搭建的播客录音间，与潮流市集"伍德吃托克"合作，在活动当天组织播客来到现场与大家互动，提供录音设备让游客、摊主与播客一起线下录制；"播客公社"还与北京春季及秋季图书市集合作，现场展示多档读书播客共同评选出的播客书单，在摊位架上录音设备，让读者直接体验播客录制，组织播客基于图书市集主题及体验创作内容。

如今，城市探索成为新的文旅趋势，小到 City Walk，大到整个城市的市井观察，都是播客节目中常见的话题，这些内容甚至成为很多听众种草的依据。比如，《基本无害》的《城市生存手册》在走过的城市中引起听众围观，与听众一起共创出的节目内容接地气，也更有说服力，引来其他听众侧耳，成为城市代言的新玩法。

除了城市探索，市集空间也日渐成为城市里一道新的风景线，播客和市集结合的模式、主题也越发多样。比如，2024 年 4 月 BottleDream 与小宇宙合作的世界地球日活动"话题市集马拉松"，在每场活动中邀请了 4~5 位话题摊主从自己熟悉的议题出发提供话题，十几位播客创作者加入话题摊位，在现场围绕主题对谈，摊位"商品"就是对话，观众也可以随时加入。

由此可见，播客可以成为线下商业场景或文旅活动的承接方和合作方，把商业空间的公共性与播客带来深度链接的特性相结合，形成了塑造消费者心智的合力，也让场景产生更为丰富的内涵，提升文化氛围和内容审美，其背后凸显消费者情感需求的外溢，也蕴藏了更多商业可能。我们也希望，越来越多的线下场景能有一个开放的播客空间，让播客融入新的商业体系，如咖啡厅、酒吧、影院、公园、市集、社区、景区、城市开放空间等，让播客真正融入生活，让更多人能看到播客、接触播客、了解播客和参与播客，进而让商业场景焕发出新魅力。

7.1.3 播客 + 影视，视听新体验

作为"听"的载体，播客能否叠加"看"的元素呢？答案是肯定的，在播客

这种天然的探讨对话的形式中，最常被提及的就是影视作品。由此，"观影会 + 播客 + 见面会"的模式诞生了，这让影视在现场有了新的延伸，激发了新的活力。

朱婕和她的搭档高佳佳通过播客节目《电影聊养院》成功转型，创立了自媒体孵化机构——耳光 MCN，签约了多位影视类 KOL，从播客到直播，从线上到线下都有涉及，商业版图扩到了多个领域。在传统电影观影团的基础上，耳光旗下的耳光观影团开创了"电影 × 播客"的新模式，在线上定制播客节目，以声音为载体，形成主播、平台、片方之间的纽带，实现多方的价值与共赢，在线下以影视娱乐类播客主播主持特色映后，解析影片，输出观点。

2021 年至今，耳光累计举办观影团活动达 150 多场，以线上节目 + 线下观影的模式推广了《芭比》《消失的她》《前任 4》等年度热门电影，也对《永安镇故事集》《奥本海默》等高分佳作进行交流探讨。在一二线城市，耳光观影团形成了黏性强、覆盖广、精准定向的私域社群，覆盖了 80% 的本地影迷。线上播客爆款频发，电影《闪电侠》的定制节目触达用户达 3000 万，创造超过 63 万次播放量；线下活动报名人数超实际招募人数的 150%~300%，可收回优质评价占总观影人数的 95%，可谓反响热烈。

同样，从 2022 年开始，关雅荻和梵一如等一同发起了一系列播客观影会活动，实现了播客和电影宣发之间路径的打通。2023 年，《灌篮高手》播客观影会现场吸引了 300 多名购票支持的听众，形成了一次播客联动观影的小高潮。2024 年 3 月，关雅荻在组织了 60 多场观影会活动之后，正式把"播客 + 电影"系列长映后交流活动升级为"关雅荻·院线电影播客节"，第一季选取了《坠落的审判》《你想活出怎样的人生》等电影，8 场活动吸引超过 1200 人参与观影和现场播客录制，取得了不俗的反响。

作为互联网新媒体发展的新趋势，播客凭借声音的独特魅力和风格鲜明的原创观点输出，获取了一大批黏性高、忠诚度高的听众群体。正是因为如此，给予用户陪伴、长尾效应显著的播客营销越来越得到业内外的关注，播客作为独特听觉媒介的价值正在被不断挖掘。而各种以播客聚集起来的观影会开创性地将播客与电影融合在一起，用播客解读电影、宣传电影，让播客主播在线下主持观影活动，交流观影体验。这种新鲜的模式开辟出不同感官和媒介的多样化融合，以播客为核心，以电影为对象，借由视与听重新认识、思考和探讨电影，为播客的深度价值挖掘与应用创造出更多可能。

7.1.4　播客助力空间成为新资产

场景实验室创始人、场景方法论提出者吴声曾表示，当空间的边界正在溶解，空间本身成了什么？可能是原创的**内容（Content）**、**全新的策展空间（Gallery）**、**生态化的新复合体（Park）**等，在数字化背景的驱动下，场景正在高速流动。其中，全新的策展空间成了当下融合播客生态的一种新的空间资产。

CPA 中文播客社区在 2023 年打造了 CCPA 中文播客艺术中心，作为一个综合性的体验空间，它不仅是一个服务于播客创作者的策展类活动空间，更是一个拓展播客和关系边界，全面整合内容资产、空间资产、关系资产的**"新大陆"**（图 7-2）。在这里，每一个人都可以成为创造者和参与者，共同见证这片土地的繁荣和生机。

图 7-2　CCPA 中文播客艺术中心举办的 Beauty Land 活动现场

CCPA 的 LAND 理念

o Lab：这里是以播客等全新的 DTC 模式进行营销创新的综合场。

o Art：这里具有随潮流不断更新的艺术陈设与气息。

o Network：这里提供由多种兴趣而聚合的关系资产。

o Deal：这里具备以生意为导向的全链路服务、创作和研究功能。

CPA 打造 CCPA 中文播客艺术中心这一空间是希望给主创和品牌提供一个商业创新活动的体验空间，让品牌面向核心用户做交流互动与展示，这也是 DTC 模式的实践空间。在这个空间，CPA 可以邀请行业大咖和顶尖专家做主题闭门会议及工作坊，也可以基于播客主题来做全链路、跨平台的整合营销和传播运营服务。例如，2024 年 5 月在 CCPA 新空间"S36- 中文播客艺术中心"举办的"AI 时代积极行动者沙龙"（图 7-3），邀请了 AI 大咖。CPA 还在这个空间中提供播客栏目的策划、嘉宾合作、节目合作及录制，商业直播的策划、设计与录制以及顶级 IP 资源的展示、洽谈与商业对接等服务。

图 7-3 CCPA 中文播客艺术中心新空间举办的 AI 活动现场

2023 年，CCPA 推出两季主题活动，第一季是以"HER LAND"为主题的女性艺术系列展，打造一片以艺术、话剧、书籍等精神种子让女性主义理念和精神生根、发芽、成长并且被看到的空间。第二季的主题是"BEAUTY LAND"，在播客《美妆内行人》成立一周年之际，在 CCPA 活动空间呈现了一系列与美妆相关的活动，品牌、产品、从业者、消费者联动，共同构建内容、社群、活动、商业的新业态，还涵盖双 12、圣诞节、元旦、年货节等节点，联动品牌方、消费者、活动方等多重角色，共同将 CCPA 空间打造成有属于"美 BEAUTY"的红色空间。

我们认为，"场—内容—关系"将是播客商业化接下来的重要逻辑。CCPA 融入了内容创造力和关系场的实体空间，给出了一个新品牌和空间资产融合的范本，探索出播客商业化的方向。

7.2 播客广告的新趋势

7.2.1 全球播客营销增长新变化

放眼全球播客市场，我们欣喜地看到播客营销仍会以强劲的势头快速增长。美国的媒体行业研究机构 Signal Hill Insights 于 2023 年春季发布的播客报告显示，过去 8 年来，广告主利用播客进行广告投放的比例从 15% 大幅增长至 58%。另外，根据瑞典播客平台 Acast 的一份报告，在 5 个受访国家（美国、加拿大、英国、澳大利亚和新加坡），约有一半（49%）的营销和广告专业人士预计，未来 5 年播客上的广告支出将会增加，这一比例是预计会减少的受访者比例（5%）的 10 倍左右。这都显示出广告主对播客这一媒介的看好。

　　具体到播客最发达的美国市场，在全球经济持续低迷和充满挑战的广告环境下，2022 年和 2023 年的美国播客广告收入仍有不错的增长。根据互动广告局（IAB）在 2023 年的报告，**预计播客的广告收入增长率将在 2024 年达到 2023 年的两倍多（+12%），并有望在 2026 年接近 26 亿美元大关。**未来，通过播客平台和品牌、机构在数据测量、程序化购买、直播活动、视频播客上的积极探索以及更广泛的节目推广，播客会释放出更具潜力的商业化前景。

　　如果细拆一下美国播客广告收入增长的原因，我们可以看到有以下几点：

o 听众群体增长，日益多样化。听众收听与自己感兴趣的垂直领域相关的内容，使得收听时长持续增加。

o 播客创作者在持续制作独特且引人入胜的内容，这满足了更多消费者的需求。

o 大量的小类别播客继续增长，对广大广告主产生更大的吸引力。

o 不同行业的现有广告主和新广告主都在增加播客广告支出。广告收入最高的节目赛道：喜剧、运动、社会文化、新闻、真实犯罪等。

　　从形式上看，美国的播客广告主要分为三个基本类型：预先制作的广告，主持人口播广告和客户、品牌或机构直接提供的广告，三者在 2020 年的市场占比依次为 35%、56% 和 9%。广告在节目中出现的位置也至关重要。比起节目的前贴或后贴广告，中插广告更能赢得消费者的心。数据显示，在美国播客界，70% 以上的广告收入都来源于节目中插广告，22%~23% 的收入来源于前贴广告，而只有 2%~3% 的收入来自后贴广告。

　　成熟的商业化水平和持续增长的生态价值，让播客成为不少美国传统媒体新的利润增长点。2019 年，网络媒体 Vox 从旗下 14 个品牌的 200 多个播客中获得了 1000 万美元的收入。据 2020 年的数据，《纽约时报》旗下的播客《The Daily》每年的广告收入超过 2700 万美元。NPR 旗下播客的商业化也很成功，播客已代替电台节目成为 NPR 最重要的收入来源。

在平台方面，苹果播客也开始探索在其原始播客中加入广告的可能性。此举将使该公司能够探索新的收入来源，并提高盈利能力。2023 年，苹果公司为《After the Whistle》第二季赛找到了季赞助商，这是一档以足球为主题的叙事类播客节目，此前一直没有插入广告，如今看到了播客和品牌合作的商机。由此可见，苹果进军播客广告市场的可能性与播客商业化的趋势是一致的。

以上这些数据表现和案例都在说明国外播客市场广告营销生态的发展壮大，这些趋势在中国市场也有相似之处，我们期待随着中文播客规模增长、内容多元化、场景更丰富，其影响力会进一步扩大，各平台及其商业化的基础建设也会日趋完善，进而形成欣欣向荣的新播客营销生态。

7.2.2　程序化购买或成主流

程序化购买（Programmatic Buying）是指通过程序自动销售广告、在音频内容中插入广告，适用于播客、数字广播和音乐流媒体。虽然程序化购买在美国播客广告收入中的占比在 2021 年仅为 1.7%，但业界如 Adlarge 公司认为其将是推动下一个十亿美元级别增长的关键因素。程序化购买的优势在于满足广告主广泛覆盖受众的需求，通过自动化手段提高投放效率，更适合拥有不同需求和目标的大企业，并能深入挖掘本地化市场潜力。

普华永道会计师事务所与 IAB（互动广告局）联合发布的 2021 年美国播客广告收入研究报告指出，2021 年美国播客广告总收入跃升至 14 亿美元，同比增长高达 72%，显著超越其他互联网媒介平均 35% 的增长率，这进一步巩固了播客作为数字媒体中增长速度最快的领域之一的地位。这一繁荣背后的主要驱动力来自广告主日益采用的无缝自动数字广告分发技术，尤其是自动广告嵌入（Dynamically Inserted Ads）功能，它通过实时或缓存方式将广告精确插入播客内容的指定时间点，极大地提升了广告投放效率。

对于国内播客行业而言，投放效率也是亟待解决的一大痛点。传统的一次定制节目合作流程涉及多个环节，从询价、达成意向到品牌方提供创意简报、创作者拟定大纲、节目录制、审听、上传、社交媒体推广等，整个过程相较于视频和图文更为烦琐、复杂，尤其播客因其即兴创作模式，无法预先提供完整的脚本，只能提供大致的大纲和涉及品牌部分的内容，且重录成本较高。因此，播客沟通及执行成本相对高于其他媒介形式。

目前，大部分品牌在选择播客投放时，即使面对头部或中腰部节目，合作档数通常不超过十档，这是基于节目质量、预算分配以及人员精力综合考量的结果。尽管自动广告嵌入技术对于提升投放效率至关重要，但国内市场面临的挑战并非技术难题本身，而是投放播客的品牌数量有限，不足以支撑该模式的持续运作。在此背景下，程序化购买被视为提高播客广告效率的一个有效途径。

程序化购买平台包括 DSP（需求侧平台，如 AudioHook）、SSP（供给侧平台，如 Triton Digital）以及 VAST（视频广告服务模板，用于在特定播客场景下传输广告关键元数据）。例如，在 2021 年双 11 期间，喜马拉雅利用旗下的广告平台蜜声进行大规模营销活动——"声动好物节"，短时间内成功在百余档播客节目中实现广告投放，充分体现了程序化购买平台的高效与便捷性。此类平台能够提供透明、统一的节目报价，减少询价时间，让品牌方可以轻松了解并选择合适的节目和推广形式，从而降低成本，提升效率。

全球播客市场正呈现出强劲的发展势头。根据全球市场研究机构 Research and Markets 的数据预测，**至 2028 年，全球播客市场规模（不仅指广告收入）有望达到 948.8 亿美元（约合人民币 6136 亿元）**，年复合增长率预计为 31.1%。IAB 也指出，具备高级用户洞察力的程序化购买将持续增长，以适应广告主对情境定向的需求，尽管程序化播客广告投放迅猛增长（2021 年至 2023 年间增长 5 倍），但在播客广告总收入份额上仍落后于其他数字媒体渠道，这说明播客广告空间甚大。为了缩小差距，IAB 倡导整个生态系统共同提高对程序化购买功能的认识，加强生态系统内技术和基础设施建设，扩充可供交易的出品方库存，并推进出版商和交易平台之间的内容供应链的透明度和标准化。

总之，随着技术的进步和行业对程序化购买认识的加深，播客广告投放的效率和规模将会进一步提升，而投资于播客产品、服务和广告创新将继续推进行业发展。未来，音频平台的动作将成为推动播客行业进入下一个发展阶段的核心力量。

7.2.3　播客营销的主要方式

美国媒体和播客市场研究公司 KATER 发布的"Media Reactions 2023"披露，2024 年预计有 45% 的企业在播客营销上会增加预算，这个数字比 2023 年增加了 12 个百分点，由此可见，播客广告在企业营销中开始扮演不可忽视的角色。那么，除了程序化购买，播客营销还有哪些模式和方式？在此我们一并为大家梳理一下。

在全球播客营销市场上，存在三种主要的营销模式：

o 标准广告模式（广告主付费在播客中插入广告，位置可位于节目开头、中间或结尾）。

o 联属网络营销模式（通过推荐产品或服务赚取佣金）。

o 品牌自创播客模式（企业制作自己的播客直接对话消费者）。

同时，播客广告定价也分为三种类型：

o CPM（每千次展示费用）。在美国，一般 30 秒的广告 CPM 为 18 美元，60 秒的行业标准为 25 美元。这种定价结构通常更适用于每集播放量经常达到数千次的大型播客。

o CPA（获客成本）。在这种成本模式下，重点在于转换次数。每当有听众通过播客广告实现转化，企业或赞助商就会支付预先确定的费用。使用这种成本模式，需要一种跟踪转换的方法。例如，可以使用唯一的优惠券代码。

○ 固定费率（一次性合作费用）。有些播客广告交易约定了在播客上推广的统一费用，但这种方式并不常见，因为效果会受到内容选题、听众规模等多种因素的影响。

播客广告一般有两种形式：完全制作和主播录制。

完全制作的播客广告更像你在广播中听到的传统广告，它们通常由品牌自己录制，而不是由播客主持人录制。然后在后期制作过程中将专业制作的广告插入播客音频中。这种播客广告可以使品牌完全控制制作质量、叙事、音频、语气等。但由于声音和音频质量可能不同，这些广告对播客流程的干扰更为明显。

主播录制是指播客主播从节目中抽出一段简短的插曲，用他们自己的话宣传品牌的产品或服务。品牌方可以给主播提供一些关键点或细节，甚至是脚本，但最重要和最有价值的一点是，最后呈现是主播自己的话，这其实是利用主播的声誉转化为品牌价值的一种方法。这类广告的干扰性比其他广告要小得多，因为听众会认为这类广告更有亲和力。

插入播客广告的不同方式有自动广告嵌入和植入式广告等。

○ 自动广告嵌入

自动广告嵌入是利用播客托管平台广告服务器的强大功能，将听众与不同的广告相匹配。这是一种更加量身定制、针对性更强的广告策略，能带来比其他策略更好的转化率。自动广告嵌入的另一个优势是，你可以确保广告是最新的，而不会影响播客本身的原始音频。不过，这类广告需要预先录制，因此听起来会比主持人朗读广告更像插播广告。

○ 植入式广告

植入式广告是指广告被录制到播客剧集的核心音频文件中，因此是节目不可分割的一部分。这意味着每个听众都能听到相同的广告。

7.2.4 DTC 模式的有效途径

前文提到的 DTC 模式，如今在营销界大行其道，越来越多的品牌认识到在数字化的加持下，品牌应该构建一套新的模式。品牌可以通过内容经营、人群经营、关系经营、空间经营等形成营销的飞轮模型，而播客正是符合这些关键因子的 DTC 模式最佳实践。

全球播客巨头 Acast 在 2023 年 12 月针对 DTC 细分市场做了调查，调查结果证实了播客广告的有效性，并表明播客是 DTC 模式最有效的途径之一。

- 在面向使用播客的 DTC 消费者的营销人员中，52% 的人认为播客这种媒介非常有效，相比通过广播和流媒体音乐进行营销的营销人员增加 11%。
- 从播客购买产品的 DTC 消费者中有 88% 对自己的购买感到满意，高于从广播或流媒体音乐服务购买产品的 DTC 购物者。
- 30% 的收听播客的 DTC 消费者表示广告与播客媒介高度相关，这一比例高于广播（25%）和流媒体音乐服务（30%）。
- 消费者愈发尊重播客广告的出现，根据推测，52% 的听众对播客广告的插入没有意见。
- 购买 DTC 的播客听众对定价和通货膨胀的敏感度低于音乐和广播听众。

——Acast，《2023 年全球播客机遇报告》

这说明，播客对于品牌来说是不可多得的优质渠道，品牌可以深入解释产品功能、解决方案和理念价值。这种深度探讨对 DTC 营销至关重要，尤其是需要在特定领域或细分市场展示自己专业度的品牌，这些品牌通过播客可以更友好地展示自己的专业性，深度传播自己的品牌故事，以提升品牌公信力。

除了通过持续提供有价值的内容，播客本身的高黏性和高信任感，还可以帮助品牌与听众建立长期关系，培养品牌忠诚度。我们也认为，播客听众是DTC 品牌的优质目标消费者，因为他们本身的用户画像和 DTC 品牌的消费者比较接近，这些消费者对品牌的创新营销持开放态度，他们也希望能够通过内容、空间和关系建立，直接与品牌沟通交流，形成共创的、友好的氛围，这种品牌和人群资产的构建是其他渠道无法比拟的。

此外，与传统广告相比，播客的制作成本相对较低，但可以触达更精准的目标受众，这也符合 DTC 模式追求高效率低成本的特点。总之，播客非常适合DTC 品牌用来建立与消费者的直接联系，传递品牌价值，并培养忠实客户群。这使得播客越来越成为 DTC 模式中的一个有价值的工具。

本章小结

通过海内外的一些案例，我们可以看到播客正在自我成长，尤其是在商业化探索的道路上发挥着这一媒介的独特魅力，更容易融合进各种场景，更容易链接用户打造圈层。同时，借由数字基建的成熟，播客在 DTC 模式中也扮演着不可忽视的作用，相信未来的中文播客也会在广告模式上有新的发展，让播客"声生不息"地繁荣下去，正所谓：

播客声浪涌如海，广告加持映金台。

线下交流情更深，融合场景共花开。

播客时代

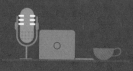

用声音打造影响力

- 这是一份宝贵的播客实操宝典，我们为大家梳理了播客从策划、制作到运营的全流程，CPA 团队和《美妆内行人》主理人赵寒笑用生动的案例和实操经验无保留地教你如何做好一档播客。这既是实战，也是"心法"，即使赛道不一致，也会让你了解如何通过播客来构建影响力。不管是个人还是品牌，我们都希望你可以在此有所收获，那现在就开始我们的"心法"之旅吧！

第 5 部分
实战篇

第8章
播客策划和制作

8.1 播客策划：打造你的声音名片

做播客就是在打造自己的声音名片，那这张声音名片会呈现什么亮点和特色，一定程度上就决定了这张声音名片的影响力。如何让自己的播客更有影响力呢？你就需要做一些事先的规划，我们借用新闻学中的"5W1H"模式来策划你的播客，当然我们在前文已针对专业人士和品牌做播客的价值做了详尽的阐述，也就是"5W1H"中的 Why。但这里，我们仍然需要强调，**播客首先是自己的声音名片，是自己向内关照和向外探索的合集，其次才是通过播客构建影响力。**

正如《得意忘形》的主播张潇雨所说，播客是他"在不断向内观照之后产生的灵感与想法"。《得意忘形》创立于 2017 年年初，这档播客起源于张潇雨对于人生意义与自我使命的巨大困惑，那是他的一段人生低谷期。回过头看，张潇雨说"某种程度上，这个播客拯救了我"。同样，《得意忘形》里所覆盖的自我探索、人际关系、音乐旅行等话题，也陪伴很多听众度过了人生中的艰难时刻。

接下来，我们主要谈谈播客的策划实操的部分，你可以从自身出发找到适合你的播客定位，从听众视角看看什么样的播客更受欢迎，再聊聊如何策划播客的主题，如何选择形式、风格，如何包装播客节目，让别人对你的播客有更深的记忆点和传播度，希望对你或者品牌从零开始做一档有影响力的播客有所帮助。

8.1.1 你是谁：从"I"出发，想象你的播客

前文提到，做播客其实就是从"I"出发，是一个向内关照和向外探索的过程，那起点就是你要了解你自己，这里给到一些模型供你参考，评估下自己是否适合做播客，以及你可以从哪些维度来打造属于你自己的声音名片，如何实现差异化定位。

"六边形"战士

首先，你要思考下自己是否适合做播客。如何评估呢？CPA 通过对大量播客创作者的访谈和调研总结出几个维度的能力，可以构建起一个六边形模型（图 8-1），分别是**兴趣驱动、表达能力、声音魅力、知识储备、持久热情、沟通技巧**。如果在这五个维度上你已经有了一定的基础，那做播客对你来说就是易如反掌了。

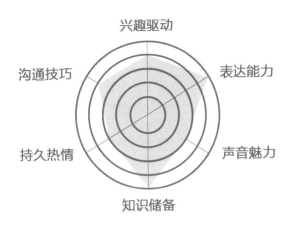

图 8-1 评估是否适合做播客的"六边形"模型

兴趣驱动，就是你对某个话题十分感兴趣，这个话题能让你和朋友滔滔不绝聊上几个小时，或者你对某些领域的事件和现象愿意分享你的观点和想法。如果有，那恭喜你，你的兴趣可以驱动你去做一档播客节目，因为基于兴趣的表达欲正是播客这种需要大量输出内容所需要的。

比如，你对烹饪非常感兴趣，在和朋友聚餐时，你喜欢针对食材、烹饪方式和口味等进行一番点评博得众彩，经常教朋友们如何烹饪美食，平时你也喜欢在大众点评等平台上写上很多有真知灼见的评价内容，甚至你能说出一道菜的来历和故事，那你来做一档美食播客其实就挺合适的。

表达能力，就是你能不能有逻辑、有观点地对某个话题有侃侃而谈的能力。当然如果有能够引人入胜的故事情节，那就更锦上添花了。你要知道，播客听众最爱的播客节目通常就是创作者具有很强的讲故事的能力。

声音魅力不是说一定要有播音腔或者特别棒的声线，而是说你至少普通话是过关的，没有浓重的口音（方言类播客除外），你的吐字是清晰的，你没有太多夸张的口癖（其实有一些也可以在后续剪辑时去除），你在语速、节奏等方面有一定的表达特点，能够通过声音传递出一种情绪。比如，有些人能通过声音让人感受到娓娓道来之感，或者有些人表达铿锵有力，经常能让听众感受到掷地有声的画面感。这些都构成了你的声音辨识度，一个有辨识度的声音在播客中尤为有优势。

陈晓卿老师语速不快但吐字清晰，能把一个事情叙述得有声有色，令人印象深刻的就是他在《圆桌派》里有一番对北京人和上海人张罗吃饭的表述，仅通过声音就能演绎得惟妙惟肖。这种带有情绪的声音魅力极具画面感，你听陈晓卿的声音甚至能把他那些美食纪录片的画面也代入他的播客节目中。

知识储备是对一个播客创作者的基本要求，毕竟做播客要坚持长期主义，而如果你没有一定的知识储备，可能做了几期之后就会"江郎才尽"了。那如何进行知识储备呢？一方面还是要从自己的兴趣出发，可以有针对性地积累，对自己感兴趣的话题或主题做一个简单的知识库，把平时看过的听过的内容进行归纳总结，沉淀到一个体系中。如今的 AI 也能帮助你更高效地收集知识和信息。此外，你需要有一种知识拆解和分析的能力，能够从多个角度来分析问题，这在一些单口类节目中比较重要，从多维度去表述可以让自己的播客内容更充实。

持久热情是做播客的一个原则，在品牌播客的 CPA 原则中也提及过。因为做播客起初都是为"爱"发电，如果没有持久的热情，你的播客很可能出现"三天打鱼两天晒网"的情况。所以我们可以想象一下，什么样的内容是能让你保持长期热情呢？一定是你感兴趣的领域，你有知识储备的领域。当然，如果你要持续维持这种热情，一方面需要有长远的规划目标，看看是否能够在做播客的过程中有额外的收获；另一方面你可以通过找搭档、找嘉宾来促使自己在这条路上持续地走下去。诚然，做播客不一定能给你带来即时的变现，所以持久热情背后也隐含着做播客是一个长期的事情，并不会像流量平台一样，让你一夜成名，有合理的预期也会不让你的热情因为得不到即时反馈而消逝。

沟通技巧主要是指你在一些对谈播客中的互动能力，比如，你如何和嘉宾进行有效的互动，生产对听众更有价值的信息，或者你和嘉宾的互动能够营造出良好的氛围，传递出更有价值的情绪。此外，你面对一些反馈或意见时，如何妥善处理，也是沟通的一部分。比如，当你邀请嘉宾录制节目后对效果不满意时你会如何处理，或者听众在听完某期播客后在评论区颇有微词，又该如何解决。这对一个成熟的播客创作者都是必经的考验，后续我们还会就此展开聊聊。

以上六个方面的能力是我们对你是否适合做播客提出的一种评估方式，不一定是最科学的，但通过这样的梳理，你大致能判断出自己做一档有影响力播客的信心。另外，这六个方面也不是孤立的，它们相互关联，共同影响一个人作为播客创作者的潜力和表现。同时，你不必担心自己在某些方面有所欠缺而导致对播客踌躇不前，其实相较于视频制作，播客仍然是很友好的内容表达方式，你可以通过不断的学习和实践，成为一个"六边形"战士，在通往成为优秀播客创作者和打造自己影响力的道路上迈出坚实的步伐。

用一句话形容你的播客

在评估完自己是否适合做播客后，我们就要开始迈出做播客的第一步，即确定播客的定位是什么。这个定位要向听众展示你的播客是什么领域的，有什么特点，有什么值得关注的点。这就像你如何向别人介绍你自己一样，可以用一些标签或短语来描述。

首先，你仍然要从自己出发，看看自己的**特长和兴趣爱好**是什么，由此你可以规划一档这个领域的播客节目。比如，你特别了解化妆品，你是一个"成分党"，对化妆品品牌发展变迁和产品细分也了如指掌，愿意从朋友的角度去分享和推荐，那恭喜你，美妆类就是适合你做播客的领域。

你可以发现这个领域并不是所谓的赛道或分类，各家平台上的分类其实是给你做归类用的。比如，小宇宙上划分了 19 个赛道（图 8-2），美妆可能会归于商业，也可能会归于生活

图 8-2　小宇宙 app 上的内容分类界面

方式。这说明你的定位不是一开始就奔着所谓的赛道和分类去的，而是这种垂直细分领域，越垂直越有行业属性，越能找到差异化，从而占领所在行业的用户心智。

其次，你可以总结一下自己的标签，通常创作者的个人标签也会成为播客的标签，具有识别度。最常规的就是年龄，比如"95 后"是一个容易被关注的年龄标签，如果是一档"95 后"做的播客，很容易引起同年龄层人群的关注；最火爆的是 MBTI 人格理论，这也是快速给人贴标签的方法，我们发现很多创作者是 INFJ 或 ENFJ，前者是深刻的思想家，能够提供有洞察力的内容，后者是有魅力的沟通者，能够与听众建立情感联系。其他的标签也可以是一些主观表述，比如，刚才这位对化妆品颇有研究的主播，别人可能给她的反馈是细节控，那这对于听众来说是件好事，她会事无巨细地和盘托出一些不为人知的行业内幕。你也可以用一个成就来体现自己的标签，比如，你是个美食爱好者，你去过所有在中国的米其林餐厅，会给人留下你对美食颇为讲究甚至有些研究的印象。

这些标签或短语同样适合作为自己在播客节目中的开场白或者写入播客介绍中。比如，"一个'95 后'，ENFJ，细节控"，这样的介绍就很容易引起别人的兴趣。当然，作为播客的开场白，你还可以跟随每期播客节目的主题来做一些调整，显得更有趣些。比如，《凑近点看》的三位主播，就经常根据节目内容调侃自己，让人印象深刻，很愿意听下去。

最后，你可以通过一句话去提炼你的播客想传达的核心信息，这既是你的播客定位，也可以当作你的节目介绍。当然，节目介绍越个性化越好，这里我们还是基于定位的需求，用一个模板来简单概括：**通过 XXX，为 XXX 提供 XXX，实现 XXX。**

比如，这档播客是通过两位"95 后"互联网公司打工人的对话和访谈，为互联网从业者提供新鲜的互联网公司动态，分享职场技能，访谈行业大咖和打工人，希望能为互联网行业中的你带来实用信息和有趣的故事，陪伴你度过"996"。你也可以参考众多头部的播客节目，看看他们是如何做播客定位的，这里我们用《美妆内行人》的节目详情（图 8-3）来做个示范总结。你可以发现这里面基本包含了以上的几点，堪称完美的播客定位和介绍：

有因为行业背景而聚焦某个专业领域的定位（直接点明是全网第一档垂直于美妆行业的商业播客）；

有主创个人身份和特长的介绍（用过 1000+ 款护肤品的美妆品牌公关这个身份听上去就很值得信赖）；

也展示了这档播客通过什么样的形式和内容为谁提供了什么样的价值（邀请"内行人"聊聊美妆行业）；

最后还不忘提供价值（有幸见证中国美妆品牌的成长）、打广告（可能是全平台福利最好的社群）。

← 美妆内行人

单集更新　内容专题　节目详情

全网第一档垂直于美妆行业的商业播客
希望能为每位喜欢美妆行业的你带来价值

记得点击"订阅"这样就不会错过每期更新啦~🖤

————————

从品牌、研发、营销、渠道
到彩妆、护肤、体护、美发
与美容护肤产业相关的每个环节，都有深谙其道的"内行人"
我们希望邀请这些内行人作为嘉宾，以他们的视角聊聊
美妆这个品牌化程度最高且充满创新的行业
相信这会是这个时代商业的缩影

也有幸与每位听众一起见证
中国美妆品牌的成长

————————

🗨想跟我们主播和嘉宾深入交流的朋友
💌欢迎添加小助理微信进群: BeyondPod2024
💍记得备注：美妆

💰我们可能是全平台福利最好的社群哟~

————————

【主播】
艾勇 - Beyondpod发起人，映天下CEO
寒笑 - 用过1000+款护肤品的美妆品牌公关

节目荣誉墙

2023年度趋势播客　　2022年度趋势播客
🎙小宇宙播客大赏　　🎙小宇宙播客大赏

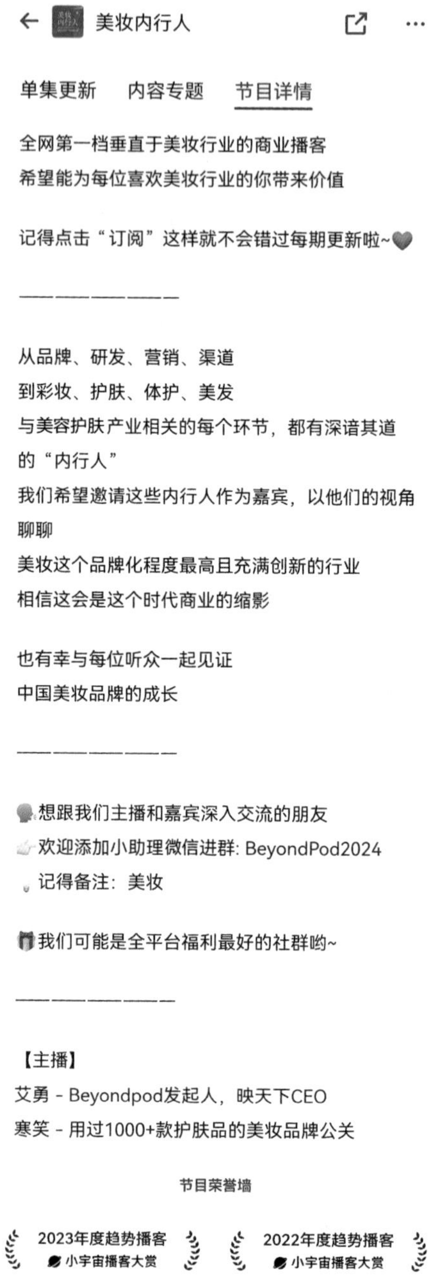

图 8-3　小宇宙 app 上《美妆内行人》的节目详情页

8.1.2　谁在听：按图索骥，找到你的听众

内外调研估算用户规模

你对你的播客已经有了大致的想象，那接下来可以看看你的听众规模有多大，你的听众又有什么需求。如何得到这些信息呢？你可以通过一些竞品调研和信息收集，来逐渐刻画出你的播客听众的画像，这对你的播客形式和选题也非常有参考价值。

首先，你可以看看在播客平台上是否已有类似的播客节目。你可以通过关键词去搜索，然后找到对应的节目，看看其内容与自己播客的主题有无重合。如果有重合，请把这些播客按照粉丝数量来排个序，你大致就知道在同一个平台上自己能获得的听众规模，当然这也意味着你会和他们有重叠，需要在切入点、嘉宾、形式和风格上有差异化，才能吸引这些听众来关注你的播客。

其次，除了播客平台，你还可以在其他内容平台上找类似的赛道，比如，都是讲职场的，你可以看看小红书上职场类的内容有哪些账号，他们的粉丝规模有多大，这些用户里有一定的比例用户是你未来播客的潜在听众，也意味着你可能在小红书上要做播客的宣传和引流。

如果你本身在其他平台上就是大 V，你有意愿做一档播客节目，就可以问问粉丝有没有兴趣关注和收听，他们可能是你的播客的第一批听众。如果你是和朋友搭伙来做播客，可以看看大家的社交圈如何，是否有交集或延展，利用人脉可以扩大你的播客的传播范围，找到更多的潜在听众。

听众需求也是差异化的依据

关注了用户规模后，我们就要了解这些听众或潜在听众的需求，你可以从这些相似的播客中观察他们听众的画像，在这些播客推荐内容的评论区中，你还可以看到大家对这些播客的评价、观点、意见等。甚至，你可以点击评论者的头像，进入他们的主页，看看他们喜欢的播客，如果有介绍可以了解他们的

职业、爱好等。

在运营一段时间播客后，我们也建议你可以在听友中做一些调研，了解他们对播客节目的反馈意见，或者深入采访，了解他们的收听习惯和收听场景，这对改善你的播客、形成自己的特色颇有裨益。比如，如果你的听众大多是在通勤时段收听播客，那你的内容时长可能控制在半小时到 1 小时之间为佳，如果你的听众大多是在做家务时或睡前听你的播客，那你的播客应该用有趣的方式来呈现，讲故事或听别人讲故事是不错的选择。此外，你还可以就一些选题征求听友的建议，《文化有限》的星光老师就表示他们会**从听众互动中找到选题线索，差不多有 20% 的选题来自听众的真实需求。**

当然，如果你发现一个很细分的听众需求，恰好又是你所擅长的，那这种需求借由社交网络被放大，就可以形成你的差异化定位。比如，有听众对电影史、电影评论非常感兴趣，这其实是比较小众的领域，但两位中年影评人就通过对史料的挖掘，用播客来建立一个解释电影尤其是中国电影的完整框架和底层逻辑，这便诞生了《电影巨辩》。这档播客上线十几期就收获了超过 7 万的订阅，可见你满足一个细分的听众需求就能收获不少粉丝。这档播客还以时长著称，最长的一期长达 6 个多小时，可谓"播客马拉松"。

8.1.3 聊什么：有的放矢，沉淀你的选题

了解了你自己和听众需求，就可以确定你的播客定位，相当于完成了从 0 到 1 的过程，接下来就是构建主题和选题策划，是一个从 1 到 10 的过程。大多数初期的创作者很容易在 10 期前就断更，原因除了自己的积累不够，正反馈较少，其实还是没有在事先做较为成体系的规划。

"选题荒"不慌

播客是一种声音杂志，而常规杂志作为连续的定期出版物，在出创刊号的时候，其实已经准备了 10 期左右的选题，这样才不至于"开天窗"。所以，关

于播客的选题，你在一开始就要有所储备，不至于出现"选题荒"。那如何做好一个选题体系，而不至于出现"选题荒"呢？我们从三个方面来阐述。

第一，你可以围绕定位做多级拆分，形成一个多维度标签体系，这就是你的内容库。比如，你要做聚焦女性成长的话题，那么可以围绕这个母题做多个标签衍生，形成职场、情感、家庭等条线，也可以用形式划分出同龄人对谈、成功女性访谈等系列。再比如，你要做一档关于上海城市文化的播客，那么你可以从一条马路、一幢建筑、一个人物、一段影像开始为我们徐徐展开一幅上海城市脉络的画卷，再通过不同年代和身份的人的访谈，来充实内容库，可以做成 70 年代人、80 年代人、90 年代人和外国人系列，形成不同的视角。

总之，你的标签不一定是单一维度的，你可以从不同角度去拆分，每个标签还可以往下再做细分，逐渐形成完整的链路，保证至少有 10 期节目可以录制。当然，扩充内容库还需要平时的不断积累，你可以把看过的内容定期补充到这个库里，并做好标记，方便检索。

第二，你可以围绕人的维度去拆解，这就是你的嘉宾库。例如，如果你是做一个创业访谈的播客，那么哪些企业家能够成为你的座上宾呢？你可以拆解一下，比如，找一些初创的高科技企业的负责人，也可以找一些国潮的消费品牌主理人，你可以通过"六度人脉"法则或者社交媒体来找到他们。至于那些大型企业或知名品牌的大佬，说实话比较难找，这时你可以尝试找一些专家学者来点评这些大企业的发展。当然，在找嘉宾时，除了他们的身份，你还需要了解这些嘉宾是否有自己的想法、有趣的观点，是否能侃侃而谈。

如何找搭档和嘉宾呢？除了认识的朋友或同事，你还可以在社交媒体上寻找志同道合的人，如微信群、微博、豆瓣、知乎、即刻等；也可以在线下参加沙龙、聚会时找到契合的搭档和嘉宾，CPA 中文播客社区举办的 City Tour 是一个不错的选择。此外，你还可以经由嘉宾的人脉资源来对接更多的嘉宾，慢慢构建属于你的嘉宾库。

不过值得注意的是，嘉宾库不一定是你单向地去找，也可以发起招募。比如，前互联网人兰军（Blues）在深圳互联网和创业圈子里发起了一个播客群，定期招募对某个话题感兴趣的人，晚上连线录制，聊职场、聊人生，取名为《扯扯蛋》。这种同频的圈层人脉和按需招募的方式的确给了我们新的启发，我们能够高效地解决播客的选题和对谈人选。

第三，你可以围绕节目的维度去充实，这是你的资源库。一方面，可以看相类似的播客在聊什么，看看你对此有什么观点和想法是可以进一步表达和传播的；另一方面，可以积累这些节目资源，看看有什么机会能串台，尤其是在自己冷启动的时候，更需要这种串台来给自己增加曝光度。

建立和维护好这三个库，你的人脉资源就会慢慢积累起来，你的选题也会源源不断地产出，能够让你的播客持续下去，这份坚持至少能让你自己收获很多，让自己在某个领域更加专业，链接和结识更多的人。至于效果，你还是需要有合理的预期，只要有自己的沉淀，其他的就"等风来"吧。

热点追不追

以上是选题的框架，在这个基础上我们再考虑要不要追热点，而不能本末倒置，为了追热点而做播客。虽然很多听众已经养成了搜索热点的习惯，但你仍然要结合你的播客的定位，评估在这个领域里有无需要关注的热点和话题。

比如，做电影类的播客，可以跟着热映电影展开解读和讨论，当然这样竞争会比较激烈。比如，你做品牌营销的播客，可能在618、双11这种大促节点就要关注和讨论相关的营销趋势和复盘结果。再如，《文化有限》每年在"4·23世界读书日"会推出长时间的荐书播客，邀请上百位播客创作者来推荐他们最近或喜欢读的书，这已成为一种常规操作。这些都属于业内的热点，如果你的播客正好属于这个领域，你就应该去追，因为这些节点相对可控，你可以做好相关资料的准备和嘉宾的安排，做好这些你可能还会获得平台相应的流量。

但有些热点是突发事件，这时候就考验你的专业度或者链接专业人士的能力了。比如，日本前首相安倍晋三遇刺事件发生后，播客界只有诸如《东亚观察局》等少数专注这一领域的创作者在第一时间发声，并且能从多角度进行深入探讨，给听众一个比较翔实的解读和后续跟踪。

此外，由于播客不是碎片化的信息堆砌，所以对于热点，你需要有深度和广度上的延展，才能够撑起一集较长的播客。深度上，你可以从不同视角去挖掘背后的原因，如果有嘉宾就需要找不同背景的嘉宾阐述各自的观点；广度上，你可以找"第二落点"，通过相关话题的串联，让热点有更大的受众范围。当然，这些对于入门的播客创作者来说有一定的挑战，所以我们建议这类突发的需要有大量知识和资源储备的热点，你不必追，因为追热点也不是做播客选题的唯一途径。

还有一种热点属于趋势类的。比如，日益增长的环保意识，带动了很多有关节日受到了关注，如世界地球日、世界水日等。如今，不是只有专注环保公益的播客可以关注这些节点，很多快消品牌也会结合自己的品牌理念，在这些节点通过节目、嘉宾、活动来表达自己的态度，以及对 ESG（Environment, Social and Governance，环境、社会和公司治理）的关注，以赢得消费者的好感，提升品牌价值和声誉。

大纲写不写

很多创作者在做单口节目的时候需要写大纲，甚至要做逐字稿，这当然在初期是必要的，但这种大纲的篇幅和详细程度会随着你的熟练度而逐渐减少，很显然，这也印证了持续做播客可以锻炼自己的表达和逻辑能力。

对于一些情感表达或者偏即兴的内容，则不一定需要写大纲，大纲会限制你的发挥。反而是访谈类的播客节目，你需要准备大纲。对此，《故事 FM》的主理人爱哲给了我们一个方法，即你要准备两份大纲：给嘉宾或访谈对象的大纲要尽量简单，告诉对方大概要聊什么，具体的问题可以在访谈中展开和追问，你在结尾的时候可以问一些开放性但又能总结的问题（比如，你在做这事之前和之后有什么不一样的体验），往往可以从中提取到精华部分；而给自己的大纲则是要越详尽越好，一方面要准备充分的材料，越了解对方和主题，你就可以越有的放矢地发问；另一方面也是为了更好地把控节奏，不被对方牵着鼻子走，能让最精华的部分得以在播客中呈现。

那大纲应该如何写呢？一般来说分成三个部分：开场白、主体和结尾，主体又可以按对象拆解，阐述各自观点并分配时间。在写大纲时，你要记得把自己特别想表达的观点或想引用的内容也放进去，以免录制时错过。如果你的播客是偏"干"的，那你需要收集很多资料，以保证你表述的信息的准确性。如果你的观点或感受需要用一些资料来佐证，比如，在聊 City Walk 的内容时，你想引用看过电影中的桥段或金句来表述你对 City Walk 的感受，那就把它写入大纲。

其实，这种模板并没有标准样式，这里我们就以《美妆内行人》一期定制播客的大纲来举例，这可能是市面上最"卷"的一份大纲了，相信你在其中可以找到不少有价值的参考。

主题：强劲科研能力加持下的国货之光——润百颜

副主题：溯源"元气弹"产品背后的研发经历和品牌实力

主理人立场：真实用了"元气弹"后受益的用户，探究产品背后品牌的研发实力。

嘉宾一（科研向）：解答专业的技术和原理，理性分析产品。

嘉宾二（品牌向）：从品牌的角度，讲述理念和消费者关怀。

开场：从"横扫疲态"视角切入

主理人从自己使用产品的视角出发，介绍自己试用的新品"元气弹"，最近密集出差两周跑了 5 个城市，不仅晚上要熬夜处理工作没时间睡觉，白天又要高强度地拜访合作伙伴，要求自己的状态必须好。试用下来发现"元气弹"很有效果，所以邀请了润百颜的品牌负责人和研发负责人来节目里聊聊这个产品。

嘉宾和听众打招呼 + 自我介绍。

第一部分："元气弹"凭什么这么厉害（嘉宾一主回答，嘉宾二补充）

- 元气弹这款产品到底是咋做出来的？在拯救熬夜垮脸方面怎么就那么有效呢？

  - 可以先讲技术、配方、成分、浓度、功效。
  - 再讲当年的研发经历了哪些失败尝试和成功。
  - 最终在消费者测试上取得了什么样的效果。
  - 目前市面上有"玻尿酸 + 重组胶原蛋白"组合的产品吗？
  - 市场现状 + "元气弹"的独特定位。
  - 与其他宣称这类配方的产品相比，我们的独特性是什么？
  - 为什么选择Ⅲ型重组胶原蛋白？华熙的Ⅲ型胶原蛋白有什么特别之处？

第二部分：华熙生物出品对产品功效的保证（嘉宾二主回答，嘉宾一补充）

- 提起华熙生物，过去大家都觉得它是玻尿酸大企业，但今天我发现它远不止生产玻尿酸这么简单，想听听如今的华熙生物是个什么样的集团。
- 集团过去的发展历史回顾。
- 如今的业务导向和研发实力。
- 早已超脱护肤品的领域，完全是在做生命科学的高维业务。
- 在我的印象里，润百颜刚刚面世就非常火爆，当时我还抢那个黑色盒子的次抛，巨贵但效果真的不错，那如今我看产品线也越来越丰富，功效也越来越全面，那当下的润百颜是个什么样的品牌？
- 品牌定位的介绍和对集团基因的继承延续，现在提起华熙生物，自然接下来就是润百颜。
- 润百颜在市场中的定位是如何形成的？与其他品牌相比，润百颜的独特之处在哪里？

- 与其他玻尿酸品牌或者护肤品牌相比，润百颜最大的差异性是什么？

第三部分：在未来的发展中会遇到的困难和挑战

- 在我看来，华熙生物集团和润百颜品牌算是中国护肤领域中，第一梯队扛大旗的集团和品牌，但是在不太明朗的市场预期中，我们总要寻找确定性。

- 面对当今存量竞争格局下市场的挑战，未来润百颜品牌有哪些发展规划和战略调整？

- 是否会因为过于"六边形战士"，什么实力都很强，而导致顾客对你们的记忆点反而变少了？怎么解决呢？

- 如果让消费者记住润百颜是什么品牌，你希望是什么样的关键词？

- 在美妆市场国货品牌市场占有率首次过半的当下，国货品牌不得不直面和国际大牌竞争的格局，是否会有压力？

- 国货品牌必胜的底气何在？

  科研实力、快速响应、文化底蕴……

- 润百颜是否能成为这场竞争中的扛旗品牌？

  有信心，凭实力，不张扬，但坚持。

  态度谦逊但目标坚定，引出这个做结尾：

  做一辈子的品牌

  真正的品牌，不在于销量和市场的日益庞大，

  而是品牌情怀、社会影响力越来越深厚，激励的人也越来越多。

  这恰恰是润百颜品牌的基因所在，

  也是每一个润百颜人所奉行的长期主义价值观。

  希望润百颜的不断成长，

  让更多人看到国货崛起的光芒。

8.1.4　如何做：从无到有，搭建你的播客

从定位到调研，再到选题和大纲，这些都可以在文档中完成，但当你决定要做一档播客了，那么接下来的实操就是模拟从注册到发布的整个链路，帮助你快速上手。

起好名字很重要

一个好的播客名称就如同你的名字一样，会给人留下深刻的第一印象。因此，起一个好记、直白、易搜的播客名称就至关重要。

早期的中文播客四字词语特别多，如《坏蛋调频》《糖蒜广播》等。如果你看一下头部订阅量的 100 个播客，也会发现四字播客名称占了大多数：一类是成语类的使用，如《声东击西》《忽左忽右》等，也包含了谐音梗，如《燕外之意》《稻此一游》等；一类就是常规词组，恰好是四个字，如《多多指教》《不开玩笑》，前者一看就是请前辈来分享的访谈类内容，后者大概率就是和喜剧联系在一起的播客。

其实，用四字命名也不是播客名称的专属，很多电视栏目就是四个字的，如《今日说法》《动物世界》《走近科学》《鲁豫有约》等，影视剧中也不乏佳作名片，如《我爱我家》《家有儿女》《还珠格格》《武林外传》等。这似乎是我们受成语文化的影响而产生的一种潜意识，这种潜意识也带来了好记的效果。

除了好记，还需要尽量直白，可以使用名人的 IP，比如，复旦大学梁永安教授的播客就是《梁永安的播客》；也可以用短句表明自己的立场，比如，专注健康科普的播客《这病说来话长》，一看就知道是讲疾病的，并且还是一档讨论严肃医学话题的播客。如果你的播客名称一看上去不是立马就能理解的，还可以在名称后加上说明，常见的有《半拿铁 | 商业沉浮录》《剧谈社 | 翻译艺术

品》、《壮游者｜人文旅行声音游记》，这样也包含了一些特定领域的关键词，便于搜索。

当然，起名时也要照顾到搜索场景，谐音梗带来的弊端就是不易搜索，所以你在起名时要注意这些不易搜索的场景，类似的情况还有：不要用生僻字；不要在开头加特殊符号；尽量不用中英文夹杂的名称（《跳岛FM》这种除外），等等。

除此以外，为了播客账号的安全性，不要起一些违反平台规则的名字，比如《××电台》；也不要轻易使用著名IP的名称，如迪士尼的卡通人物。这些都是为了规避不必要的法律风险，否则轻则改名，不利于听众搜索和识别，重则整个节目被要求下架，得不偿失。

形式风格由你挑

本书第2章已经梳理过多种形式的播客创作，你可以从中找到适合你的那种。总结起来，其实无外乎两大类：第一类是单人，第二类是多人。

单人也就是单口播客，很考验一个人的知识储备和输出能力，当然你也可以把声音当作日常记录的一种方式，也就是声音日志。要提醒的是，单口播客不意味着你要读稿，还是要有自然的"对象感"，增加一些语气词、疑问句等，多用用"你"这样的代称，可以让单口也变得不枯燥。此外，如果你有兴趣，还可以去多听一些名人播客，他们通常特别能聊，也很有料，比如，学习杨天真的《天真不天真》，其表达能力也是在学习和工作中不断练就的。

针对第二类多人播客，我们再来做一个细分，也分为两种类型：对谈类和访谈类。

对谈虽然是和朋友、嘉宾聊天的模式，但也不是闲谈。为此，JustPod前首席运营官杨一谈到摆脱闲谈模式的三个聊天技巧：一是可以针对知识密度较高的话题做一个大纲，以保证输出内容的准确性和流程框架的完善性；二是打造私密性的对话，适当讲述自己真实的故事，可以增加人际交往的亲密度；三是要避免三个坑，即要避免辩论、避免各说各的、避免一问一答。按照这些规则你就对对谈类播客的制作有了更深的了解。

> 一个交流畅快的对谈节目会很容易让听众产生一种置身于宿舍卧谈，或是偷听咖啡厅邻座对话的感觉，参与感会非常强，节目效果也会加倍。
>
> ——杨一

对谈也考验找搭档和嘉宾的能力，一般都是亲戚、多年好友或同事等，两人对谈往往是互补型的会更引起听众的感知。比如，在性格上，一个"I"人一个"E"人，或一个"J"人一个"P"人，或是两人的知识背景不同，又或是思考和表达方式有差异，有人理性有人感性。如果是三人对谈，那就需要更好地协同分工，有人扮演提问和控场的角色，有人扮演内容输出，有人适当"捧哏"穿针引线，这就类似早年的《锵锵三人行》，窦文涛在其中既能很好地把控和调度，让嘉宾深入参与，又能充当"翻译"，从中穿插衔接，让节目既有内容信息量，也不让听众听得有负担。

此外，在和嘉宾对谈时，需要营造一个舒适的聊天氛围，这就要求你在开场时可以借由当下的热点或身边熟悉的话题简单寒暄后再进入正题，而且你在问题的设计上要尽量做到开放，而不是封闭（是或者不是），这样更有利于挖掘对方的动机、观点等。

至于表达的风格，说实话没有专业的训练，很难设计，你只能凭借自己的兴趣爱好和习惯，来呈现或"干"或"湿"的风格。这里的"干"，是指内容偏专业，如此你需要更有逻辑性的表述，当然你也可以用讲故事的方式来表现专业度。"湿"的内容偏生活、偏闲聊，你自然可以放松，但我们需要提醒一点，就是如果你的表达风格偏向幽默，记得别冒犯你的嘉宾和听众。此外，如果你本身就是讲故事的风格，需要娓娓道来，也要学会起承转合，要设计桥段，这里就不再展开说明。

门面包装助你"爆"

播客是听的节目，但在查找和浏览的过程中，仍然需要视觉元素，主要有两个，一个是播客节目的标识，这个是播客的门面，你如果要在其他平台进行宣传也用得上，所以至关重要。我们首先建议你按照各个平台的基本要求，制作一个正方形的标识，以 2000×2000 像素为佳，格式可以是 .jpg 或 .png。

关于这个标识，我们希望你用一个干净的主题色，你可以根据自己的内容赛道来选择基本色。比如，如果是以女性话题为主的播客，可以选择暖色调；如果是偏财商类的播客，可以选择冷色调，表示理性（但涉及理财类的别选绿色）。在字体方面，为了在众多节目中被人注意到，我们建议字号要大。如果是四个字，就分成 2×2 的模式，可以做适当的变体，但要有趣。别画蛇添足，让听众一眼看不清字。

比如，《忽左忽右》的标识就十分明确和显眼（图 8-4），用棕色背景加白色字体，干净，并且第二行的"忽"还做了镜像，有一种真的分左右的既视感，颇有意味。

再如，《蜜獾吃书》的标识也非常简约（图 8-5），在纯白背景上用黑色简笔画出一个蜜獾的形象在啃书，既对应了播客名字，明确了是一档读书节目，又让形象具有了很高的辨识度，还贴心地为名称标上拼音，让听众又增长了一些知识。

不管哪种，你都可以用一些软件来实现，如创客贴、可画（Canva）等，再用修图软件进行调整优化。当然，我们需要提醒你，不管用什么设计软件，都要确认字体和图片的版权是不是可以商用，即使像 Canva 这样提供免费素材的，也只有部分是可以商用的，记得看看这些素材上标有的具体声明。

图 8-4 《忽左忽右》播客标识　　　　　图 8-5 《蜜獾吃书》播客标识

除了播客节目的标识，单期播客的节目封面也是构成你的播客门面的元素，不可忽视。那如何设定一张封面呢？一般来说有两种。一种是直接用现成的图片，可以是录制现场拍摄的，也可以是你手机相册里和内容相关的。比如，你在清明节聊一档关于生死的话题，而你之前正好拍过一张白菊的照片，那这期播客的封面就可以使用白菊特写来烘托气氛。另外一种是可以借由 AI 来制作，现在像喜马拉雅等平台已经能够在上传音频时自动根据内容生成封面了，整体效果令人满意。虽然封面很重要，但你也不必花费大量时间和精力去制作封面，只要做到主体清晰、和内容有关联度即可。

8.1.5　发哪里：两种模式，传播你的播客

前文提过，播客是基于 RSS 的一种内容生态，那在创建账号时就有两种选择。

上传到托管平台，通过 RSS 同步到其他平台

市面上常见的音频托管平台有 Fireside、Anchor、Wordpress、Typlog，但这些托管平台是在国外的服务器上，在国内可能会面临收听卡顿的

问题。节目上传至托管平台后，可以使用 RSS 认领节目，同步到其他平台（小宇宙、Spotify、网易云）。

以小宇宙为例，打开小宇宙，在搜索框输入 RSS 链接即可找到节目。 可以添加"小宇宙领航员"的微信认领节目，也可在小宇宙的主播后台上传凭证进行认领。认领成功后，即可在主播后台查看播客在小宇宙上的数据、管理互动。

苹果播客以及其他泛用型播客客户端（Pocket Cast、Overcast、Castro等），可直接将 RSS 链接复制到搜索栏，或在客户端内找到"通过 URL 添加节目"的入口后输入 RSS 链接。

在国内播客平台上传后，同步到其他平台

如果你的节目是通过小宇宙或喜马拉雅创建的，可以利用平台自带的托管服务，喜马拉雅也是苹果第一个官方的托管平台。在喜马拉雅或小宇宙上获得一个 RSS 源，用于同步到其他平台。

在小宇宙，可以登录其官网的创作者中心，"节目设置—多平台同步—立即申请"，填写信息后，将生成的 RSS 链接复制到其他平台，如苹果、QQ 音乐。

最后，**不管你用哪种方式，在上传的时候要注意格式和编码的选择。**如果是多平台分发的，要记得去人工检查一下各平台是否分发成功，因为 RSS 偶尔并不奏效。

8.1.6　何时发：持续更新，养成播客记忆

这里涉及两个问题：一个是发布频率，另一个是发布时段。

根据不同的播客形式，比如，是访谈还是单口，是行业资讯还是品牌故事，发布频率都会有所差异。现在听到的大多数播客类型是朋友闲聊对谈类的，这种可以保持每周更新一次或者两周更新一次。如果涉及资讯、热点等有时效性

的内容，建议保持较高的频次，如果有团队的话，可以考虑日播或双日播，《商业就是这样》就是这种资讯类的播客。如果是付费类的内容专辑，你可以一次性录制完成，然后定期来发布即可。

当然，发布频次也取决于你和你的嘉宾、搭档的时间投入。如果你们都是"J"人，那定期更新不成问题，如果你们都是"P"人，可能更新频次会有所波动，不过也没关系，有真的想聊的话题，也可以迅速行动起来。播客行业自媒体《播客先声》在《2021 中文播客创作者报告》中披露，超过 30% 的创作者会周更，近 25% 的创作者会双周更，当然也有超过 20% 的节目是无规律更新，主打一个"P"人模式。总之，持续稳定的更新会让你能更好地和听众建立链接，有利于养成听众的收听习惯，提升节目或个人品牌的认知度和影响力。

提及发布时段，你如果在节目介绍中已经写了定期发布的时间，可以在上传时预设发布时间，一般都是要提早 2 小时左右，以免耽误。如果你的播客节目和一些特定的时间段相匹配，如通勤、运动等，就应该有针对性地制定发布节奏，以满足这些听众在最活跃的时段能找到你。此外，由于播客具有显著的长尾效应，所以在一日之内的发布时间没那么讲究，做好播客即时上传就不用太担心。

8.2 播客制作：你需要了解的基本操作

如果你策划好了播客的定位、选题、形式、包装等，那剩下的就是播客制作环节。虽然播客制作门槛相较于视频已经降低很多，但仍需要选择合适的场地，了解录制设备，对剪辑和音频质量也要有严谨的追求。接下来，由微信公众号"播客志"来梳理和分享具体的制作心得，无论你是初涉播客制作的新手，还是寻求提升音频质量的资深播客制作人，都希望能给你一些启发和帮助。

8.2.1　录制那些事儿

低成本提升音质

一般来说，一个理想的录制环境需要安静、无人打扰且尽量无回音。但新手往往可能在家录音，这时候可能会存在空间混响、环境噪声和室内噪声等问题，那如何低成本地提升音质呢？在音频厂商工作多年的知杰给出了他的建议。

○ 让录音房间"乱"一点

当房间比较空旷时，环境会给声音带来很大的反射，但放置一些物品，如枕头、布偶、开放式的书柜等，这些物品会变成一种扩散体，把反射出的声音打乱。此外，如果在紧急的情况下需要用手机录制，还可以在手机下面垫个抱枕或者垫子，可以让手机离嘴巴更近一点。

○ 简单布置一下

给家里挂一个厚实的、落地的窗帘是一个很好的选择，录音的时候拉上窗帘，有助于隔绝噪声，自然形成的褶皱也可以降低混响。地面上铺柔性的地毯也能起到类似作用，还能美化家居环境。

○ 买个动圈麦克风

使用动圈麦克风主要是为了降低噪声。很多人会非常推崇电容麦，确实电容麦可以收录更多的声音细节、更加灵敏，如果是录歌曲或有声书等对音质要求非常严格的音频内容，电容麦确实是更好的选择。但电容麦价格往往不低、对录音环境要求很高，对于大部分播客创作者来说，其实一只动圈麦克风就够了。动圈麦克风是最常见的麦克风类型，其工作原理是通过一个薄膜和一个线圈来捕捉声音。当声音波到达振膜时，振膜会振动，这使得连接到振膜的线圈在磁场中移动，从而产生电流。动圈麦克风通常非常结实，十分耐用；在处理高音量时也表现良好，不太可能因为声音过大而失真。此外，市面上比较常见的还有**舒尔 SM58，被称为"播客神器"**，因普适性高而被广泛用于各种现场演出和录音室，价格为 700~800 元。如果你可以买舒尔 SM58a 更好了，它是舒尔 SM58 的升级款，解决了后者高频偏封闭偏闷的音色缺点，不仅有温暖的音色特质，在高频的表现方面也提升了很多。

o 推荐实用设备

如果是刚起步的创作者，预算有限，很推荐罗德的 PodMic（USB 版本），随插随用，接到电脑上就可以录，如果使用软件 RODE Connect 还可以多只麦克风一起录制。更专业一点的创作者，可以采用罗德的播客一体机 RODE Caster Pro+ 麦克风 PodMic 组合（图 8-6），RODE Caster Pro 是全球首款一体化播客制作设备，它将麦克风前置放大器、混音器、声音效果处理器、录音设备和播放设备集成在一起，使播客制作过程变得简单而高效；此外，自带的算法让声音不会爆，还自带主动降噪功能。

PodMic USB   RODE Caster Pro

图 8-6 RODE Caster Pro+ 麦克风 PodMic 组合

更多录制设备可以关注微信公众号"播客志"，回复"设备"获取各家播客节目的录制设备和方法。

前期 > 后期

对于播客制作，**有一个首要原则就是能在前期解决的问题绝对不要留给后期**。或许很多人对于音频的概念还停留在音频是视频的一部分，那视频怎么录音频就可以怎么录，殊不知纯音频对于节奏、情绪、逻辑等方面的要求自有其体系，播客录制时一旦出现问题很难在后期完全补救。所以无论使用哪种创作工具，都要在录制阶段尽量注意以下几点。

○ 与麦克风保持合理的距离

无论使用的设备是手机还是麦克风（大部分创作者使用的都是收音范围较小的动圈麦克风），新手经常出现的问题就是脱麦，聊到尽兴时经常会不自觉地移动，导致很多声音收不进来。在养成一个比较好的录音习惯之前，如果是用专门的录音设备，可以通过戴监听耳机来规避脱麦问题，如果是用有线耳机录制，则可以参考婉莹（小黄鱼播客网络负责人、《博物志》主理人）绘制的这张图片（图 8-7）。

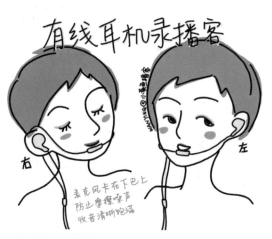

图 8-7　有线耳机录播客注意事项（婉莹提供）

○ 录一会环境音

录制环境难免有各种各样的噪声，如空调音、蝉鸣等，在会议室之类的场景录制可能还会有混响，这种持续、稳定的噪声可以通过后期降噪去除，其实可以通过录制一段无人声的环境音来实现。所以，录制时先录几秒左右的空白，再开始正常录制，在后期通过降噪可以保证音质。

o 记得点录制键

一个看起来无用，但实际上无比宝贵的建议，播客新手或许很难理解这样的问题，但以我们与创作者日常交流的经验来看，这个是最常见、后果也最为惨痛的经验教训。还要记得提前检查内存卡、电池等硬件，录音录到一半内存不足、设备没电也是高发问题。比较好的解决方法是，每次录制前指定一个人来专门负责检查这些问题。

o 减少语气助词

许多刚开始做播客、剪节目的人都会发出这样的感慨："我怎么这么愿意说然后、就是、呃、那么……"在日常交流中不明显的问题都会在节目中暴露出来，极大影响听感。其实一旦注意到这个问题，很容易改正，改正这个习惯也有助于提高自己的日常表达能力。

远程录制的注意事项

如果条件有限，参与者无法在线下见面录制，可参考以下的远程录制流程和注意事项。

o 软件

提前准备好腾讯会议、飞书、Zoom 等在线会议软件客户端，预约录制时间，在此之前可以把大纲发给对方，做到心中有数。

o 设备

需要准备的设备如下：手机（记得充满电）、耳机（最好有有线耳机，因为无线耳机容易出现延迟，记得耳机也要充满电）、电脑或平板、录音设备（记得留有足够的空间）。

o 水（或其他饮品）

录制播客时往往会口干舌燥，远程录制时请记得自备。

o 录制前

录制开始前，提前和其他录制参与方做好试音，确认录音环境安静，网络和通话流畅，耳机可以听到对方的说话声，且录音设备只能录到自己的声音；在客户端的会议界面点击录制，作为本次录音的备份（会议录音的音质有折损，不建议直接作为剪辑版音频）；多人录制开始时，可以让所有人在数"3、2、1"后同时拍手，以拍手声作为录音开始的标志，方便后期对齐多条音轨，如果是跨多个时区的，可以使用 time.is 等工具，方便后期校准音轨。

o 录制中

开启摄像头，这样能够观察到参与者的反应，更方便互动，如果参与者不愿意出镜，可以用特效遮挡面部；尽量在他人表达完一整个句子后再开始发言，不在中途打断对方，如果参与者在录制时说错，可以提醒对方适当停顿后重新将整句话完整表述一遍；如果录制中出现意外中断，无须停止录制，在继续录制的节点通过拍手再次标记剪辑点即可。

8.2.2　剪辑工具和流程

剪辑软件推荐

我们为你推荐几款适合不同使用人群以及不同制作需求的播客编辑软件。对于新手或者普通播客创作者来说，其实哪款软件都可以，如果不想下载软件，网页版工具其实就能满足音频剪辑，用视频剪辑软件如剪映也能满足音频制作的需求，选哪款工具主要取决于你的操作流程和习惯，以及一些快捷键的熟练使用。

o Adobe Audition（AU）

这是一款专业音频编辑软件，适合音频专业人员使用，具备音频编辑、混合、控制和效果处理功能。它支持多轨编辑，提供降噪、混音和添加效果等高级音频处理功能。它是 Adobe Creative Cloud 的一部分，可以和 Adobe 的其他创意软件（如 Premiere Pro、After Effects）无缝集成，但需要付费使用。

o Audacity

这是一个免费开源的音频编辑器，适用于 Windows、Mac 和 Linux 系统，拥有多轨编辑、降噪、混音和添加效果等功能，界面简洁易用，适合初学者和业余爱好者使用。

o Garage Band（库乐队）

这是苹果公司出品的音乐制作软件，适合 Mac 用户，具备音频剪辑、录音、MIDI 制作、缩混、母带处理等功能，特别是对于新手来说操作简便。

o 小宇宙 Studio

身边的很多播客创作者都在用，强大的转文字、去口癖的功能让人记忆深刻，用 AI 技术可以检测出音频中的无用词汇，一键清除或者逐一试听删除。剪辑完毕后可以在发布前分享试听网页，邀请其他人试听、查看音频转文字，还可以发表评论。

o 喜马拉雅

喜马拉雅为播客创作者提供了很多创作工具（图 8-8），其中包括录音、剪辑、文章转语音等，也用 AI 提升大家剪辑的效率和释放创意的潜力，前文已有介绍，大家可以去创作者中心的后台查看和使用。

图 8-8 喜马拉雅一站式 AI 音频创作工具界面

播客剪辑流程

播客的剪辑流程主要分为降噪、粗剪、精剪、配乐四个部分，我们逐一来说。

○ 降噪

降噪同时起到减弱环境杂音和加强人声的作用，有助于提升整体音质。部分剪辑工具自带降噪功能。以 Adobe Audition 为例，选中一段音频中的环境底噪，点击"效果 — 降噪 — 捕捉噪声样本"，再点"降噪"，选择完整音轨，点击"应用"即可完成降噪。喜马拉雅的剪辑平台也支持一键降噪。

○ 粗剪

第一遍剪辑为粗剪，重点关注以下剪辑点：

停顿时间。缩短句子和句子间的停顿，尽量删除"呃""然后""但是""这个""我觉得"等口癖词，避免语句冗余。剪辑时注意保留气口、说话节奏、句子衔接，这些功能现在用一些平台自带的 AI 剪辑基本能实现，可以节省大量时间和精力。

不完整和多余的表述。表述不完整或说错的句子建议直接删除，对于语义重复的句子尽量精简。

如果录音中有无法确认事实或者语义模糊的部分，建议向发言者进行二次确认。

如果录音中有表述错误或可能引起争议的部分，建议直接删除，或者在音频中补录，或者在 Show Notes 中补充说明。

○ 精剪

粗剪完成后进入精剪环节，你需要代入陌生听众的角度，把粗剪音频整体再听一遍，去掉不必要的部分，顺便做个时间轴，其后将其发送给嘉宾确认，如有反馈则对音频进行修改。

关注微信公众号"播客志"，回复"剪辑"获取《播客公社》后期制作人吱吱提供的具体实操说明。

o 配乐

一般来说，在片头和片尾可以使用配乐，当然中间有明显段落分隔的时候也可以插入过渡音乐，显得播客节目更流畅和连贯。

选取的音乐片段需要与内容主题和情绪相关。比如，你在讲 City Walk 的话题，那配乐可以用轻柔、舒缓的音乐，记得在插入时要有淡入、淡出的处理，或者选择平台中适配人声的设置，不要影响了正常的发言。

在使用配乐时，要特别关注版权问题，尽量使用免费版权的音乐，或在有版权的平台上发布相关播客；如果你使用了免费版权或购买了版权，不要忘记在节目中声明音乐来源和版权信息。

如今拯救你的"曲荒"的还是 AI，平台会自带一些配乐选段，你也可以使用 Suno 等 AI 平台生成适合的音乐片段。

最后，《安全出口 FM》的老段给大家推荐了播客《元味电波》的一期节目《伯克夏郡神秘事件》，你可以感觉一下什么是身临其境的播客节目。

本章小结

我们深入探讨了播客策划与制作的全过程，通过"5W1H"模式进行系统化概括，从播客定位、听众分析、选题策划、形式风格选择到发布策略提供了详尽的方法。同时，我们也分享了播客录制的技巧、设备选择、剪辑流程和音频质量提升方法，旨在帮助播客创作者从零开始，打造具有影响力的播客品牌。正所谓：

声音名片细策划，听众心声需洞察。

录制剪辑技艺高，播客影响渐成佳。

第 9 章
播客运营和活动

9.1 运营原点：运营好播客的简单心法

经过前面详细的播客策划和制作教程讲解，相信大家已经可以制作出一档属于自己的播客了，如果能搭配后续高质量的运营和维护，便会十倍放大前期在内容上的投入产出比，获得更大的收益。在我们接触过的播客创作者中，很多人都没有意识到播客还需要"运营"这件事。他们只是把自己视为内容的生产者和制作者，而不是经营者。常见的情况是前期随性录制，上传后任其自然发展，后续不做过多干预。作为想通过播客打造影响力的你，理应有"运营"意识，把播客当作自己的产品，更好地对外传播。

接下来，我们会介绍如何通过对播客的运营不仅让你的节目被更多人听到，还能让你与听众之间建立起更有价值的长期关系。在介绍具体的运营动作之前，我们先来聊聊做播客的"两个原则"和"三个目标"，这能让你在后续的运营过程中保持清晰的方向。

9.1.1 "两个原则"构筑运营的内功

"两个原则"是播客运营工作的内功，能帮助我们在纷繁复杂的运作中找到自己的道路，让我们明白在必要时需要对什么选择"说不"。

原则一：做播客就是做内容

做播客是做内容，只有高质量、具有吸引力的内容才能真正吸引和留住听众。播客运营也是精心打磨内容的环节，这要求播客创作者不断地学习复盘，了解哪些还能优化和调整，如何让嘉宾更好地表达观点，是否需要跟进热点调整时间，等等。同时还要深入了解自己的目标受众和平台特性，有针对性地满足受众的需求，进而获得更好的数据反馈，实现更大的影响力和商业价值。

原则二：运营就是运营关系

播客的每次播放、每个订阅、每条评论的背后都是一个活生生的人，这意味着你不能把他们当成普通的数字，而是要有意识地去留意和重视每组数据背后具体的人，了解他们的需求和反馈，维护好和他们的关系。只有持续地深入运营内容和"人"的关系，这些人群资产才是播客长久运营的基础和保障。

9.1.2 "三个目标"构筑运营的外功

"三个目标"是播客运营的外功，也就是具体操作的方法，能帮助我们判断运营动作的必要性和优先级。

目标一：让更多的人知道

在这个内容供给严重过剩的时代，我们面临的是"酒香也怕巷子深"的现状，需要更主动地通过宣传推广扩大播客的认知度和影响力。

你可以尝试在多个播客平台进行节目的分发，提高触达受众的概率，如小宇宙、喜马拉雅、苹果播客、QQ 音乐、网易云音乐等，也可以在其他更大知名度的社交媒体平台建立播客的官方账号（或主理人账号），如微博、抖音、小红书、即刻等，提高播客被听众发现的概率。只有更多的人有机会知道你的播客，才有可能产生了解、收听、订阅等动作。

目标二：让知道的人留下

在有部分人知道了你的播客以后，他们会来到你的页面，那下一步就要思考该如何把他们留下。

你可以用清晰的节目简介、吸引人的标题和简洁的订阅引导，增加听众对节目关注的兴趣，甚至可以直接提供联系方式让听众成为微信好友，进而成为私域社群的成员。在这个关注度高度分散的互联网环境下，不要浪费每一次成功的曝光机会，每个用户与你越深度的绑定，未来就能产生越大的商业价值。

目标三：让留下的人长久

随着国内互联网流量红利的消失，获客成本也在逐年攀升，所有运营主体都在不约而同地由粗放经营转为精耕细作，开始讨论如何提升用户的LTV(Life Time Value，用户生命周期价值，指在获得新用户后到用户流失前，每位用户所能贡献的全部利润价值）。

作为播客的运营者，你也要考虑如何提高听众对节目的喜爱度和忠诚度，以延长听众的生命周期价值。可以通过提供高质量的内容、保持稳定的更新频次、设置社群内的互动和奖励机制、组织线下听众见面会等多种形式来实现。而这些运营动作的最终目的，就是为了实现第三个目标，即让已经留下的听众陪伴我们更长时间。

清晰了解了以上"两个原则"和"三个目标"，相信你在做运营之前，内心已经有了一把尺，可以判断运营动作是否有助于提升播客的价值。

9.2 运营动作：播客运营要做什么

我们这里的运营是从制作好音频文件开始算起，此时在平台上发布播客，你首先需要一个自查清单。

9.2.1 自查清单

在上传节目前，你要把自己想象成播客听友，模拟听众的身份，去审视这期播客：

o 声音是否清晰，如果不够清晰且无法重录或补救，如何说明？

o 标题是否足够吸引人从而激发听众点击的欲望？

o 封面是否可以更换成更有代表性的图片？

o Show Notes 是否行文顺畅、配图准确、结构清晰，利于听友获取信息？

o 收听节目前 5 分钟，你作为第一次听到的听友是否有听下去的兴趣，甚至点击订阅节目？

如果其中有一项是"否"，那么别犹豫，马上去迭代修改，把你的每期播客当成"作品"去对待。如果第一条实在无法补救，一定要在节目的文案中进行说明，并提供一些概要和观点。

此外，由于播客的长尾流量非常持久，可能时隔多年你刚刚发布的节目还会有人收听，所以你可以以半年为周期定期做整体节目的回顾，如果感觉节目标题、封面或 Show Notes 有任何不妥，依然可以进行迭代修改。

Show Notes 的"完善大法"

这里，我们再补充一下 Show Notes 应该如何更好地呈现。一方面 Show Notes 可以帮助听众快速了解内容，有所预期；另一方面也可以借鉴 SEO

（Search Engine Optimization，搜索引擎优化），方便核心内容被搜索到。

我们引用 Spotify 在 2020 年发布的文章《Your Podcast Needs Show Notes》中给出的相关建议：

o 列出参与制作节目的每一个人。
o 提供播客官方网站和其他社交媒体账号。
o 告知听众该如何支持你的播客，如众筹方式、打赏渠道、周边商店。
o 节目是否包含优惠代码或者赞助商。

这里面就包含了很多细节，比如，如何在 Show Notes 中展示联系方式。很多播客平台对这类信息都很友好，不会因此审核不过，所以你可以直接在 Show Notes 中增加微信号，用醒目的【】或""标注，方便听友查找和复制，但注意，苹果 Podcast 等平台不支持图片上传。也可以直接增加微信二维码和群二维码做精准获客，说明添加的意义。

o 个人二维码（含企业微信）：好处是可以点对点收集每一位听友的信息，建立初步的认知和亲切感，当然劣势也很明显，就是每日有加好友的上限，频繁添加会被限制。这类方式适合小而美、兴趣社区、商业服务类型的播客，因为需要对每一个来的人都有比较清晰的认知。
o 群二维码：好处是你可以轻松、快速拉取超多的听友，每 200 人手动更换一次群二维码即可，适合需要建立基于广大人群基数的社群，如好物推荐的带货型播客、技能授课型播客。但劣势也很明显，首先是人群的泛化和面目模糊，你不再能知道其中具体的每个人的身份，也容易有并不适合社群的人进入，这方面需要比较大的后续人工投入去鉴别和跟踪。

时间戳是中文播客的一大特色。你在小宇宙和喜马拉雅等平台编辑内容时可以插入时间戳，方便听众能够及时对该期节目提纲有所了解，选择自己感兴趣的章节进行定位跳转，小宇宙支持超链接，如果有需要解释或引用的资料也可以添加进去。喜马拉雅也在创作者剪辑上传时自动生成时间戳（图9-1），你可以在此基础上再进行调整和优化。

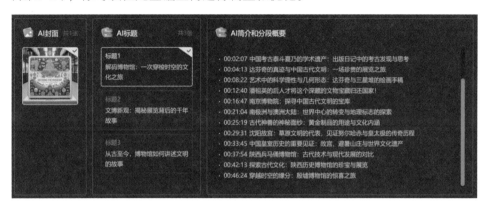

图 9-1　创作者在喜马拉雅平台上运用 AI 生成的标题、封面和时间戳

此外，也有创作者已经把 Show Notes 玩出花来的。比如，有一档播客《热敏修辞学》，创作者言玖和蒂尼就把 Show Notes 设计成了可以热敏打印的小票式样（图9-2），内容包括关键词、简介、时间戳、互动话题、联系方式和收听二维码。上面的时间戳乍一看很像价签，让小票更仿真，当词条小票积累到一定数量后，或许可以集结成册作为有意思的播客周边。

"高光混剪"的取与舍

在运营播客内容时，不少创作者会选择剪辑一段"精华"放在开头，就是用 30 秒到 1 分钟来提炼整个节目中出现的金句段落，CPA 联合发起人老袁称之为"高光混剪"。但其实这个活儿还挺累的，你不仅要听完整期节目找到最好玩的地方，还要把它剪辑出来、拼凑起来，往往还需要配上背景音。所以关于要不要剪辑"高光混剪"一直是见仁见智。

我们认为，"高光混剪"不应该是为了做而做，而是要根据内容、话题、嘉宾等进行判断。如果是对谈类的播客，嘉宾有独特的观点，节目选题有值得讨论的话题度，双方或多方都有饱满的情绪表达瞬间，其实是可以剪辑出来放在开头的。毕竟，播客是一个长音频，用短内容去吸引听众是非常合适的操作。听众在调研中表示，**听播客会先听 5~10 分钟来判断是不是自己喜欢的话题**，因此在这几分钟里还是要把最核心、最精华的内容做一些展示。《闪光少女》主理人斯斯也认为，"高光混剪"有利于吸引听众，但她也表示高光内容不能完全把最精华的内容和盘托出，而是要有情绪的宣导，要设置一些悬念，让听众"似懂非懂"，有听下去的动力。

9.2.2　宣传发布

在 app 或托管平台上发布播客后，你就需要去各种平台"吆喝"，因为播客是个音频节目，很难在算法推荐下让听众快速浏览收听。在这种情况下，你需要利用社交媒体去宣传自己的节目，让更多人知道，而不是上传完就听之任之。宣传渠道主要有以下几种。

朋友圈是标配

播客节目的主理人或者创作者都是播客传播的第一责任人。播客上线后，创作者本

**Instant Acumen
热敏修辞学
(Ep.001) ("敏感")**

英文	Sensitive
拼音	mǐn gǎn
注音	ㄇㄧㄣˇ ㄍㄢˇ

随机简报	RANDOM BRIEF
两位主播的自我介绍	01:08
为什么会有这档节目	03:03
为什么是热敏修辞学	06:05
我们节目的形式是什么	10:25
我们希望带来什么	12:19

本期词汇	TOPIC
为什么是Acumen而不是Sensitive	17:45
敏感是否已经变成了贬义词	20:47
为什么是敏感词不是违禁词	35:10
敏感是波动与不确定	40:54
额外的可能性与额外的代价	44:09

本期互动	INTERACTIVE
请用"敏感"形容一个通常不会用"敏感"来形容的事物	

关于热敏修辞学	ABOUT I.A.

热敏修辞学 (Instant Acumen) 是一档由言玖和蒂尼带来的谈话类播客节目。每期节目我们都将选定一个关键词并限时对话，经由随机发散与联想，捕捉关键词有别于日常语境的含义与用法。
您可以在任意操作系统通过泛用型播客客户端搜索收听，也可以在小宇宙、喜马拉雅、荔枝FM、网易云音乐等平台找到我们。

WEBSITE:　　　　　　　　IAFOLDER.TYPLOG.IO
EMAIL:　　　　　　　　　IAN9LS@ICLOUD.COM

图 9-2　播客《热敏修辞学》第一期
Show Notes

人、播客的机构账号的朋友圈都可以转发宣传。转发时要搭配 1~2 句简短的介绍和总结，让大家更快了解这期节目的内容，文案要以"这期节目对你有用"或"这期节目很有意思"的心态去分享，如果是访谈类播客你还可以分享访谈的心得，用真诚来打动看客，而不是"我们做得很好，你快来听"，这会让大家产生更不想看的逆反心理。

微信生态很重要

这里的微信生态包含了微信公众号、视频号、社群等。如果你已有微信公众号，在节目上线后记得同步发布相关内容，或者在节目上线前进行预告，当然内容上最好不要照搬照抄，而是要根据微信公众号订阅者的需求来进行传播。如果是一档干货类的播客节目，听友在收听之余希望看到思维导图、摘要、观点等，那么微信公众号可以用这样的形式去呈现，让更多人能在微信生态里传播你的播客。

在你力所能及的情况下，视频号也是不错的选择，因为视频号是根据你的人际关系和兴趣爱好来匹配的，如果你的圈子对播客有兴趣，那么视频号对播客的传播也有一定的帮助。至于如何快速把播客变成视频，如果是访谈类节目，我们建议进行录制时也架一个小摄像，把"高光"时刻截取一小段放到视频平台发酵，此外你也可以用 AI 或者用相册式的方式进行制作，达到低成本对外传播的效果。

要说微信生态里最重要的渠道，那就是听友群或者相关微信群了。因为能加入播客听友群的听友是经过漏斗筛选后和你最亲近的听友，向他们同步节目上线的信息是非常有必要的。你在听友群里分享时要注意分享文案的内容，应有总结和概括，让他们知道这期节目的大概内容方向和嘉宾身份等必要信息。

同时，在一些和播客相关的社群里，也要记得多多宣传，如各类平台的播客创作者和线下播客活动的社群。这些社群都是创作者，大家都会懂得播客制作的不易，只要你能真诚分享你的播客的价值，在这里也会收获早期的播客粉丝。另外，如果是品牌播客，可以在自己的消费者社群中进行传播，作为品牌文化宣传的一部分，这也充实了品牌资产，让消费者对品牌有更多的理解机会。

嘉宾也能帮帮忙

除了主理人自身的资源，你在访谈嘉宾时也可以和嘉宾友好互动，节目上线后将播客节目分享给你的嘉宾，并邀请他通过他的社交网络进行分享和传播，如朋友圈或他的社群等。如果对方是社交媒体上有影响力的创作者，那么通过他在公域平台的分享更能帮助你的节目被更多人知道。

小红书是个好地方

小红书如今已经是生活分享的流量平台，有大量年轻人在此学习打卡、分享经验，聊人生聊职场聊书影音也聊感情，这些都是播客的主流热门话题，所以小红书上的"播客分享"和"播客推荐"已成为新的流量词，不少年轻人在小红书上甘当各类播客的"自来水"。

所以你需要好好利用小红书这个阵地。你可以在小红书上建立自己播客的同名账号，也可以用自己的小红书账号来实现播客节目的宣传。《搞钱女孩》的主理人小辉会这样操作（图9-3）：首先，你可以把节目中的各类金句

图9-3 《搞钱女孩》在小红书上进行播客推广

和观点拆分出来；其次，如果你有播客录制的花絮或者环境照片，也记得分享出来，显得更有生活气息；再次，你可以把从各种渠道收集的听友互动反馈做简单的梳理，进行二次分发，用听友的推荐来吸引听友；当然，你可以发布和你的播客相关的任何话题，包括线下活动，让你不止活跃在音频中。

其他的平台还有很多，如即刻——可能是国内对播客最友好的内容社区，即刻用户与播客听众人群重合度较高，非常欢迎优质播客主理人的入驻和分享。再如文艺青年的聚集地——豆瓣，用户对播客内容的接受度较高，读书类、成长类、影评类、旅游类节目在豆瓣平台的受追捧程度较高，并且现在还有了播客节目的评分，如果有兴趣记得去认领。

9.2.3　评论维护

在播客运营中，评论区是要重要阵地，**小宇宙在 2024 年第一季度披露，其平台上的评论字数已经超过2.4亿**，可见评论的规模和价值。所以，对于一档播客节目来说，评论的多少和优劣可以直接反映出听众的认可度、参与度和活跃度。另外，评论区往往可以成为二创的阵地，引发新的讨论，产生更多延展和传播的可能。就像早年间的网易一样，评论的神跟帖是一道别样的风景。同样，即使作为音频载体的播客，评论也能让人深切感受到听众的热情，所以对于评论区，尤其是评论氛围良好的评论区，更需要长期维护，维护好评论可以带来新的收益。

对于评论的回复至少有两种类型。第一种是**主动准备话术**，即在有评论开放的平台，提前编辑好评论区官方回复，引导大家对节目进行评论转发或加入听友群，小宇宙平台可发布并置顶，包含加群说明、添加微信号、备注信息等。你也可以在评论置顶中和听友互动，比如，就节目中的某个观点发动大家表明自己的态度，这样可以产生更多的涟漪。

第二种就是**积极回复评论**。每条来自听友的热心评论都应被及时回复，这会让听友感知到自己"被看见""被重视"，很多听众反馈能获得评论的回复是很正向的，会更有动力追随节目和创作者，所以也有很多创作者表示会回复每一条听友的留言，保证自己评论区的热度。

在回复评论时，我们也需要分类处理：面对提出询问的评论，应及时进行回复，要做到信息准确且简单明了；面对提出质疑的评论，应及时诚恳回复，做出解释或者缓解气氛，千万不能一有负面评论就删除拉黑，这不是化解矛盾的合理方案；当然，如遇恶意的不友善评论，或者针对其他听众的人身攻击，可以考虑删除处理，以免影响评论区整体评论导向。

9.2.4　平台沟通

作为播客创作者，与播客平台建立良好的关系至关重要，这不仅有助于你的播客获得更多的曝光和听众，还能为你带来更稳定的创作环境，甚至有更多商业变现的机会。

首先，你可以从维护关系的角度出发，和平台的运营人员打好交道，通过日常联系混个脸熟。和平台打交道不是说一定要让平台的运营人员帮忙推荐到首页或者资源位，而是你的播客要符合平台的基本规则和要求，你的播客是高质量的、有特点的。你和平台运营人员经常互动，就可能成为他们的核心创作者，在第一时间拿到平台信息，如活动宣发、政策变动、流量扶持等，遇到问题时也可以找他们帮忙解决，形成良性的互动。苹果播客在 2024 年上线了创作者中心，包括获得推荐、走近听众、创建单集、注册 Apple Podcasts Connect、提交节目等板块。其中，获得推荐板块就需要你去填报材料，与苹果播客的运营人员沟通，他们会评估你的播客是否有机会上苹果播客的各类资源位。如果你的播客的内容有特色，你又经常与官方运营人员打交道，那你的播客就有机会被更多人看到、听到。

其次，你可以多参与平台发起的主题活动，有投稿激励活动，也有品牌发起的定制征集活动，只要你的播客内容符合要求，就可以大胆参与。当然，你

也可以关注平台上的热门话题，参与热门
话题也有助于你的播客节目的曝光和转化。
此外，你要经常关注平台的动向，尝试平
台的新功能、新活动、新玩法。比如，喜
马拉雅上线的 AI 经纪人（图 9-4）会给你
的播客做出诊断和建议，方便你更好地运
营自己的节目。总之，你要尽可能利用好
平台推出的各项扶持政策，来凸显你的播
客的价值。

　　除了和平台搞好关系，你也可以加入
CPA 这样的第三方播客社区，参与其组织
的活动，经常在社群中推荐自己的最新节
目，和其他创作者交流互动。第三方平台
也经常会有商单撮合需求，如此互动方便
给其留下印象，以便日后有机会合作。

您的账号整体的完播率表现还不错哦～总完播率
达到了62.95%，这是一个相当不错的成绩。特别
是在近一个月的数据中，虽然完播率有所下降至
30.47%，但考虑到这可能是因为播放量增加导致的
正常波动，所以不必过于担心。另外，值得一提的
是，《回归验证》这个作品的完播率高达88.1%，
在所有作品中表现尤为出色，显示了您在内容创作
上的优秀能力和听众的高度认可。

总完播率的一周走势

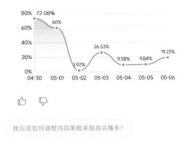

我应该如何调整内容策略来提高完播率？

图 9-4　喜马拉雅的 AI 经纪人对话框

<h1 style="display:inline">9.3</h1> 社群运营：用好运营模型

9.3.1　社群运营为播客带来什么价值

　　前文提到在微信生态中对于播客颇为关键的阵地就是私域，也即社群。那
么，为什么要运营播客社群，又该如何运营呢？先来说说运营社群对于播客的
重要性和价值体现在哪里？我们认为至少有三个方面。

达成稳定的播放数据

通过建立听众的私域社群，播客可以获得稳定的收听流量，确保每期内容都能够得到足够的基础播放和关注度。在节目发布前，可以做预告提醒听众收听，发布后可以分享节目的核心观点等，让听众有的放矢地去收听、去评论，进而产生更多互动数据，并让听众之间可以基于节目内容做互动交流，之后还可以在群里收集意见和反馈，方便迭代后续的播客内容。

提供源源不断的灵感

在与听众互动交流的过程中，一方面可以了解听众最真实的感受和反馈，可以为下次的播客创作提供调整优化的空间；另一方面就是你可以在社群中和听众一起共创，观众能在选题、嘉宾、观点上给到你更多的灵感或资源，这种共创也会让听友更有参与度和归属感，会更追随你的节目，或在他们的社交圈子里推荐你的播客。

促成商业合作的机会

对于品牌方来说，一个有庞大、稳定、高黏性听众群体的播客是非常有吸引力的。特别是在某些特定领域（如母婴、美妆、医美等），私域社群的人群数量和质量，成了品牌投放播客广告前，除"订阅量"以外的重要因素，因为具备高精准度和匹配度用户画像的听友社群，是广告投放能否有效触及目标客群的基础保障。

总之，播客的运营不仅仅是为了提高收听量，更是为了建立与听众之间的深厚关系，确保内容能够持续、稳定地传播出去，为创作者带来更多的价值和回报。

9.3.2 两种用户管理模型

我们在这里为创作者梳理了两种关系模型，针对听友的不同身份性质，运营你的播客社群。

泛听众分层化运营 —— CRM

客户关系管理（Customer Relationship Management，简称 CRM）是一个非常常见的概念，尤其是在互联网营销和传统销售领域。简单来说，CRM 就是通过管理和服务客户关系，延长客户终身价值，进而提高客户的成交率和企业收益。常见的 CRM 模式是漏斗模型，从上层的潜在客户到最下方的核心老客户，逐步提升重要程度。

举个在销售中常见的例子：一般在销售中，客户线索会按照"潜在客户—咨询客户—成交客户—复购客户—核心老客户"，由上至下组成。而类推到播客的听友中，漏斗的每一级标签就变成了：**页面浏览 — 偶然听过 — 订阅必听 — 加入听友群 — 热心听友 — 极活跃的热心听友**。

如果你的播客内容是针对广泛人群或兴趣人群的，如娱乐、搞笑、八卦、商业、职场、星座、影视、杂谈等，听众不具备明确的身份属性，可以将听友从公域的播客平台引流至私域的微信社群进行统一对接。在这个环节中，不对听友做过多的干预和筛选，大家只有共同的身份标签，即"播客听友"。后期你可以通过问卷、购买、活动等方式来做更深度的分层运营，并在每一层关系的深化中，为听友打上更详细的身份标签。

总之，你在播客社群运营中可以先粗后细，对参与过话题共建、购买过商品和参加过线下活动的听友做更多的关注，为日后持续的个性化运营增加便利性。

重点听众点对点运营 —— KRM

关键关系管理（Key Relationship Management，简称 KRM）则是一个比较新颖的概念，是针对"关键人物"（Key Person）和"关键关系"（Key Relationship）所开展的运营。

如果你的播客是针对某领域的 ToB 服务内容，如 SaaS 服务、出海服务、营销案例拆解、人才组织建设等方面的专业内容，目标听众主要是行业中的从业者、企业的关键决策人，那么利用好 KRM 模型，可以帮助你用很少的时间精力投入，换回巨大的行业影响力和认知度，进而获取经济回报。

那么，如何把"关键人物"运营起来呢？

这类"关键人物"虽然商业化价值很大，但成交周期一般都会比较长，且需要建立在稳定的信任度和客情关系之上，所以构建信任感是重中之重。信任感来自于熟悉度，熟悉度来自高频次的接触和交流。

其实很多播客创作者已经在有意无意中开始做了，比如，经常聊天，以及恰巧在一个城市或刚好到对方的城市出差，线下见面吃个饭等，但其实可以有意识地通过 KRM 的关键关系管理方法，深化与"关键人物"的关系。

1. 收集信息

一对一地去了解、收集对方的城市、工作、个人兴趣、对播客的喜爱原因等信息，建立专属于这些人的资料库，甚至可以通过问问星座、MBTI 等方式，打探一下对方的生日和性格，在必要时送上生日祝福。不过要注意，必须通过聊天的方式去获取这些信息，而不能采取"关键人物信息收集表"这种粗糙的方式去处理，这种距离感是阻碍你们深入交流的心理路障。

2. 时常联系

这一点非常重要，因为任何单次关系，哪怕再深刻都没办法产生深刻的关系资产，必须通过频繁的、亲密的、有价值的多次关系，来缔造你和关键人物之间的关系资产。

与 CRM 的运营方式相比，KRM 的运营方式对运营者自身的能力和所售卖的产品或服务有较高的要求。

9.3.3 两种关系运营模型

说完两种用户管理模型，我们再介绍下两种关系运营模型，即推广型（Push Model）和吸引型（Pull Model），这是两种不同的市场营销策略。

"游泳健身了解一下"——推广型

推广型是一种很常见的市场营销策略，即主动将信息推送给潜在客户。这种模型通常利用社群群发、官方账号通知、app 推送等方式将信息直接推送到听友面前，以吸引他们的注意力和兴趣。就像我们走在路上常听到的那句"游泳健身了解一下"。

推广型的特点

主动性：主动向客户发送信息，而不是等待客户自己来寻找信息。

覆盖广：可以快速覆盖大量潜在听友，适用于需要大规模曝光的产品或服务。

即时性：信息能够在短时间内到达听友，提高营销活动的响应速度。

推广型在播客运营中的应用

在播客以及听友社群的运营中，推广型有重要的应用价值。通过主动推送内容和活动信息，可以有效提升播客的曝光率和听众的参与度，以下是一些适用场景。

1. 社交媒体推广

通过社交媒体平台（如抖音、小红书、微博等）向潜在听众推送播客内容、更新信息和活动预告。社交媒体的广泛覆盖和互动性，能够帮助播客快速吸引新听众。同时也可以适当通过投放或置换等方式，邀请同类型标签的博主为自己的播客或活动发布相关的宣传信息，但可能会涉及一部分费用。

2. 社群内通知

已有的私域听友社群是天然的直接可做信息推广的渠道，可将播客上线、活动招募等相关信息直接发送给社群中的成员。但需要注意自己每一次使用"@所有人"的功能，都是一次打扰，应该注意非大事、急事、好事，就不要轻易使用这个功能。

3. 应用内推送

小宇宙等播客平台有自己的播客公告功能，可以通过推送通知提醒听众新内容的上线、直播活动和社群互动。这种方式可以在短时间内吸引大量听众的关注和参与。

推广型通过主动向客户推送信息快速覆盖大量潜在客户，提高信息触达的即时性和响应速度。在播客运营中也可以有效提升节目的曝光率和听众的参与度，为播客的长期发展奠定基础。播客创作者可以更主动地推广节目内容，吸引新听众，增强听众的参与感和忠诚度，为播客的成功运营提供有力支持。但这种方式的弊端也很明显：一是在公域推广平台上流量有不可控性，如需要明确的效果就需要不菲的投入；二是即使是自己的私域，也要注意对听众保持适当的打扰，要有边界感。

"还能参加吗？带我一个"——吸引型

和名字一样，吸引型是一种主动吸引潜在用户参与的模型，我们可以通过提供有价值的内容或解决方案来吸引听友主动寻找和接触信息。与推广型的主动推送不同，吸引型依赖于客户的主动参与和兴趣驱动。在吸引型的日常运营中，很常见的一句话就是"还能参加吗？带我一个"。

吸引型的特点

被动性：播客创作者提供有吸引力的内容或服务，听友主动来寻找和接触。

精准性：吸引的是对内容或服务真正感兴趣的听友或客户，因此转化率较高。

长期性：通过建立媒体信誉和听友信任，吸引型可以带来长期的关系和忠诚度。

吸引型在播客运营中的应用

国内的播客创作者接触下来感觉"I"人居多，那么在运营中吸引型可能是最适合大家的运营模型，通过提供高质量的内容和互动活动吸引听众主动订阅和参与，但这对创作者提出了更高的要求。

1. 优质内容输出

定非常清楚的播客定位、个人身份和内容标签，精准涵盖听众感兴趣的话题，深度讨论。这不仅能吸引新听众，还能保持现有听众的关注度。

2. SEO 和内容优化

既然是主动吸引，那么就要尤其注重搜索的价值，SEO 的相关工作必不可少。可以通过优化播客标题、描述和关键词，还可以在 Show Notes 文稿里（尤其是开头几句话）尽量涵盖更多的行业名词、专属名词和热点词，从而提高在搜索引擎和播客平台上的可见性，让潜在听众更容易找到和发现节目。

3. 社交媒体和社区互动

在社交媒体平台和听友社区中，你可以通过分享节目内容、创作筹备和幕后故事等方法更多地展现播客的相关细节信息和花絮，由此来吸引听众讨论和分享。这种互动不仅增加了听众的参与感，也能通过口碑传播吸引更多新听众。比如，播客《凑近点看》把自己的粉丝称为"Amigo"，三位主播经常在小红书上分享自己的旅行心得、录制瞬间或者线下参与的活动等，让粉丝了解更真实的主播，拉近距离，也能沉淀更多的情绪价值。

总之，吸引型是通过提供有价值的内容、细节或解决方案，吸引听友主动寻找、接触信息，形成转化。同时，与推广型的主动推送不同，吸引型更加注重建立长期的听众关系和忠诚度。

9.3.4　如何做好播客的社群运营

从刚才的几个模型其实就可以看出，播客的社群运营就是对"内容"和"人"的运营。所以我们这里从内容和人的角度来看看具体的社群运营需要做哪些事情，如何更好地把听众拉进来，留下来。

- 内容运营，是对已制作出的内容施加杠杆，在这个一切内容都基于平台算法推荐的时代，优质内容因缺乏运营而被尘封多年，也并非罕事。
- 人的运营，是维护关系，播客是连接主理人和听友的媒介，内容的两端都是人，最终产生的是人与人的联结，而运营人就是运营这种联结产生的关系。

链接听众

听众是这个社群中最重要的人，那么如何让听众进群就是一个关键步骤，一般来说是播客创作者将自己的微信放在各种渠道中，方便听众添加，这样会给每位对你感兴趣的听众一个最高规格的待遇——加到主理人或主播的微信。

当然，随着播客节目粉丝量的增大，影响力破圈，你就要思考这样的方式是否高效和方便。因为你虽然愿意和听友交流，但每个听友都来询问你"是本人吗"的时候，你难免会觉得精力有限，所以用分身是比较方便的策略。比如，我们常见用于对接听众的账号就是"×××小助理""×××小管家"等，这类账号传达的信息很清晰、明确：我们是个正规的机构，有专人负责听友的接待。同时也会传达另一个信息：我是个客服。如果采取那种纯复制粘贴相应话术的做法，可能在播客的社群氛围中很容易被识破，显得没有诚意。

所以，我们希望播客创作者的每个账号都应该像活生生的人一样，真诚而有活力，只是可能需要区隔开角色，比如，有些账号专门回答和播客内容相关的问题，有些账号则需要跟进商业化的项目。

起个群名

你可以在节目中和 Show Notes 里添加小助理或者群二维码，让听众能源源不断地进入社群，在此之前你得先起个群名。此前，我们可能都看到过很多社群的名字，无外乎以下几种：《××××》听友 5 群、"谐音梗加可爱称呼" 2 群、"主播名字" 的家人们 6 群，这些名字乍一看没有问题，但仔细想想又似乎有些粗糙。比如，数字群可能存在的弊端就是会有一个先来后到的感觉，容易让后进来的人产生较弱的归属感，会难免认为主播很难关照到自己，进而影响后续社群的活跃度。

那什么才是比较好的起名方式呢？尽量让每位新加入的成员都感觉到舒适且被尊重，模糊化不同群之间先后关系的界限，让每个新来的人都觉得这是第一个群；你也可以赋予入群的听友一个有象征意义的称呼，比如，他们都是你的创始股东，所以群名就是创始股东群；当然，你还可以使用与一系列播客相关的身份名称、概念名称或场所名称等做不同群的区分。下面举一些具体的实操例子，你可以根据个人喜好和实际情况进行调整。

- o 影评类播客粉丝群可以叫：播客名称 + 金逸影城、万达影城、英皇影城……制造出一种各个影院影厅的感觉。
- o 杂谈类播客粉丝群可以叫：播客名称 + 金鱼胡同、村头树下、巷口茶馆……制造出邻里街坊聊家长里短的氛围。
- o 读书类播客粉丝群可以叫：播客名称 + 瓦尔登湖、罗生门、傲慢与偏见……制造出聊书的氛围感。

当然，群名可以经常换，只要你的群和群之间别重复就行。另外，群名本身也可以作为广告露出的资源，如有商单也可以在此做文章。比如，在某个咖啡品牌冠名节目的同时，社群名也可以包含该品牌，当然也是因人而异，不一定要利用那么充分。

大群、兴趣群和地区群

关于社群的组织，我们还要做一些细分的补充。大多数人都知道，微信群一般超过 200 人就要手动添加，到 500 人就是一个极限，那这两个数字会代表什么呢？500 人是不是一个社群的最佳人数呢？其实不是。英国牛津大学的人类学家罗宾·邓巴曾经对人类学的文献进行过梳理，他根据猿猴的智力和社交网络推断出一个结论：人类的智力允许人类拥有稳定的社交网络人数是 148 个人，四舍五入得到的结果就是 150 个人。这是著名的"邓巴数字"，也就是说人类的社交人数上限最好是 150 人，而能够精准交往的人数其实只有 20 人左右。在这里还要牢记一个普遍规律，即群的活跃程度与人数成反比：500 人的大群很容易变得冷清，3 个人的小群最活跃。

这也是为什么群二维码会设置 200 人上限的原因了，这既兼顾了人数和活跃度，又方便拉群的过程，免去了烦琐的拉人入群的操作，同时如果临时有非常重要的社群成员想拉朋友进来，不至于没有空位置，损失了一个有效拉新。所以，有些播客的听友群每到 200 个成员，就开启新的群，就是为了让听友能在一个相对舒服的环境下进行交流，不至于因人数太多而照顾不过来，也不至于听友之间没更多的交流机会。

此外，你还可以为社群设定不同的划分条件。例如，如果你有 2 个及以上的 200 人群以后，这里一定有很多朋友具备共同标签，可以重新组合在一起，通过在不同群中发布招募通知组建新群，这就是群的重组。

○ 城市群：京津群、沪杭群、广深群……
○ 行业群：互联网行业群、媒体公关行业群、在校生群、应届生群……
○ 兴趣群：运动打卡群、美食分享群、英语学习群……

入群环节

设定好群后，就是要设定入群环节，这里包含两个部分：一部分是群的规则，这一般适合由群主放在群公告里，让听友群有个规章制度，在遇到不友好的情形下群主可以依此来进行干预。另一部分就是欢迎和破冰，一般可以设置一个带有自己播客特色的欢迎语，如果是行业类播客，可以要求听众群里的用户按一定规则修改自己的昵称，方便其他人与你产生新的链接。

内容运营

除了分享播客的介绍、核心内容、观点等，你可以经常在社群中设置一些互动话题。比如，在一些听友群里我们常见的五个"最近"：最近想去的地方、最近吃过的或想吃的菜、最近看过的书或者影视作品、最近见过的朋友、最近拍过的照片……这些往往能勾起群友讨论的欲望，如果和你的播客主题相关，那就再合适不过了，这些也可以成为你的选题和素材的来源。当然，听众的留言和互动本身也能成为节目的一部分，你可以在征得听友同意后，在节目中讲述这些留言，这样真实而又真诚的内容会让新的听众愿意进入社群，实现良性循环，产生更多的链接和可能。

9.4 活动运营：一份 SOP[⊖]玩转播客活动

9.4.1 社群中的活动玩法

绝大多数的私域运营方法脱胎于微商或社群裂变体系，人群多、数量大、画像不精准，教你通过发红包或者摇骰子做游戏来保持活跃度。这无可厚非，但在基于播客听友的社群运营中并不特别奏效，因为前文中提到了播客用户画像的特别之处，所以我们要用更精耕细作的方式去运营播客的社群，以保持社群的高活跃度，继而激发出更大的商业价值、沉淀关系资产。

⊖ 即标准作业程序（Standard Operating Procedure）。

社群运营中的有趣玩法不断涌现，这些玩法可以帮助社群成员更好地互动和沟通，增强社群的凝聚力和吸引力。以下是一些有趣的活动玩法。

主题活动和竞赛

主题活动和竞赛是一种非常受欢迎的社群运营方式，可以通过这种方式吸引更多的社群成员参与。比如，举办摄影比赛、文学创作比赛、视频创作比赛等，可以激发社群成员的创造力，提高他们的参与度和互动度。

社群礼品和优惠券

社群礼品和优惠券是一种激励社群成员积极参与的方式。比如，可以定期为社群成员提供礼品和优惠券，鼓励他们参与活动、分享内容和提供反馈等。

社交游戏和互动体验

社交游戏和互动体验是一种增加社群成员互动和沟通的方式。比如，可以设计一些小游戏或者调查问卷，让社群成员参与其中，这样不仅可以增加他们的互动和沟通，同时也可以了解他们的需求和反馈。

社群交友和聚会

社群交友和聚会是一种增加社群成员凝聚力和互动性的方式。比如，可以定期组织线下聚会或者活动，让社群成员有机会见面交流，增强社群成员之间的联系和互动。

未来社群运营可能会出现更多新的发展方向和玩法。

9.4.2　如何策划一场听友见面会

随着互联网的发展和社交媒体的普及，我们逐渐步入人际关系严重"通货膨胀"的时代：关注了微博、小红书就算"认识"了，在快手、抖音上点点关注就算"家人"了，加了微信就是"朋友"了，就算没见过面只要在网上经常聊天也能说"很熟"。如果在线下见过面，哪怕只是一起参加过一次活动，也能算难能可贵的"老熟人"了。

如何在播客里维护和培养牢固的关系呢？那就是做线下活动。这不仅能让听众产生非常紧密的联系，更能让播客产生全新的商业化可能。

线下活动的方式有很多，小到 1 对 1 的饭局、三五个人的下午茶都算，但这种不需要较复杂的前期准备工作的方式在此就不详细展开了，这里主要介绍一下人数较多的线下活动形式——听友见面会，以及如何进行前期的准备、中期的执行和后期的收尾。

听友见面会是最好组织的一种活动形式，也是最难办好的一种活动，如何能把活动办得有声有色，让第一次见面的听友也不尴尬，那就很考验组织者的能力了。

一些播客的听友见面会，第一个环节往往是自我介绍。想象一下这样的场景，一群人坐在一起，每个人都站起来自我介绍，其中一位有些腼腆的小姐姐说："大家好，我叫芳芳，大家可以叫我 Amy，我就是群里那个……那个'皮皮鲁小姐姐'……啊……嗯……对……就是我……就头像是一只猫的那个……我还没毕业，还在实习……很高兴认识大家。"

这样介绍自己，单是想想就已经足够尴尬了，更不用说如果在一场 10~20 人的线下活动上，如果按照这个节奏来推进，单单"自我介绍"这个环节就会变得多么煎熬，甚至要花费近一个小时的时间。

那么有没有既不需要自我介绍，又能让大家彼此熟悉的办法呢？有，具体操作流程如下。

提前制作活动海报，引导入群做自我介绍的准备

标明活动的内容、日期、开始时间、持续时长、举办地点、是否收费等，方便报名的听友预先知道基础信息，以便提前预估自己是否可以参加；如果是

收费活动，可以考虑直接留下付款链接，并设置支付后跳出小助理的二维码，借助第三方小工具可轻松实现这个功能；如果是免费活动，可以留下调查问卷，填报相关信息后展现小助理的二维码。

为什么不建议直接放入群二维码？如果是中大型的活动可以这样操作，但初期的播客活动更多是尝试性的小型活动，这时，由小助理来通过私信进行1对1沟通，反而给人更真诚的感觉，并且在此时小助理还可以叮嘱大家准备两方面信息，以备后续在线上线下的交流。

- 进群后把群昵称修改为希望大家称呼他的名字，中英文不限。
- 准备一段简短的自我介绍，尽量涵盖个人特点（如流行的MBTI）、职业或行业，更重要的是个人兴趣爱好。

开启线上自我介绍，活跃群内气氛

活动成员全部加入微信群后，在统一时间进行挨个的自我介绍，让大家彼此之间有所了解，熟悉起来。这时，主理人及主办方工作人员可以针对群成员自我介绍中的内容做适当的承接，活跃群内气氛。

准备更多信息，让大家尽快熟络起来

作为活动的组织方，可以在开始前先提前组织话题讨论，比如：除了已经确定的主题，大家还有什么想聊的话题？大家都通过什么交通方式到达？鼓励距离近的朋友结伴往返。

现场交友更有目标感

在活动现场的签到台，准备签贴纸，成员可以在签到后，将写有自己名字的贴纸贴在胸前或大臂外侧，方便彼此"对号入座"。虽然很多听友已经有过交流，但线下的活动很可能是他们第一次见面。没关系，播客的听友见面会的氛

围很容易成为"老朋友见面"，他们因为共同的播客体验在心理层面上打破了隔阂，如今有了一些"对号入座"的印记，更会快速地相识，然后进入活动主题。

以上只是以听友见面会举例说明，播客可根据自己内容以及社群的特性，有针对性地举办线下活动，再举几个简单的例子。

- ○ 影评影视类的播客社群，可以组织线下观影团。在人数足够多的情况下，直接联系影院单独为观影团安排放映场次，安排映前和映后的交流，国外流行的"观影马拉松"（如一口气看完 Netflix 上一整季剧集）也是个不错的选择。
- ○ 运动健身类的播客社群，可以组织有主题的跑步团、近郊登山徒步、露营、滑雪等，可以直接联系健身房或者私教工作室，安排固定的时间清场为大家举办瑜伽体验课、团体操课等。
- ○ 知识书评类的播客社群，可以组织读书会、作者签售会分享会。
- ○ 美食类的播客社群可以组织美食打卡，心理类的播客社群可以组织心理咨询师分享会，投资类的播客社群可以组织线下沙盘交流，等等。

9.4.3　如何策划一场播客商业活动

除了听友见面会，不少播客节目还积极探索线下商业活动。比如，《美妆内行人》就在 2023 年年底组织了一场线下活动，我们在此把策划过程和盘托出，希望对你组织播客商业活动有所启发。

一、活动背景

时值《美妆内行人》成立一周年之际，在 CCPA 的活动空间内，呈现一场从 2023 年 12 月开始直至 2024 年农历新年的系列活动，联动品牌方、消费者、活动方等多重角色，共同将 CCPA 打造成关于"美 BEAUTY"的红色空间。

二、活动目标

目标 1：开始《美妆内行人》的电商探索，完成目标的建立以及第一次电商
直播的沟通

目标 2：认知度问题

扩大《美妆内行人》的认知度，在目标人群中建立"全网美妆第一播客"
的心智，分为以下三个维度：

1）对行业内：通过组织行业峰会、闭门会、分享会等形式，构建媒体影
响力。

2）对 CCPA：让美妆行业了解 CCPA 的空间理念，促成后续更多的合作。

3）对消费者：建立媒体权威性、增加线下触点，让更多人知道空间的可
行性。

目标 3：增加《美妆内行人》与合作方之间新的线下触点

1）对品牌：新品发布、品牌体验、线下市集、产品销售、派样打卡、宣
讲会。

2）对从业者：教育培训课程、线下建联交流、焦点小组、行业解决方案
分享。

3）对渠道商：供应链合作、货源展示、订货会、平台合作宣导。

4）对消费者：试用体验新品、专家分享专场、派样领取、读书会。

三、活动方案

活动主题：Beauty Area

主题颜色：红色

时间节点：开幕式 2023 年 12 月 1 日（星期五）；结束日 2024 年 1 月 21
日（星期日），共 52 天

活动地点：上海市静安区陕西北路 278 号金鹰国际购物中心 9F CCPA

时间安排：

前期筹备：10 月 10 日 –10 月 31 日

中期布置：11 月 1 日 –11 月 30 日

1．细分主题

美妆内行人周年庆 + Beauty LAND 开幕式 – 媒体日

嘉宾：品牌创始人 30 位，博主 20 位，媒体平台 10 家

观众：20 人

时间：2023 年 12 月 1 日星期五 14：00

地点：上海市金鹰国际购物中心 9F CCPA

门票：免费，定向邀请

目的：设置拍照打卡区，引导大家打卡、拍照，做第一期预热素材的拍摄

2．美妆内行人周年庆 + Beauty LAND 开幕式 – 公众日

嘉宾：无

观众：全天预计 500 人

时间：12 月 2 日 –3 日（周末）10：00 – 20：00

地点：上海市金鹰国际购物中心 9F CCPA

门票：88 元 / 位，含饮品及伴手礼

目的：听友见面会；设置拍照打卡区，引导大家打卡、拍照，做第一期预
　　　热素材的拍摄；美妆市集嘉年华

3．美商教育及美学分享会

嘉宾：资深明星化妆师造型师美商教育专家陈雪

观众：50 人

时间：12 月 8 日星期六 14：00

地点：上海市金鹰国际购物中心 9F CCPA

门票：88 元 / 位，含饮品及伴手礼

销售：报名购买美商教育课程，20%CPS[⊖]

4.《丝芙兰：无须美颜的零售成功》共读会

嘉宾：丝芙兰中国区品牌高管

领读人：品牌万事屋创始人 Felix

观众：50 人

时间：12 月 9 日星期日 14∶00

地点：上海市金鹰国际购物中心 9F CCPA

门票：148 元 / 位，含饮品及伴手礼 1 本，定制书签版实体书 68 元

……

四、活动招商

1. 展位

2 层环形 20 个展位，提供基础展架，规划位置，品牌方可在划定范围内做自己风格的软装

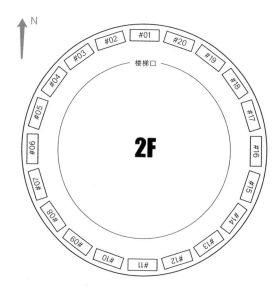

⊖ 按销售付费（cost per sales）

2．销售收入分成

展位销售商品 20%CPS

3．活动门票收入

to C 小场次 99 ～ 199 元 / 人

……

五、活动推广

投放渠道	渠道名	渠道账号	投放负责人
社交媒体	抖音	使用超链的方式添加渠道账号和链接	输入 @ 提及相关负责人
	微博		
	知乎		
	今日头条		
	微信公众号		
线下	公司内部		

六、活动预算

资金分类	使用内容	预计费用
宣传费用	线上宣传费用	10 万元
……	……	……

七、进度管理

序号	任务	负责人	备忘	状态	开始时间	截止时间	工时/人天	1 2 3
一、筹备阶段								
1	任务 1	输入 @ 提及相关负责人	输入 @ 插入相关文档	已完成 ▾				
2	任务 2			▾				
3	任务 3			▾				
二、实施阶段								
1	任务 1			进行中 ▾				
2	任务 2			▾				
3	任务 3			▾				
三、收尾阶段								
1	任务 1			待启动 ▾				
2	任务 2			▾				
3	任务 3			▾				

本章小结

本章全面阐述了播客运营的重要性和策略，从提升内容质量到深化与听众的关系，再到扩大宣传和增强社群互动，提供了一套系统的运营框架以及部分实操案例，包括如何优化播客的 Show Notes、如何在社交媒体上进行宣传、如何维护评论区、如何与播客平台沟通以及如何有效地运营社群和策划线下活动，唯一目标就是希望帮助播客创作者建立稳定且活跃的听众群体，扩大影响力，实现长期发展。正所谓：

运营播客有心法，内容和人两头把。

策略宣传扩影响，线下活动顶呱呱。

后　记

这是一个"乌卡"时代（VUCA，是 volatility, uncertainty, compl-exity, ambiguity 的缩写），代表着诸多不确定性，但正是在这种环境下，更需要沉下心来，坚持长期主义，打造属于自己的影响力，更需要沉淀自己、链接他人、讲好故事，而播客让你有机会在更为纯粹的环境中来释放影响力的能量。

历经中文播客元年和播客商业化元年，中文播客正在进入播客的"黄金时代"，蓬勃发展并衍生出更多可能性，但这还远远没有到顶，还有巨大的空间值得去挖掘和探索。正如本书的写作过程，我们即使梳理了各种播客界的案例和方法论，和众多听众、创作者和品牌主进行广泛、深入的交流，但仍然会有遗珠，仍然会有很多有价值、有特点的创作者和他们优秀的播客没被看到，数据统计方面也赶不上播客生态快速增长的变化。

但这或许正是播客的魅力，我们无法完整、准确地概括中文播客市场，因为它本身就是多元多彩的，也因为它本身就是在不断变化发展的。在本书写作的过程中，我们欣喜地看到市面上又出现了许多新的玩法，又有许多线下活动正在链接听众和创作者，又有更多的品牌开始进入这个圈子。我们无法为你一一呈现，但这便是播客时代最好的见证。我们能做的就是在这个旷野中去努力找寻宝藏，并留下些痕迹。

不论你是个体创作者，还是品牌和机构，或者你正跃跃欲试想做播客，我们都要感谢读到此处的你，希望此刻的你比之前更有勇气，更坚定地投身到播客之中，努力打造属于自己的影响力。

在本书写作的过程中，我们也得到了各个方面的支持，在此要感谢老袁、孙啸、范晴、陈若冰、陈欣可、赵洋洋、吴嘉豪、姚佳宇、乔康乃馨、麦子、林睿莹、万千等为本书做出的贡献。本书也引用了多个媒体、机构和专家的公开报道、研究或观点，在此也对你们持续关注播客的发展表示感谢。

我们还要借此机会感谢播客生态中的每一位朋友，感谢所有接受过《CPA超频对话》《播·种Podsceding》访谈的嘉宾，感谢接受过CPA中文播客社区调研和访谈的各位听众、创作者和平台，是你们让我们对播客有了更直观、更具象的了解，也是你们的参与让播客生态变得如此多元多彩。最后要感谢各行各业在播客上乐于探索和实践的品牌，是你们的参与让播客生态能更好地发展，也是你们多元的先锋案例，让更多品牌看到了播客的价值。

我们期待各位能打造出"声入人心"的播客，也希望在播客时代，每个个体都乐于发声，扩大自己的影响力，因为有你的播客才会"声生不息"！

艾勇　陈思维　赵寒笑

2024年9月